本书由“内蒙古大学中华民族共同体研究中心
2022年开放性课题”资助出版

中华谚语与中华人文精神

李树新 许晋 雷雨◎著

人民出版社

责任编辑：贺　畅
文字编辑：乔　欣

图书在版编目（CIP）数据

中华谚语与中华人文精神 / 李树新，许晋，雷雨著
.—北京：人民出版社，2023.10
ISBN 978 – 7 – 01 – 026009 – 9

I. ①中…　II. ①李… ②许… ③雷…　III. ①汉语 – 谚语 – 汇编　②中华文化　IV. ① H136.3　② K203

中国国家版本馆 CIP 数据核字（2023）第 194596 号

中华谚语与中华人文精神

ZHONGHUA YANYU YU ZHONGHUA RENWENJINGSHEN

李树新　许晋　雷雨 著

人民出版社 出版发行
（100706　北京市东城区隆福寺街 99 号）

中煤（北京）印务有限公司印刷　新华书店经销

2023 年 10 月第 1 版　2023 年 10 月北京第 1 次印刷
开本：710 毫米 × 1000 毫米 1/16　印张：20
字数：260 千字

ISBN 978 – 7 – 01 – 026009 – 9　　定价：99.00 元

邮购地址 100706　北京市东城区隆福寺街 99 号
人民东方图书销售中心　电话（010）65250042　65289539

前　言

党的二十大报告提出“推进文化自信自强，铸就社会主义文化新辉煌”。中华文化是中华民族凝聚力和创造力的不竭源泉，包含着中华民族最根本的精神基因，代表着中华民族的独特精神标识，是中华民族生生不息、发展壮大的丰厚滋养。文化不是自然生成的，而是长期的、人为的结果，是人在改造客观世界、协调群体关系、调节自身情感过程中所表现出来的时代特征、地域风格和民族样式。中华各民族在长期的交往交流交融中形成的文化共识已经融入全体社会成员的血液与灵魂中，这种优秀的民族性格、价值取向、道德规范、心理情感、文化传统等精神因素为民族大多数成员所认同和接受，在长期的发展历史中凝结成为区别于其他民族的精神特质和精神品格，这就是中华人文精神或者是中华民族精神。

谚语作为文化的样态之一，是劳动人民在长期的生产生活中创作的一种口头文学形式，是人民群众智慧的结晶。它以言简意赅、形象鲜明的短小话语形式，承载起整个民族丰富的智慧和经验系统，集中展示了民族精神和文化心理。被各族人民形象地誉为“民族之明镜”“语言的化石”“小型百科全书”“智慧之花”。以此为基础，各个民族在生产生活实践中创造的浩如烟海的谚语，汇聚成丰富多彩的中华谚语文化体系。所谓中华谚语，是古往今来中华各民族集体传承、集体创造的文化财富，是中华民族“多元一体”或“一族多群”的谚语系统。它既是一个多元的结构，指称组成中华民族成员的众多民族的谚语形态和系统，又是一个集合概念，是在一定数量基础上的综合和概指，指称中华多民族谚语的一体性和共通性。

作为模式化的口头表达习惯，中华谚语规范并服务于各族人民的生活，展现出独特的民族特征、民族气派和民族风格，承载着各民族性的深层的心理、信仰、认知模式、精神观念与集体记忆，蕴含着丰富的中华人文精神。特别是中华谚语中以爱国精神、奉献博爱精神、和衷共济精神、探索创新精神、守信重义精神、勤俭实干精神、美学精神等精神品格为代表的文化精髓，反映了中华民族和中国人民的精神底蕴、价值立场和道德取向，为中华民族和中国人民披荆斩棘、破浪前行提供了强大思想引领和精神支撑。

习近平总书记指出："中华优秀传统文化是中华民族的文化根脉，其蕴含的思想观念、人文精神、道德规范，不仅是我们中国人思想和精神的内核，对解决人类问题也有重要价值。""要使中华民族最基本的文化基因与当代文化相适应、与现代社会相协调，以人们喜闻乐见、具有广泛参与性的方式推广开来，把跨越时空、超越国度、富有永恒魅力、具有当代价值的文化精神弘扬起来，把继承传统优秀文化又弘扬时代精神、立足本国又面向世界的当代中国文化创新成果传播出去。"这就确立了中华优秀传统文化和人文精神的关系，解决了如何继承发展中华优秀传统文化的问题。中华谚语蕴含着最持久的观念意识和最深层的共有文化精神追求，包含了对共有文化价值的充分肯定，对共有文化生命力的坚定信念。通过研究中华谚语这一文化载体，充分认识和挖掘中华谚语的文化价值，全方位开展中华谚语的整理与研究，弘扬中华优秀传统文化，是文化工作者特别是谚语研究工作者应有的文化自觉和主动担当。因此，本书从中华谚语文化的民族性、系统性、科学性、完整性视角探讨中华谚语与中华文化认同之间的互动关系，展示中华谚语蕴含的源远流长的民族记忆和圆融大气的中国智慧，突出中华谚语在构建中华共有精神文化上的突出作用。

全书包含八个章节：

第一章“中华谚语与中华人文精神概说”，提纲挈领地介绍中华谚语与中华人文精神的互动关系。中华谚语，形成于交织并存的民族文化以及民族生产实践活动，在内容上具有经验性、哲理性和科学性的特点；在形式上具有口语性、异变性、艺术性和民族性的特点；在功能上具有俗传性、教育性和权威性的特点。中华人文精神是古往今来海内外中华各民族文化现象的基本文化精神，也就是以人之文化存在为本，着重通过对人自身以及人与人、人与自然、人与社会之间关系恰当把握而形成的一种文化思想。其形成原因包括民族认同，辽阔复杂的地理环境，中华多元一体结构，多民族爱国主义精神等，同时中国共产党在领导各族人民进行革命、建设与改革的历史进程中创新了中华人文精神。中华谚语与中华人文精神相互联系、相互作用。中华谚语根植于中华人文精神，中华人文精神受中华谚语影响内涵更加丰富。

第二章“中华谚语中的爱国精神”，通过对传达出爱国主义精神的谚语进行解读，使人们更加深切地感受到中国传统文化中的爱国主义思想对于中华民族内心的熏陶和潜移默化的影响。中华谚语中的爱国精神从三个层面展开：首先，以身许国、舍生忘死的精忠报国精神是中华民族爱国主义精神的重要体现之一，历代仁人志士“捐躯赴国难、视死忽如归”，他们各尽其心、各司其职，运用自己的方式报效国家。其次，也正是由于对祖国如此深沉的爱，才迸发出天下为家、有国有家的家国一体思想。在中国人的精神世界和传统文化中，个人与社会、家庭与国家都是密不可分的整体。所以，作为中华民族的一员，更应有“家国一体、大同天下”之抱负和“济世救民、匡扶天下”之雄心。最后，为政者也应重视民众力量、民众价值，关注民生，真正贯彻落实民惟邦本、安民富民的民本思想。

第三章“中华谚语中的奉献博爱精神”，奉献博爱精神是中国各民族在长期历史发展过程中共同积淀凝聚而成并鼎力倡导的优良品德。于是，人们逐渐把该精神上升为一种共同遵守的道德守则，即克己奉公、舍己为人的奉献精神和乐善好施、扶危济困的博爱精神，以及顾全大局、甘为人梯的责任意识。中华谚语中蕴含的奉献精神、博爱精神和责任意识，体现了对中华各族人民心怀大义、计利天下的广博胸襟的赞美，以及对乐于奉献、勇于担当的高尚品德的推崇。

第四章“中华谚语中的和衷共济精神”，主要从家庭伦理、邻里文化、民族团结以及和谐天下四个层面论述了中华谚语中的和衷共济精神。家庭伦理主张在长辈与晚辈、丈夫与妻子、年长与年幼之间实现父慈子孝、兄友弟恭，维护家庭的稳定与和谐。邻里文化倡导与邻为亲、睦邻和顺，相关谚语也体现了邻里关系和谐的重要性以及处理邻里关系时要求人们心平气和从而达到身心和谐的理想目标。民族团结的基本要求则为兼收并蓄、和谐共荣，中国自古就是多民族国家，民族关系尤为重要，而和衷共济精神便是引导各民族团结共进的法宝之一。和衷共济的最高目标便是和谐天下，即在对外关系上秉持求同存异、贵和持中的大局观念，并将这一价值观念赋予时代内涵，进而为“人类命运共同体”的构建提供学理支撑。

第五章“中华谚语中的探索创新精神”，分别从学贵知疑、上下求索的探索精神，革故鼎新、求变求新的创新精神以及精益求精、一丝不苟的工匠精神三个方面围绕中华谚语中的探索创新精神进行论述。中华谚语中体现出的探索创新精神内涵丰富，不仅强调勤学好问、学思结合、厚积薄发的学习探索精神，而且启发人们创新既需要有因时而变的识变能力，也要有敢闯敢拼、推陈出新的求变应变能力。此外，中华谚语弘扬敬业乐群、精益求精的工匠精神，鼓励人们向能工巧匠、大国工匠看齐。中华谚语不断激励着中华民族将探索创新精神融入日常的生产生活中，在为国为民的奉献中践行，给予我们无限的启迪和智慧。

第六章“中华谚语中的守信重义精神”，主要围绕诚信精神、践诺精神、重义精神三个方面展开论述。首先，诚信精神要求我们做到忠贞守信、忠信修业，对内要做到修身洁行、内省不疚，时常反思自己的言行是否符合诚信的要求，此外还要严格要求自我，做到信守不渝、严于律己；对外要以诚立身、以信立业，只有在诚信的基础上，自我才能得到更好的发展。其次，也有许多谚语体现了言行一致、表里如一的践诺精神，践行诺言要求我们不轻易许诺，一旦作出承诺便要做到一诺无辞、抱诚守真，同时我们也要在思想上做到履信思顺，行动上做到言行信果，这样才能够以诚服人、以义得众。最后，落脚到重义二字，重义精神贯穿于处世之道、君子之道、为商之道，主要通过与“利”相对比来体现对各个社会群体的不同要求，但是“重义”始终是为人处世的核心。

第七章“中华谚语中的勤俭实干精神”，阐述谚语中蕴含的克勤克俭、俭以养德的勤俭精神和抓铁有痕、踏石留印的实干精神，以及凛然不屈、愈挫愈勇的坚韧性格，表达了对中华各族人民勤俭节约、实干笃行的品质和永不言弃、百折不挠的坚韧精神的赞美和推崇。

第八章“中华谚语中的美学精神”，以中华美学精神为核心，集中展现了中华谚语中体现的审美意识与传统智慧。中华美学精神孕育了多个精神内核：天人合一精神通过人与天地的天人相类、天人感应的“和合”关系，告诉人们要尊重自然、顺应自然、保护自然，体现出人与自然和谐相处、人与自然相统一的思想；尚象精神通过谚语中具有民族特色的审美意象，告诉人们要观物取象、立象尽意，探究万物规律，达到物我交融、意象浑融的境界；豁达澄明、恬淡沉静的乐感精神自古融入中国人的精神血脉中，展现了中华民族超脱悦己的乐观态度与天马行空的创造力；尚雅精神通过挖掘语言中的形象美、内容美、情感美、风格美，展现了谚语韵律和谐、结构紧凑的独特美感。

综上，中华谚语反映的是中华民族在不同时期的生产生活样态，反映的是中华文明在历史中的各种变革与不断发展，蕴含着中华民族在实践中所体悟的不同的价值观念以及精神文化信仰，传承的是中华民族的民族精神与中华民族从未停止过的对一切美好的刻苦追寻。对中华谚语中的人文精神的挖掘，不仅是关系到中华优秀传统文化的传承和发展问题，而且是新时代建设中华民族现代文明的大问题。通过本书的研究，准确把握中华优秀传统文化的当代价值和时代意蕴，运用好中华优秀传统文化所承载的智慧和力量，挖掘好中华各民族谚语中的优秀传统文化的价值理念和思想精髓，能够为传承与弘扬好中华优秀传统文化作出积极贡献。此外，在共同保护与传承中华谚语文化塑造功能、文化凝聚功能和文化传承功能的同时，还能够在不同文化之间架起理解的桥梁，这对维护国家统一，促进民族团结，提高中华民族的整体凝聚力，具有重要的意义。

目录

第一章　中华谚语与中华人文精神概说

中华谚语孕育着中华民族特有的精神品质和民族精神特性，在时间推移中发展成为推动中华文化向前发展的内在动力，是中华各民族的共同财富，也是具有文化价值的“中国经验”。全方位开展中华谚语的整理与研究，对保持中华优秀传统文化的独特魅力、推动中华优秀传统文化创造性转化、发挥民族语言文化的血脉相传作用，具有极为重要的意义。本章提纲挈领地介绍什么是“中华谚语”和“中华人文精神”，重点探讨中华谚语与中华人文精神的互动关系。

第一节　中华谚语的基本概念和文化特征

一、中华谚语的概念阐释

谚语的界说是一个自古而今众说纷纭的问题。

古典文学理论家、语言学家郭绍虞在《谚语的研究》（1949）一书中认为，谚语之所以在民间文化中能流传下来，不仅在于它内容方面的幽玄、深邃，也在于它形式的奇峭、警拔、整齐而流丽。郭绍虞特别指出：“谚语描写的世态人情极为深切而显著。它能暴露一时代社会的真相使无所遁其形；而于这精细刻画描写的中间又含有人生处世于某一时代可以奉行的真理；所以谚语虽是很简单的形式而亦常具较复杂的内容。”[①]20 世纪 30 年代，美国谚语学家阿彻·泰勒（Archer Taylor）在其出版的《谚语》（1931）中认为要给谚语下定义是不可能的，是某种“不能言传的特性”使我们认定某句话是谚语，某句话则不是谚语，因此只好把谚语视作一种“民间流行的俗话”。《辞海》（1898）提及谚语是“熟语的一种。流传于民间的简练通俗而富有意义的语句，大多反映人民生活和斗争的经验……谚语也是民间文学的一种形式”。《中华谚语大观》（2005）则对谚语作出“谚语是一种言简意赅、通俗简练、生动活泼的韵语或短句，经常以口语的形式在广大人民群众中流传和应用”[②]的阐释。

每个民族有每个民族的谚语，也有每个民族对谚语的界说，就少数民族谚语的名称、范围、界限方面，学人们也有过不同的见解。蒙古族表达汉族中的“谚语”这一概念时，郝苏民认为对应的语词可以包括“谚语”“格言”等[③]。藏语中谚语称作“丹慧”（gtam bde），是语言或话语的意思。维吾尔语称谚语为“maqal-msil”，意思是“民众创造并广泛流传的、结构精练的、有教育意义的语句。是维吾尔族智慧的积淀与结晶，是维吾尔文化的浓缩和精华”[④]。彝族谚语称作“尔比”（音译为尔比尔吉），是“彝族人民非常喜爱的一种口头文学。它形象生动、想象丰富、词句精练、短小精悍、音韵铿锵、旋律和谐、句式整齐、吟咏上口，易于理解，又易于记诵。因而为广大群众所喜闻乐见，千百年来，一直广泛流传在彝族人民之中”[⑤]。苗语称谚语为“Hseid lul hseid ghot”，意译即“古话古语”。[⑥]

这些关于谚语概念的界定提法众多、各有特点，在文字表述上大

① 郭绍虞：《语文通论续编》，开明书店 1949 年版，第 155 页。
② 陈志伟：《中华谚语大观》，金盾出版社 2005 年版，第 1 页。
③ 郝苏民：《蒙古族谚语散论》，《西北民族大学学报》（哲学社会科学版）1980 年第 1 期。
④ 华锦木：《维吾尔谚语镜射出的维吾尔游牧文化与农耕文化》，《中南民族大学学报》（人文社会科学版）2010 年第 6 期。
⑤ 沙马拉毅：《论彝族谚语》，《贵州民族研究》1987 年第 4 期。
⑥ 杨世章：《苗族谚语试论》，《贵州民族研究》1989 年第 3 期。

同小异，只是语义内涵各有侧重。但不论怎样定义，谚语是在群众口语中广泛流行并世代口耳相传的通俗而简练的语言单位这一基本特性是确定的。

中国是一个历史悠久的文明古国，在其发展演变的漫长岁月中，形成了各种各样的民族，各民族在交流融合中又形成了中华民族。“它的主流是由许许多多分散孤立存在的民族单位，经过接触、混杂、联结和融合，同时也有分裂和消亡，形成一个你来我去、我来你去，我中有你、你中有我，而又各具个性的多元统一体。”[①] 简言之，中华民族是一个民族实体，是由历史上多个民族群体凝聚而成的民族共同体。而在谚语及中华谚语概念界定时，首先应当明确中华多民族的概念。

“中华多民族”与“中华民族”概念密切关联。首先，从民族学的角度来看，“中华多民族”是指对中国各民族、中华民族大家庭的合称，这是基于过去汉族和少数民族关系而言所提出的一个概念，“中华多民族”强调的是中华民族的“一统性”和“包容性”，它“代表对象的开放，体现着在叙说中国文化的民族构成时对过去一元的‘华夏论’和二元的‘汉与非汉’模式的突破。其次，它显示出主体的多元，从而超越了‘各民族’那样的数量罗列，为表述上的多向交流拓展出对话空间。再次，由于‘多民族’所构成的是互动和互补整体，从而为从族群与地缘传统的多样性角度考察古往今来的‘华夏’和‘四夷’(乃至周边的东亚与东南亚地区)，提供了整体性的论述视点”[②]。朝戈金在《“中华多民族文学史观”三题》(2007)一文中提出了“中华多民族文学史观”的概念，他认为，以多民族文学为出发点，“我们就可以说，汉族文学与诸多少数民族文学的关系，不能简单地处理为以一对多的关系，而是充分强调其多层面交织的、叠加互

① 费孝通:《中华民族的多元一体格局》,《北京大学学报》1989 年第 4 期。
② 徐新建:《“多民族文学史观”简论》,《民族文学研究》2007 年第 2 期。

渗的关系。简单说来，就是不把汉族文学传统与少数民族文学传统看成是 1 对 55 的关系，而是看成这 55 中的每个 1，都是与汉族的 1 平等的关系，当然，它们之间也存在着‘我中有你，你中有我’的交流和对话。地域的、族群的、方言区的以及其他以特定文化尺度标示出来的文化限阈，都各有内在的生命运动轨迹，当然也都应当得到足够的尊重和平等对待”[①]。

在此基础上，我们可以明确“中华谚语”的概念。中华谚语，即中华民族“多元一体”或“一族多群”的谚语形态，它既是一个多元的结构，指称组成中华民族的众多民族的谚语系统，又是一个集合概念，是在一定数量基础上的综合和概指，指称中华谚语的一体性和共通性。

二、中华谚语的孕育与形成

《说文·言部》:“谚，传言也。”《汉书·五行志》颜师古注:“谚，俗所传言也”。一些汉族谚语出自古籍，世代流传并保持不变。如谚语“从善如登，从恶如崩”出自《国语·周语下》,“远水不救近火”出自《韩非子·说林上》,“前事之不忘，后事之师”出自《战国策·赵策一》。

早在先秦时期，就出现了大量的汉族谚语，先秦谚语是中华谚语的源头，研究先秦谚语对于认识中华谚语的起源和性质有重要的意义。我国早期的谚语，在先秦时期的《易经》、《诗经》、《左传》、《尚书》以及诸子著作等文献典籍中都有保留。有的文献还明确提到所引为“夏谚”或“周谚”，说明了这些谚语历史悠久。秦汉以来，谚语内容及应用范围不断丰富和扩大。由宋至清，谚语的发展变化更是异常显著，数量骤增，应用广泛，文人辑录谚语的工作也逐渐兴盛，出

① 朝戈金:《“中华多民族文学史观”三题》,《民族文学研究》2007 年第 4 期。

现了大量的谚书、谚典。少数民族民间文学广博丰富，许多谚语散见于各类典籍中。《蒙古秘史》中包含了丰富的箴言、格言和谚语。敦煌石窟藏有《松巴谚语》等藏文书卷，说明在1300多年前，藏文面世不久，便有人开始了对其谚语的收集和记录。大约产生于11世纪至13世纪或者更早一些的藏族民间英雄说唱史诗《格萨尔王传》里就出现了大量的谚语，千百年来在藏族人民群众中广为流传。成书于11世纪后叶的《突厥语词典》收录了近三百条维吾尔族谚语。11世纪喀喇汗王朝时期用回鹘语（古代维吾尔语）写成的长诗《福乐智慧》中引用民间口头流传的格言、谚语有两百多处。其他少数民族也都有各自谚语产生发展的历史渊源。整体而言，中华谚语的孕育与形成主要基于如下因素：

（一）交织并存的民俗文化孕育中华谚语

一个民族的谚语，受本民族经济、地理、历史、文化、心理、习俗、信仰等因素的影响，具有浓厚的民族色彩和民族特质，正如傣族谚语所言“习俗自古传，莫要随意忘”。民风民俗以社会交际活动为媒介，在个人及群体日常生活与行为方式中不断强化渗透，在时间传承与空间扩展中逐渐成为社会、集体共有的模式。随着区域交流的不断增进，各民族在交往互动中逐渐形成具有普遍意义的风俗习惯，在某种程度上增进了各民族对中华民族共同体的文化认同，如“入乡随乡，入俗就俗”（汉族）、“上哪山就唱哪山歌，进哪寨随哪寨俗”（基诺族）体现了各民族在“入乡随俗”的交际交往中实现的文化交融互促。除此以外，各民族在饮食、节庆、婚丧、游艺等民俗活动的互渗融通中表现出极强的文化趋同性，在中华谚语中都有生动形象的体现。

1. 饮食文化

“任何一种文化，我们既可以视其为自身合乎逻辑的发展，也可以视之为在相互关联的人群共同体中所形成的认同纽带。饮食也必然会成为这种认同和忠诚的一种存在依据。”[1] 清朝盛大的“满汉全席”是由满汉菜肴共同组成的宫廷盛宴，无论是菜品的选材、用料、数量、风味，还是席设的规制等，均为民族群体间同食同耕、共生共荣实践在食俗方面的表征，是民族间协作共享、渗透融合关系的具体表现。谚语“满汉席，上顿吃到下顿”（汉族）、“满汉席，一百零八碗”（汉族）其语义便表征了各民族基于相互影响借鉴的饮食习俗产生的文化认同。在饮食文化的交流传播过程中，对民族饮食由猎奇到认可、接纳的心态变化是民族之间增进身份认同在饮食层面的表达。“猴头羹”即猴头菇，本为古代浙江东南安家人的民族饮食，在各民族的互动交流中，广大汉族民众认识到其食用价值，通过谚语“宁负人千石之粟，不愿负人猴头羹臛”“多食猴菇，返老还童”（汉族）予以表征、固定和规范。“饮食习惯实现在地化能够使个体在形成同当地居民共同的社会身份认同感后进一步生成融入感，这意味着个体本身的由‘客’化‘主’转换，为情境维度下构建身份认同意识产生效能。”[2] 各民族在文化交流中对饮食进行在地化改造和利用，如引入原材料、吸收改造烹饪技艺、调适饮食结构等，是各民族在文化认同的潜意识下作出的适应性转变。历史上吐蕃、蒙古等民族将从汉族地区传入的茶叶作为日常生活的必需品，并且产生了多种多样的制茶手段和泡饮方式。谚语“宁可一日无食，不可一日无茶”（蒙古族）、“宁可三日无粮，不可一日无茶”（藏族）展现了民族间共同的饮食偏好。以茶饮作为联结人际关系的纽带，用以待客谈事，是中华民族一致性的礼仪文化认同。鄂温克族以奶茶待客视为对客人的尊敬，如谚语“远方的客人来到家，献上奶茶表心意”；西北地区的回族以盖碗茶待客，如谚语“客人远至，盖碗为上”。茶饮之谚所表达的共通的待客

① 彭兆荣：《饮食人类学》，北京大学出版社 2013 年版，第 289 页。
② 刘春呈：《铸牢中华民族共同体意识的饮食文化认同进路》，《广西民族研究》2021 年第 2 期。

之道展现了中华各民族热情友好的共同心理，相应的待客文化与茶文化也孕育了具有共同体民族色彩的中华谚语。

2. 节庆文化

节庆是“在特定的空间中周期性举行，并通常由一定群体成员共同参与的，具有某些特别的共享形式与突出文化特征的公共性活动”①。中国传统节日的内容和形式饱含各民族人民深厚的情感与共同的理想追求，具体的节日习俗则具有鲜明民族性和区域性，彰显各民族、各地区独特风俗习惯，展示了各民族文化特有的魅力。如汉族的春节、腊八节，傣族泼水节，蒙古族白节，这些具有鲜明民族性特点的节日在历史变迁中交流互渗、吸收融合，呈现出节日仪式的共享与趋同。以春节为例，汉族的春节传统意义上指正月初一到十五，随着中华民族多元一体格局的建立，各民族间的交流不断增进，汉族的传统春节已然被彝族、壮族、达斡尔族、苗族和回族等少数民族所接受，形成各民族一起欢度的和谐景象，各种春节习俗在谚语中有直接体现。如“大年初一生天地，人们要过年；八月十五生月亮，人们要团圆”（彝族）、“大年初一，捏三尖角粑粑”（拉祜族）等。这些庆典、祭祀活动表现出各民族共同的生死观、价值观与精神依托，以祭祀活动为例，在汉族“重孝”文化的影响下，各族也重视对祖先的祭拜。如“三月清明早献坟，七月初一早接祖”（白族）、“清明拜扫，不拜不孝”（壮族）等。节日仪式对社会角色行为规范的认定、对既有社会组织和价值观念的维护，无一不是对传统文化的继承与传播。在历史演进中，诸多具有趋同性的周而复始的节日民俗活动是凝聚中华民族共同体意识的媒介与工具，中华谚语即诞生在这样的文化氛围中。

---

① 范建华、郑宇、杜星梅：《中国节庆文化与节庆文化产业》，云南大学出版社 2018 年版，第 1 页。

3. 婚丧文化

人生仪礼是指人在一生中所经历的具有一定仪式的行为过程，主要包括诞生礼、成年礼、婚礼和葬礼。婚、丧作为其中重要的两个阶段，备受人们重视，而婚丧礼仪作为这两个阶段文化的外显性行为，亦受到人们关注。相类的婚丧礼仪——家族、邻里、社会共同参与婚丧仪礼的筹备举行，遵守禁忌规范，为群体间的交流互动、联系融合创造了契机，促进了各民族间的相互认同，维护了民族关系的和谐稳定。汉族和白族的谚语中都有“红事不请不到，白事不请自来”的表述，其所反映的相似的婚丧礼仪观念之下是汉族和白族传统文化中敬畏逝者、团结互助、礼尚往来的深层特质。从婚嫁文化分析，各族的婚嫁观念在长期的社会发展演进中具有一定的稳定性与传承性，并逐渐发展成为某一社会群体所具有的特色的礼仪风俗。中华婚嫁谚语作为社会客观现实的记录，既体现了各民族特有的婚姻习俗元素，也展示出各民族婚姻文化的互相交流和共有文化基因的传承。如谚语“要想了解自己的长短，最好请媒人去提亲”（维吾尔族）、“无巧不成书，无媒不成亲”（回族）、“欲想酿酽应有饼，欲想恋爱应有媒”（黎族）都强调了媒人在婚姻成立体系中的重要性。而谚语“最清的水是山泉水，最动听的歌是情歌”（傣族）、“下游寨子姑娘多，上游流来的都是歌”（傣族）则体现了壮族独具特色的歌唱婚恋习俗。

4. 游艺活动

游艺，是一种流传于民间的集文化活动、娱乐活动、体育活动为一体的文艺形式。“游乐民俗包含了千姿百态的民间娱乐体育活动，它与传统的生产方式、生活方式密不可分，并具有鲜明的地方色彩，人们由此获得精神上的享受以及情感的交流与宣泄。”① “游乐竞技民俗在中国，大多是随季而兴、遇节而盛的，也就是说大多的活动有一定

① 潘倩菲:《实用中国风俗辞典》，上海辞书出版社 2013 年版，第 341 页。

的季节性、节日性。”[①] 各民族、各地区在不同的习俗与礼俗的影响下，产生不同的具有浓烈的乡土地域特色的游乐竞技形式。在游艺习俗的交会融通中，各民族破除语言、宗教信仰等障碍，增进情感交流共鸣及思想观念的沟通认同，形成了基于共同爱好的娱乐共同体。多民族聚居的区域格局为各民族提供了交流融合的舞台，北方少数民族长期游牧征战，民间皆以习武备边、鞍马骑射为务，培养了当地各族人民的赛马骑射技艺和竞技习俗。谚语“李波小妹字雍容，褰裙逐马如卷蓬，左射右射必叠双。妇女尚如此，男子安可逢?”即是北朝各民族彪悍尚武风貌的最好展现。汉族谚语“天棚鱼缸石榴树，先生肥狗胖丫头”展现了清代老北京四合院的生活场景，搭天棚、赏玩金鱼、栽种石榴是八旗子弟的消遣娱乐方式，年年有余、红红火火的象征寓意则是各民族共有的性情志趣和价值追求的文化表征。

（二）民族生产实践活动交流孕育中华谚语

民族间的交往交流交融一直是我国民族关系的主旋律，共同的经济生活是中华民族多元一体格局形成的物质基础。中华各民族在物质生产实践中频繁交往交流，形成互联互通的民族关系，成为构建中华民族共同体的内生动力，在此基础上形成的国家认同和民族认同是铸牢中华民族共同体意识的根基，也是孕育中华谚语的重要基因。

1. 农业、畜牧业生产实践

农业生产原本是中原一带汉民族获取社会生活资料的主要途径，是人们的衣食之源、生存之本，但多样化的农业生产亦为满足中原之外其他民族的生存需求提供了重要手段。如“黄豆穆米农夫种，黄烟茄秧农妇栽”（达斡尔族）、“好种的籽粒圆，孬种的秕子多”（蒙古族）等谚语均是农业生产从中原走向边疆民族地区的生动写照。中华各民族在畜牧业互通互补的实践交流中，实现畜牧产品、

---

① 陈勤建：《中国民俗学》，上海人民出版社 2017 年版，第 184 页。

生产工具的资源共享，增进各民族物质共荣的共同体意识，推动中华谚语的生成和传承。居于边疆地带的游牧民族依托独特的地理、地形、气候等，从事以游牧为主的畜牧业生产，利用充足的水源和丰茂的草场培育优良畜种，马匹便成为当地民族最常见的生产生活工具，随之产生了谚语“南人驾船，北人骑马”（汉族）、“善牛好犁，善马好骑”（壮族）、“田不耕生杂草，马不骑性子野”（毛南族）等。随着社会的不断发展，农耕区的汉族与蒙古族等游牧民族相互往来、互通有无，汗血宝马、蒙古马等被输入中原地区，并加以杂交改良、繁育推广，带来畜牧业生产生活用具的交流与共享，正如谚语“骏马遍山坡，马奶流成河”（哈萨克族）、“冬放洼塘夏放岗，秋放山阴春放阳”（汉族）。

2. 手工业生产实践

各族人民在社会发展的大趋势下，分工协作，创制出丰富多样的手工业产品，共享手工业发展成果。谚语“自古藏毯出湟中，湟中藏毯数加牙”（汉族）、“蒙古马，包头钢，草原盛产好皮张”（汉族）等说明在共同的劳动实践中，独具织造技艺的藏毯、蒙古族生产的优质皮革等经过传播被汉族人民所熟知和使用，满足了生产生活的需求。对此，历史文献资料也多有记载，如汉代贾谊《论积贮疏》引古语云：“一夫不耕，或受之饥；一女不织，或受之寒。”宋末元初时，黄道婆学习海南黎族人的棉纺织工艺，革新搅车、配色提花等纺织技术，促进了江南地区手工棉纺织业的发展，时有“松郡棉布，衣被天下”（汉族），也有“黄婆婆，黄婆婆，教我纱，教我布，两只筒子两匹布”（汉族）等谚语歌颂她在家乡推广、传授棉纺织技术。清中叶，周礁在甘肃为官时，教授甘肃各族人民纺织、种棉技术，时人有谚，“高邑人民寡力田，鹑衣百结实堪怜，而今天赐神明宰，脱却羊毛尽着棉”。不难看出，“物质生产过程使人们相互之间发生了一定的交往关系，这种初始而牢固的关系便是生产共同体的基础，由此，物质生产构成了共同体的实质”[①]。手工业生产是各民族交往互动的重要途径，其工具技术的推广与吸纳、手工艺品的交换与流通、民族往来交流的心理意愿使各族人民联结成稳定的利益共同体，形成了建立在各民族相互欣赏、相互尊重基础上的文化认同，由此推动了中华谚语的生成。

3. 商业生产实践

多样化的生产方式使中华各民族物质生产的互补性越来越强，各民族通过物产交换或远途贸易进行持续不断的交往，进而建立起相互补充的密切联系。谚语“出使西域传丝绸，张骞受封博望侯”（汉族）记载了西汉时期“丝绸之路”沿线商道丝绸贸易繁盛的史实。肇始于唐朝的茶马互市，以绸缎、针线、茶叶等生活用品为民族往来的媒介桥梁，增进了汉、藏、纳西等民族你中有我、我中有你的血肉联系，产生了谚语“彩线织的绸缎，藏汉间的金桥”（藏族）、“喝上内地茶，不忘驮茶骡”（藏族）等。边疆与中原地区人民在互惠互补中共同发展，自唐宋两朝兴起，以纳西族为主体的赶马人使用马匹进行商贸运输，穿越茶马古道，实现了内地的茶叶、布匹、盐等生活物资同藏区的骡马、毛皮等的互换。长期从事原始农业的黎族，在与汉商的交易往来中互利互惠，“黎不经商，汉当货郎”（黎族）一谚便是黎汉贸易的历史印证。商贾辐辏的口外边地是民族交往交流交融的重要平台。针对清代平遥籍商人所设的旅蒙商号“祥泰公”，阿拉善地区就有“先有祥泰隆，后有定远营”（汉族）之谚，“先有复盛公，后有包头城”“先有晋益老，后有西宁城”等民谚更是清晰地再现了游牧民族聚居区内各民族之间贸易活动的盛况和悠久历史。

（三）趋同共同的文化认同心理孕育中华谚语

“大一统”是中华民族共同体意识据以孕育并发展的思想渊源。

① 秦琳：《广松涉的共同体视域及其对马克思的解读》，《广西大学学报》（哲学社会科学版）2020 年第 2 期。

历史上，中华各民族致力于塑造政治清明、社会安定、经济繁荣的社会环境与生存空间，“大一统”观念、家国一体的价值共识是共同体成员共同秉持的共善规范和行动指南，为培育中华民族共同体意识提供了情感和心理基础。中华谚语彰显各民族思想观念的趋同性特质，是各民族共通心理得以传承发扬的重要媒介。

存续千年的家国一体同构的社会系统使中华各民族认识到国家安定是实现个人与家庭幸福的基础，个人并非外在于国家的独立个体，而是与之共生共存的。因此，中华各族人民对政治共同体抱有强烈的认同感、依附感和归属感，如谚语“脱离祖国的人，好比无家可归的狗”（蒙古族）、“国强民也富”（汉族）、“国家安定，百姓安宁”（哈尼族）、“生长在花园里的花朵是很美丽的，生活在祖国里的人民是很自豪的”（柯尔克孜族）等。对如何处理家与国的关系，家庭自律与国家治理密切关联，“国家国家，没国就没家”（汉族）、“有花才有蜜，有国才有家”（白族）、“建立家庭过日子，为了家国长稳定”（傈僳族）等谚语展现了各民族成员对家国一体相互依托的认识。“四海之内皆兄弟”（汉族）、“千朵万朵花，同枝又同丫，各族人民是一家”（布依族）、“黎汉兄弟如手足，黎人都有汉朋友，汉人都有黎亲情”（黎族）、“五个手指是兄弟，藏人汉人是一家”（藏族）等谚语阐明了各族同胞统一的身份认同。“白手起家真志士，赤心报国是忠臣”（汉族）、“保卫国家，人人有责”（达斡尔族）、“无论身在何处，都要为祖国服务”（俄罗斯族）等谚语印证了各民族同胞以天下国家为己任，共同怀有捍卫国家主权统一、领土完整及民族团结的责任与使命。价值认同的共识性、价值诉求的一致性是中华各民族融合共生的心理基础，中华民族同源共祖的神话传说、英勇斗争共御外敌等历史记忆是凝聚、维系共同体意识的重要纽带，由此生成的趋同共通的文化认同心理，孕育了具有民族特色的中华谚语。

三、中华谚语的特征

谚语具有多重属性，前人关于此内容的著述也有很多。武占坤《中华谚谣研究》（2000）提出谚语的六大特点，包括内容的广泛性和周遍性、思想性、科学性、情感性、权威性、时代性和地方性；李耀宗《中国谚学若干问题谭要》（2001）一文认为，谚语“兼具语言、文学、语俗及百科文化载体四性”[①]；还有学者提出谚语具有知识性、行业性、人文性，内容上富有教育意义，形式上言简意赅、精练形象；也有人指出谚语具有群众性、通俗性、哲理性、稳固性、广泛性、教训性、民族区域性等特点。总之，中华谚语具有以下几个方面的基本特征。

（一）内容方面

中华谚语在内容上具有经验性、哲理性和科学性的特点。

1. 经验性

经验性是谚语语义的基本特点。自古以来，我国人民就善于用谚语来总结生产与生活实践经验，其或源于直接感知，或兼含间接推理，或反映成功，或总结失败，无不是体验或观念的经验性结晶[②]，以气象类谚语为例，“月上潮涨，月中潮平，月没潮竭”“蚂蚁拦路，大雨如注”，记录了劳动人民在生产生活中对于气象变化征兆的经验总结。“夏天顶风走河边的高山石头上见虎”“雪前下夹子，雪后留足印”“冬天在河边的土岸土空洞中见黄鼠狼”则是鄂伦春族对于动物习性经验总结的谚语。此类关于规律与经验的总结性谚语，经过口传心授，在实践中反复验证、加工、修正，成为十分宝贵的精神财富，

---

① 李耀宗：《中国谚学若干问题谭要》，《海南大学学报》（人文社会科学版）2001年第4期。

② 李耀宗：《中国谚学若干问题谭要》，《海南大学学报》（人文社会科学版）2001年第4期。

在科学技术不发达的时代具有指导生产、生活的普遍意义，在科技发展迅速的今天仍具有参考价值。

2. 哲理性

中华谚语具有哲理性。劝世谚、事理谚以及人生谚作为中华谚语的重要内容，富有哲理。此类谚语以独具个性的语言形式，揭示真理，概括规律，反映“真、善、美”的思想意识。“箭铁虽利，不射不发；人虽聪明，不学不知”（蒙古族）、“雄鹰穿云破雾的硬翅膀是飞出来的；猎人百发百中的枪法是练出来的”（怒族）揭示“实践出真知”的道理。“时过不再来，机会莫错过”（白族）教人把握机会、珍惜时间。除此以外，汉族谚语“留得青山在，不怕没柴烧”，蒙古族谚语“水滴积多盛满盆，谚语积多成学问”，彝族谚语“黄牛不入水牛圈，水牛不同黄牛牧”这些至理真言，都生动揭示了谚语哲理性的魅力。

3. 科学性

中华谚语具有科学性。谚语概括的知识总结的经验，都是广大群众在生产斗争或社会斗争中直接得来的，并经过群众不断丰富、不断修正，并且反复验证了的东西、都是科学的真知卓识。[①] 其往往反映事物本质，反映事物之间的联系及自身运动发展的规律，与辩证唯物主义相切合，具有科学性。“凡耕之本，在于趣时”“农业千万条，不违农时最重要”“熟土加生土，饱得撑破肚”“桑树厚土扎根牢，茶叶酸土呵呵笑”“不违农时，因地制宜”的农业“圣经”，在千百年来的农耕历史中成为农民恪守的准则，其所反映的环境与社会和谐共生理念历经验证，科学合理，值得推崇。

（二）形式方面

中华谚语在形式上具有口语性、异变性、艺术性和民族性的特点。

① 武占坤：《中华谚谣研究》，河北大学出版社 2000 年版，第 6—7 页。

1. 口语性

谚语是人民大众的口头创作，带有鲜明的口语特点。[①] 多以两句或四句形式出现，朗朗上口，通俗易懂，便于记忆。狩猎民族依靠世代相传的丰富经验以及自己的实战经验练就高超技艺。狩猎经验的传授有口头陈述和实际操作两种途径。先辈对于狩猎经验的口头传承在时代传承中逐渐成为易于记忆的谚语。如“一个猎人打不来活鹿，四十个猎人能围住鹿群”（鄂伦春族）、“开江叉鱼，入秋打围”（赫哲族）等。

2. 异变性

语言变异是指偏离语言常规的语言形式。中华谚语在不断发展和使用的过程中，会产生某种形式的变异。王海静在《试论谚语的变异与规范》（2004）中将中华谚语的异变性概括为纵向异变、横向异变与语体异变。

（1）纵向异变

谚语作为一种对时代客观现实环境反映的文学类型，必然受到时代大环境的影响。人们的思想意识随着时代环境的改变而产生变化，谚语具有时代性的特点，亦随着时代不断更新。如《老子》中的“天网恢恢，疏而不失”，后演变为范仲淹《窦谏议录》笔下的“天网恢恢，疏而不漏”，再到今天口语常用“法网恢恢，疏而不漏”。随着科学技术发展，社会法治体系，伦理人常的健全，“天网”的谚语逐渐转变为“法网”，人们由信天命到信科学，这是社会进步、思想发展的最直接体现。而谚语也很好地体现了这一变化。除此之外，在历史的纵向历程里，语汇更替，其反映概念的变化也是谚语纵向异变的一大原因。如明时“天下十三省，道理一个样”到清朝“天下十八省，道理一个样”的转变。明朝时设十三布政使司，清朝设十八行省，同

① 陈志伟:《中华谚语大观》，金盾出版社 2005 年版，第 8 页。

指“天下”，因为时代限定里某一概念的变化，引发了谚语的变化。

（2）横向异变

谚语的形成受地理环境、气候等因素的影响。横向层面考虑，人们所处地理环境位置气候不同，所总结出来的经验也有不同，作为经验传承的谚语亦会有所不同。如我国山西、河北等地所传谚语“阳坡种麦子，阴坡种谷子”与青海当地所传“阴坡麦子阳坡谷”截然不同，完全相悖。青海适种麦子为南麦，其性喜阴。受气温、水分、光照的影响，青海与河北等地适种作物品种不同，习性不同，而这也便导致了两地所传的谚语有所不同。又如，赣州地区判断冬日无雨的谚语是“重阳无雨看立冬，立冬无雨一冬干”，而在闽南地区则是“重阳无雨看冬至，冬至无雨晴一冬”。由于各地语言传承习惯不同，同一物品在各地的称呼不同，这便导致了各地所传谚语有差异。如“东虹日出，西虹雨”在溧阳称为“东鲎日头西鲎雨”，“鲎”即彩虹。南宋温州学者戴侗的《六书故》中，就有“越人谓虹为鲎”句。明徐光启在《农政全书》中亦有记载（南方）“虹，俗呼曰鲎。谚云：‘东鲎晴，西鲎雨’”。可见，各地方言土语、富有地域特色的称呼对于谚语的横向异变也有影响。

（3）语体异变

谚语在发展过程中逐渐脱离古代文言文形式，增加口语色彩，形式不断简练。如《聊斋志异·驱怪》中所载“黄狸黑狸，得鼠者雄”经过发展，转变为更具白话性质的“不管黑猫白猫，抓着耗子就是好猫”。《老子》中所记载“知足之足常足”后发展为“知足者常乐”。“密田多稻，稀田多草”发展为“密田粮多，稀田草多”。此类谚语的异变，保留语义而改变形式结构。由原先的偏向于书面性表达转变得更加倾向于口语表达，使得谚语更加通俗易懂，便于记忆与口头传述。

3. 艺术性

谚语具有艺术价值与艺术力量。艺术价值主要体现在谚语自身具有审美趣味：形象美、内容美、情感美，艺术力量则体现在其思想内容层面。[①]

谚语中经常采用各种修辞手法来加强思想内容与艺术力量。比兴、反复、借喻、对比、拟人、夸张、对偶、回环、顶真等各种修辞艺术手法，在不少谚语中被应用，产生了极好的效果，使许多谚语千百年来流传不衰。中华谚语的形象美多体现在其结构与音韵、文字与语言方面。谚语结构对称，善用比喻，整齐划一，朗朗上口，文字凝练，语言朴素。内容美主要指其内容涉及层面广，涉及群体广，哲理韵味深。情感美则凝聚在其所反映的亲情、友情、爱情、家国情之中。如"生于忧患，死于安乐"，结构对称，双句式，易上口，所蕴之情之理，发人深省，传诵至今，其艺术价值毋庸置疑。同时，中华谚语以节律感较强、富有知识性、短小精悍的精辟语句，表达至理真言、深切之情。在世代传承中，教化无数子民，其所蕴含的中华人文精神也在谚语的口耳相授之中深入人心。

4. 民族性

谚语植根于各自民族的生活土壤之中，是吸收着本民族生活的营养产生发展起来的。无疑，民族的种种要素（如经济、地理、历史、文化、心理、习俗、信仰等）直接影响着谚语，使谚语染上浓重的民族色彩，体现了民族的个性，打上了鲜明的民族烙印。以生产活动类谚语为例，汉民族生活、生产的环境虽然有少部分地区濒于沿海，但是绝大多数人还是生息在内陆地带，80% 的人口从事农业生产劳动，农业技术比较发达。历代农民在积年累月的农业生产劳作中，经过反复的实践、验证，取得了大量的宝贵经验，探索出农业生产各个环节中的种种规律，创造了数以万计的农谚，其数量几乎占了汉语谚语总数的 1/3。[②] 如"高地种芝麻，洼地好种豆""深耕加一寸，顶上一层粪"

① 陈志伟：《中华谚语大观》，金盾出版社 2005 年版，第 8—9 页。

② 王勤：《谚语的民族性》，《湘潭大学社会科学学报》2001 年第 4 期，第 90 页。

等反映汉族农耕文化。蒙古民族长期生活在草原上，过着游牧生活。以饲养牲畜为主要的经济来源，长期的草原生活使其尤为熟悉马、羊、牛各种牲畜的习性，由此积累了丰厚的饲养牲畜的经验教训，而其关于草原和牲畜方面的谚语也特别多，如“滩上万畜，马为瑰宝”“马和歌是蒙古族的两只翅膀”等体现了浓郁的草原民族色彩。狩猎民族以鄂温克族、鄂伦春族、达斡尔族为例，他们的生活在很大程度上是受狩猎环境的影响，谚语中对狩猎环境的描述非常丰富。如“山林一片黄，朝阳坡上枪声响”“猎人最喜欢头场雪，渔民最爱听冰排声”均是该民族总结的关于狩猎经验的谚语。以表达自然崇拜的谚语为例，鄂伦春族人信奉山神，其称呼山神为“白那查”，谚语中有记载“放排人供奉斡思·恩都日，打猎人供奉白那查”（鄂伦春族）、“飞禽走兽向往大山林，鄂伦春人崇拜白那查”（鄂伦春族）。火对于狩猎民族十分重要，不仅可以御寒保暖，还可以驱赶野兽。达斡尔族作为典型的狩猎民族，向来崇敬火神，其有谚语“进山缺不得火和刀，打猎缺不得马和枪”。蒙古族所居地处于内陆，常年干旱、缺水。水对于游牧的蒙古族十分重要，他们将水视作纯洁的神灵，如果在水中洗脸，需要跪请允许。谚语“生长的土地贵如金子，饮用的河水甜如甘露”表达了他们对于水独特的情感。中华谚语因其构成，具有深刻的民族意识与民族特色，使谚语具有了独特的魅力。

（三）功能方面

中华谚语在功能上具有俗传性、教育性和权威性的特点。

1. 俗传性

谚语是人民大众口头创作，源于生活，贴近生活，具有口语性的特征。因其口语性的特征，朗朗上口，通俗易传颂，具有俗传性的特点。如“一朝被蛇咬，十年怕井绳”“饱汉不知饿汉饥”“八字没一撇”等谚语凭借其突出的俗传性特点历久弥新。“话须通俗易传远”，谚语的俗传性特征为其传承贡献巨大。

2. 教育性

“教育与人类生产、生活密切相关，是存在于特定文化情境或生活过程中的活动。文化的丰富性和生活方式的多样性决定了教育活动的多种可能性。”[①] 文字出现之前，口头表达长期承担着传承文化的功能，即使人类发展至今，口头表达仍具有书面文字所无法替代的教育意义，较之书面文字，其对人的思想感情更易产生深层影响。“教育不仅规定了人的发展方向和水平，而且也在推动与发展着一种民族文化和民族精神。”[②] 如哈萨克族在战斗时把祖先名字作为口号而鼓舞斗志，“阿拉什”便是其中一个口号。谚语作为一种富有地域特色的民间口头文学类型，渗透浸润在普通民众的日常生活中，“赠人玫瑰，手有余香”“冰冻三尺，非一日之寒”“病从口入，祸从口出”“放长线，钓大鱼”，这些传承已久的谚语以精练的形式蕴藏哲理智慧，教人向善，传授经验，激励人开拓进取，树立远大理想，而群众参与谚语传承是人社会化的进一步体现，是对民族文化的继承与发展。从这一方面讲，谚语的教育价值尤为重要。

3. 权威性

谚语，大都传承于前人，在人们心目中，谚语的思想内容具有公理性和权威性，常常被人们奉为圭臬，诲人或律己。在明辨事理、传道授业时，学者往往重视引述，在日常生活中“俗话说”“常言道”“古人云”“老话讲”的大量使用则是例证。《战国策》中记载，蔡泽入秦，说应侯范雎曰：“语曰：‘日中则移，月满则亏’。物盛而衰，天地之常数也。”蔡泽以谚语“日中则移，月满则亏”为理，说服范雎让出相位，使得谚语在生活实践中的权威性得到了充分体现。在日常生活中谚语还可以成为人们处理问题的依据，辨别是非的准

---

① 杨瑞芬：《谚语的教育意蕴》，《天水师范学院学报》2018 年第 4 期。

② 孙喜亭：《民族素质与教育》，《北京师范大学学报》1996 年第 5 期。

绳，反剥削反压迫斗争的有力武器，起着扶持正义、谴责邪恶的道德规范和习惯法的作用。

第二节　中华人文精神的特质

博大精深和丰富灿烂的中华文化是中华民族在五千多年历史的长河中共同创造的，形成的优良文化传统和特有民族性格已经深深地融入中华民族血脉之中，成为我国56个民族共同的文化基因、精神记忆和中华民族生存发展的共有精神家园。

中华民族基于自己特殊的社会生活基础以及独特的思想文化，形成了自身特有的生命智慧与生命观念。由这些智慧与观念所形成的精神传统，塑造了中华民族的生命精神。正是这些各民族结合性的思想精华，支撑了中华各民族在几千年的文化相互碰撞中达到了相互补充、相互凝聚、携手同行。

一、何为中华人文精神

“人文”一词最早见于《周易》：“观乎天文，以察时变；观乎人文，以化成天下。”“文”的本义，指各色交错的纹理。《易·系辞下》载：“物相杂，故曰文。”《礼记·乐记》称：“五色成文而不乱。”《说文解字》称：“文，错画也，象交叉。”均指此义。在此基础上，“文”又有若干层引申义：其一，为包括语言文字在内的各种象征符号，进而具体化为文物典籍、礼乐制度。《尚书·序》所载伏羲画八卦，造书契，“由是文籍生焉”；《论语·子罕》所载孔子说“文王既没，文不在兹乎”，是其实例。其二，由伦理之说导出彩画、装饰、人为修养之义，与“质”“实”对称，所以《尚书·舜典》中讲：“经纬天地曰文”，《论语·雍也》称“质胜文则野，文胜质则史，文质彬彬，然后君子”。其三，在前两层意义之上，更导出美、善、德行之义，这便是《礼记·乐记》所谓“礼减而进，以进为文”，郑玄注“文犹美也，善也”，《尚书·大禹谟》所谓“文命敷于四海，祗承于帝”。[1]“文”同样也可以指事物变化运行的轨迹。“天文”即天体运行的轨迹，引申为天体运行的规律和规则，即天道。“人文”即人类文明化过程的运行轨迹，引申为人群文明生活的规律和规则，即人道。《易传》所说，谓古代的圣人通过观察研究天之道，以明察时节的变化，通过观察研究人之道，以教化天下之民，使之循道而行，以成文明礼俗。“人文”总是表现在人类生活的各个方面，凡人类的衣食住行、生产消费、社会交往、技艺娱乐、征伐战斗、丧葬祭祀以至于学问思辨等，莫不与人文范畴相关。[2]

“人文精神”是一个世界性的概念，实质上就是对人类个体存在的尊重与关切。古希腊智者学派的代表人物普罗泰格拉认为“人是万物的尺度”，这其实就是对人文精神的一种最为朴素的认知。在西方，“人文精神”有着漫长的发展历史，罗素把其归结为一种“从古代的朦胧稚嫩发展到明确成熟”的过程，以智者学派为开端，在文艺复兴时期得到发展，提出具体主张为：以人为中心而不是以神为中心，肯定人的尊严和价值；要求享受现世生活，追求自由、幸福和物质享受；崇尚科学和理性，追求知识和真理。至此，崇尚理性成为西方人文主义重要的精神内核。

与西方相比，“中华人文精神”强调“中华”与“人文精神”两个关键词。“中华”即中华民族，“是中国古今各民族的总称，是由众多民族在形成为统一国家的长期历史发展中逐渐形成的民族集合体”。[3]在中华民族“多元一体”格局形成的历史进程中，中华各民族

---

① 张岱年、方克立主编：《中华文化概论》（修订版），北京师范大学出版社 2004 年版，第 1 页。

② 吴毅、朱世广、刘治立：《中华人文精神论纲》，人民出版社 2011 年版，“序”第 3 页。

③ 费孝通：《中华民族多元一体格局》，中央民族大学出版社 1999 年版，第 253 页。

中原文化与周边文化相互碰撞、交融与荟萃，锤炼出了各民族共识共求的文化思想。这种优秀的民族性格、价值取向、道德规范、心理情感、文化传统等精神因素为民族大多数成员所认同和接受，在长期的发展历史中凝结成为区别于其他民族的精神特质和精神品格，这就是中华人文精神或者是中华民族精神。

古往今来，一些著名的思想家、哲学家、文化名人对这些精神内核做了大体上的梳理与总结，条分缕析，各有重点。如《中国文化精神与现代社会》（2015）把我国传统文化的核心思想归结为四点："以人为本，崇德重义，持中贵和，实践理性。"以人为本，出自《管子·霸言》："夫霸王之所始也，以人为本。本理则国固，本乱则国危。故上明则下敬，政平则人安，士教和则兵胜敌，使能则百事理，亲仁则上不危，任贤则诸侯服。"①"以人为本"的"人"作老百姓、民众、人民之义。这段话的意思就是，霸王的事业之所以有良好的开端是以人民为基础的，而在今天，以人为本更多体现的是人作为个体的关切，也就是孔子所说的"仁"，这不仅要求的是执政者，更是对所有人的要求，去爱别人，尊重别人。崇德重义，中华人文精神所崇尚的道义，是天下之公道和公义，文天祥曾作《过零丁洋》曰："人生自古谁无死，留取丹心照汗青。"坚守气节是中国人自古以来便有的价值取向，孟子曰："生，亦我所欲也，义，亦我所欲也。二者不可得兼，舍生而取义者也。"司马迁也说："人固有一死，或轻于鸿毛或重于泰山。"中国人重视道德上的大义与灵魂上的尊严，即使付出生命的代价也不能违背道德的底线，这是从千百年中国人民的抗争史积累来的民族精神，民族英雄的事迹我们耳熟能详，回看屈辱的近代史，我们铭记并非为了报复，而是时刻提醒自己，不论什么时候，身为中国人的气节不能丢，也就是所谓的"富贵不能淫，贫贱不能移，

① 管仲:《管子》，上海古籍出版社 2015 年版，第 171 页。

威武不能屈”。贵和持中，体现的是中华人文精神追求人与我、人与物的和谐共生。中华民族把天下共生视为天经地义，把“赞天地之化育”、助天地之生生看成是人的义务和责任。我们常说，中华民族是一个爱好和平的民族，中华民族强大了不仅不会称霸世界而且还会促进世界和平，增进全人类的幸福，其基本的论据根源于中华民族自古以来就确立的这种和谐共生观念和仁爱精神。实践理性，是中国传统哲学的重要命题，也是中国传统文化的一个重要精神，它强调求实务实，实事求是，知行合一，身体力行，经世致用，重现世、重实践、重事实、重经验、重功效。这是中国人最为典型的思维方式与价值取向。

此外，张岱年、方克立主编的《中国文化概论》（2004）称中华民族十大美德是：仁爱孝悌、谦和好礼、诚信知报、精忠报国、克己奉公、修己慎独、见利思义、勤俭廉正、笃实宽厚、勇毅力行，进而概括的中华民族精神大系是：天人合一、以人为本、贵和尚中、刚健有为。赵存生主编的《社会发展与民族精神》（2007）把中华民族精神中所体现的中国优秀文化概括为：整体思维、实事求是的科学精神；克己奉公、舍生取义的牺牲精神；敬老尊贤、重友睦邻的伦理精神；闲放豁达、敬业尚群的处世精神；虚怀若谷、博采众长的学习精神；与时俱进、革故鼎新的创新精神；艰苦奋斗、孜孜以求的创业精神；天人合一、厚德载物、刚柔相济、和而不同的和谐宽容、有节有度精神。詹小美的《民族精神论》（2007）将中华人文精神凝练为：入世的求实精神、重德的伦理色彩、中和的思想方法、开放的兼容并蓄。

这些中华民族文化或精神内涵无疑是正确而精准的，正是这些各民族融合性的思想精华，支撑了中华各民族在几千年的文化相互碰撞中铸牢中华民族共同体意识、构筑中华民族共有精神家园。

因此，“中华人文精神”是古往今来中华各民族文化现象所蕴含的基本文化精神，也就是以人之文化存在为本，着重通过对人自身以及人与人、人与自然、人与社会之间关系的恰当把握而形成的一种文化精神。它绵延于中华民族各个时代，影响了中华民族人文文化各个方面，是中华民族传统文化中的一种元典性、主导性、共通性的文化精神。主要包括：

爱国精神——

以身许国、舍生忘死的精忠报国精神

天下为家、有国有家的家国一体思想

民惟邦本、安民富民的民本思想

奉献博爱精神——

克己奉公、舍己为人的奉献精神

乐善好施、扶危济困的博爱精神

顾全大局、甘为人梯的责任意识

和衷共济精神——

父慈子孝、兄友弟恭的家庭伦理

与邻为亲、互助互爱的邻里文化

兼收并蓄、和谐共荣的民族团结精神

求同存异、贵和持中的和谐天下精神

探索创新精神——

学贵知疑、上下求索的探索精神

革故鼎新、求变求新的创新精神

精益求精、一丝不苟的工匠精神

守信重义精神——

忠贞守信、忠信修业的诚信精神

言行一致、表里如一的践诺精神

求仁求道、见利思义的重义精神

勤俭实干精神——

克勤克俭、俭以养德的勤俭精神

抓铁有痕、踏石留印的实干精神

美学精神——

天人相类、天人感应的天人合一精神

物我交融、意象浑融的尚象精神

豁达澄明、恬淡沉静的乐感精神

韵律和谐、结构紧凑的尚雅精神

二、中华人文精神形成的原因

中华人文精神源远流长，博大精深，根植于中国 56 个民族历史与文化，其形成并非一朝一夕。文化认同是中华人文精神的基础，不同的地理环境诞生出了不同地区的民族文化，它们与中原文化的交流碰撞形成了今天中华人文精神这一大的概念；中华民族交往交流交融的历史叙事成就了中华人文精神；爱国主义情怀是中华民族凝聚如磐的精神支柱，也是中华民族共有精神家园的中流砥柱；中华人文精神在时代前进的步伐中与时俱进，中国共产党团结带领各族人民在革命、建设与改革的历程中创新了中华人文精神。

（一）文化认同是中华人文精神形成的基础

何为文化认同？一般认为，文化认同是指一种群体文化认同的感觉，尤其指本国人民对于自身文化的强烈认同。关于文化认同的类型，在主体上，可以分为国家文化认同、民族文化认同、社会文化认同、群体文化认同。值得注意的是文化认同理论在其产生之初和之后，都是在民族认同和民族文化认同的意义上使用的。

在过去的历史长河中，中华民族生生不息，不断发展壮大，开发建设了祖国的大好河山，创造了灿烂的中华文明，为人类历史的进步作出了不可磨灭的巨大贡献。而支撑、促进这一民族历经风险磨难、饱尝艰辛困苦而永葆旺盛生命力的强大力量和不竭动力，是在五千多年的改造客观及主观世界的实践活动中，是在近代以来反对外来侵略和争取民族独立、民族解放的斗争中，形成的大多数民族成员认同的思想感情、理想信念、价值取向和道德准则。正是这些高度的发自内心的认同感，才使具有亲和力与融合力的民族团结精神得以凝结，进而对民族整体的思想文化产生影响。

因此，在长期的民族共同体的状态中，中华人文精神是基于各民族对于主体文化的认同而归纳总结而来的，没有各民族的文化认同，特别是建立在核心理念上的深层次的文化认同，我们国家就无法形成大团结、大和谐的思想，如果没有思想理念上的认同，没有共同的灵魂，那么，我们的国家便会成为一盘散沙，构建中华人文精神也就成了虚无缥缈的空中楼阁。可见，中华人文精神的基础便是各民族深深的文化认同。

（二）辽阔复杂的地理承载了中华人文精神

各民族共同缔造的辽阔疆域奠定了中华人文精神的物质基础。中国特有的自然地理环境在一定程度上决定了特殊的发展环境，其二者相互作用和影响，是中华人文精神的胎体。

我国地域辽阔，东起黑龙江与乌苏里江汇合处，西至帕米尔高原，北起漠河，南到雷州半岛南端。我国地势西高东低，自西而东，因悬殊的高差形成了地势上的三大阶梯。第一阶梯为我国的青藏高原。第二阶梯自青藏高原起延伸到太行山，其内部地形复杂，既有阿拉善高原、内蒙古高原、鄂尔多斯高原、黄土高原、云贵高原等，又有塔里木盆地、准噶尔盆地、吐鲁番盆地、四川盆地，其间，还有塔克拉玛干等大沙漠。第三阶梯则以平原为主。可见我国的地形复杂多样，同时受此影响，我国各地区的气候也有显著的不同，我国东部地区温暖湿润；西部则寒冷少雨。我国各地区的生产方式，也截然不同，东部土壤肥沃，河道纵横，适宜耕作；西部尤其是高山、沙漠地区，偏向放牧。先民们无法逾越所居的客观地理条件，只能在半封闭的地理单元内自我发展、互动交流，因而逐渐形成具有标识性的、有别于他者的特征。南方民族因雨水丰沛而常年劳作在秧地湿田，从而塑造了他们勤苦温和、细腻入微的性格品质；北方农耕民族因大多居住在或平坦开阔或垄堑纵横的千里沃野，造就了他们广博包容和外柔内刚、后发制人的坚韧性格；游牧民族则是具有与大自然相融的粗犷率真、豪迈刚健，具有极强的开拓、开放的外向性。

随着历史的演进，由民族内部延伸到民族间的交流互动日趋频繁，不同文化的激荡碰撞使人与人之间的沟通屏障被打开，逐渐形成了分布上交错杂居、经济上相互依存、文化上兼收并蓄、情感上相互亲近的中华民族，不断凸显中华人文精神的包容性、内聚性和开阔性。

（三）多元一体的结构凝聚了中华人文精神

中华人文精神成就于中国各民族交往交流交融。梁启超先生曾指出："华夏民族，非一族所成。太古以来，诸侯错居，接触交通，各去小异而大同，渐化合以成一族之形，后世所谓诸夏是也。"[①]汉族与少数民族自古就是交往交流交融发展的。1988 年费孝通先生在香港中文大学主办的"泰纳演讲"（Tanner Lecture）上作了"中华民族多元一体格局"的重要演说。2014 年 9 月 28 日习近平总书记在中央民族工作会议上指出："多民族是我国的一大特色，也是我国发展的一大有利因素……可以说，多民族的大一统，各民族多元一体，是老祖宗留给我们的一笔重要财富，也是我们国家的一个重要优势。"[②]这是习近平总书记对我国统一的多民族国家基本国情的创新论断，肯定了"多元一体"的构建格局。

我国历来是一个统一的多民族国家，在漫长的历史发展中，经过

---

① 梁启超：《饮冰室合集（第八册）中国历史上民族之研究》，中华书局 1989 年版，第 168 页。

② 中共中央文献研究室：《习近平关于社会主义政治建设论述摘编》，中央文献出版社 2017 年版，第 149 页。

长期的锤炼，形成了具有强大内聚力的中华民族。“多元”强调的是承认和尊重具有来源、历史、文化、风俗习惯、语言等“原始”差异的民族个体，以及接纳各民族现实的不同发展水平、自身发展优势、发展短板和困难等多样性的客观事实。“一体”即中华民族整体，是一个独立的主权国家，各民族具有共同的价值认同。中华民族“多元一体”民族观的确立，对我们宏观认识中华人文精神的特点及其形成的历史过程具有重要的理论指导意义。中华人文精神同时强调了共同性语境下各民族的精神文化的整合，各民族以迁徙、聚合、和亲、战争等为媒介，与周边持续交流交融，在双向互动的交流互鉴中不断广博精深、兼收并蓄，终成一个气势恢宏的庞大文化体系。

（四）各民族的爱国主义与民族认同强化了中华人文精神

中华人文精神的形成与中华民族自身的民族性有着重要关系。爱国精神，是传统文化向心力的必然体现，是中华民族自强不息奋斗拼搏的必然结果，是民族自信心的强化凝聚，是民族自豪感的最终体现。每当外敌入侵，各民族都会像兄弟一样同仇敌忾。千百年来，为祖国而战、以生命捍卫国土的情怀，已经成为各民族最朴素的情感。

在漫长的中国历史上，作为中华人文精神的有机组成部分，爱国情感集中地表现为民族的自尊心和自信心（民族气节）；表现为对祖国山河、人民、历史、文化以及一切物质财富的热爱（恋乡、恋土）；表现为把个人的前途、命运同祖国的前途和命运紧紧地联系在一起，为祖国的独立、富强而英勇奋斗的牺牲精神（公忠、进取）；等等。爱国主义与集体英雄主义相结合的凝聚力和战斗力，具有越困难越团结、越压迫越高昂的民族斗志。爱国主义情怀是中华民族凝聚如磐的精神支柱，也是中华民族共有精神家园的中流砥柱。

（五）中国共产党团结带领各族人民在革命、建设与改革的历程中创新了中华人文精神

中国共产党是中华民族精神的培育者，在团结带领全国各族人民

进行革命、建设和改革的实践中，为民族独立、国家富强、人民幸福，作出了艰苦卓绝的努力，形成了自己的优良传统，创新了中华人文精神。

从革命年代至今，中国共产党在长期奋斗中构建起包括井冈山精神、长征精神、延安精神、抗战精神、西柏坡精神、“两弹一星”精神、雷锋精神、大庆精神、抗洪精神、抗击“非典”精神、抗震救灾精神、脱贫攻坚精神在内的中国共产党人的精神谱系，这些精神都切实地成为中华人文精神的宝贵养料，它们脱胎于传统文化，与现代社会主义社会相适应，进而成为我们的时代精神。

基于近代积贫积弱的情况，传统文化并不能完全解决我们所面临的困境，在反帝反封建的时代任务下，我们需要对中华人文精神作出创新发展，同时在革命战争时期，先烈的革命精神无不铭刻在每一个中华儿女心中，极大丰富了我们的中华人文精神，使其得以与时俱进，中国共产党在积极把握现实需求宣传先进思想的同时吸取优秀传统文化中的精华，在历史与现实的融会贯通中，使中华人文精神迎来了新生。

第三节　中华谚语对中华人文精神的传承与扩布

中华人文精神根植于中华优秀传统文化之中，经历了漫长的发展过程成为当代中国人思想的血脉，2014 年 10 月 15 日，习近平总书记在文艺工作座谈会上指出：“中华优秀传统文化是中华民族的精神命脉，是涵养社会主义核心价值观的重要源泉，也是我们在世界文化激荡中站稳脚跟的坚实根基。”谚语作为中华传统文化的重要组成部分，历久弥新，以其凝练通俗的特点，记录和丰富了人类知识体系，人类的文化世界也依赖谚语得以保存流传。因此，在当代传承中华谚语就是保护中华优秀传统文化，发扬中华民族人文精神的重要举措。

一、中华谚语的文化传承与扩布

中华谚语源远流长，浩如烟海。然而，究竟“源”于何时，如何“流”长，却因鲜见确凿之依据而一语难详。谚语的起源虽不可得知，但推想它成立的缘由，应该与现今流行语的成立一样，是经由辗转传布而来的。“谚语的成立，亦是基于一辈人选择出来淘汰出来的隽语。一个社会中间定有几个多阅历、广见闻、通达人情、擅长修辞，并且具有奇警的才能的人，因于这些人观察经验的结果，归纳出几则当时的所谓真理，很美丽地宣之于口，于是流俗竞相引用，竞相传布，谚语遂以成立。”[①] 纵观中华谚语的历史我们可以发现，中华谚语是中华各民族文化交融的产物。

（一）创作主体多元与历史悠久

从中华多民族的角度看，谚语的创作主体具有多元性。中华谚语是由中华各个民族的人民群众在长期历史发展过程中创造出来的，是广大劳动者多年来对大自然、人类生活习性等诸方面悉心的观察和高度的概括。它们或来源于人们长期的社会实践；或来源于人们长期的生产实践，其中不少来自农业生产或对气象的预测；或来源于寓言、神话、名著及格言。

不同民族依据不同的生活方式、不同地理环境、不同的文化习俗创作出不同的谚语，比如达斡尔族：“山鹰的本领调练人的技能”“驯化出来的骏马，调练出来的猎鹰”。正是由于其生活环境多山林，过着游猎的生活才会生发出大量用骏马和雄鹰作比的谚语。与达斡尔族生活方式居住位置相近的鄂伦春族也是如此，如“苦涩的熊胆利于肝脾”“没有脊背的蛇，长得再粗也挺不起身架”。这两句警示谚运用当地人民耳熟能详的动物作比喻，其中谚语“苦涩的熊胆利于肝

---

① 郭绍虞：《语文通论续编》，开明书店 1949 年版，第 164 页。

脾”等同于汉族谚语“良药苦口利于病”，农耕文明和狩猎文明生活方式的不同，使得表达方式不同。同为内蒙古地区“三少民族”的鄂温克族也表现出了同前两者文化上的亲缘性，如谚语“倒灰不能带火星，牧牛不能不跟人；手里有了套马杆，妖怪见了也躲开”。由于相似的文化，使得鄂温克族、鄂伦春族和达斡尔族的谚语有着方方面面的联系。达斡尔族说“天下父母的恩情，比天高大比地深”，鄂伦春族说“自己尊敬老人，儿女也会尊敬自己”，这两句谚语都说出了父母对于孩子的深厚恩情与尊敬老人的重要性。达斡尔族谚语说“人民爱国家，国家才安定”，道出了热爱祖国与民族发展的重要关系。鄂温克族谚语说“牛羊不入山，树林长得欢”，揭示了草原文化蕴含的生态文明的意义和价值。鄂伦春族谚语“不敢进深山，难成好猎手”“办事要靠智慧，狩猎要靠勇敢”“害怕黑夜穿密林，不算真正的猎人”“石头再大隔不断流水，森林再密挡不住猎骑”“直树长在山峰顶上，勇敢的猎人长在森林里”，体现了鄂伦春人面对生存环境威胁时勇敢无畏的精神。再如，达斡尔族谚语“有桥河壮观，有客家兴旺”，鄂温克族谚语“不友好接待来客，出门也无人关照”，鄂伦春族谚语“山美引飞禽，歌美招贵客”等，充分体现了少数民族人民热情好客的文化传统和友善精神。谚语“只重美貌相爱的人，一旦美貌失去感情也淡薄”（达斡尔族）、“心上的花浇水才鲜艳，看上的人交心才情深”（鄂温克族）、“白桦树要有青松相配，巧手姑娘要好猎手来娶”（鄂伦春族），则说出了这三个民族朴素的爱情观念。这些谚语通过比拟、象征等手法，融达斡尔族、鄂温克族、鄂伦春族生活中最常见的事物、事情入谚，将朴素真挚的情感化入谚语，具有十分妥帖的表达效果。

与狩猎民族不同，游牧民族对同样的哲理有着独特的解释。作为以游牧文明为代表的蒙古族谚语，涉及内容广泛，多方面体现了蒙古族的思想品质、道德修养、精神风貌和生活习俗，具有迥异于其他民族同类语汇的鲜明特点。首先，它从多方面来表达一个道理，构成具有浓郁民族特色和民族气息的谚语。如蒙古族人民关于生活实践中经验性总结的谚语有“赛马途中知骏马，摔跤场上识好汉”“捉虎未成不要紧，可以再练功；打狼未成不要紧，可以再练枪”“头破了在帽子里藏着，手断了在袖子里隐着”“在别人牛奶里没插过手指头，在别人马群里没甩过套马杆”。其次，便是具有深刻的哲理性，使人阅读后韵味无穷。如表现蒙古族人民爱国情愫与民族自尊心的谚语，有“为民族的利益，脖颈磨烂了也要拉；为祖国的富强，双腿折断了也要爬”“战斗到铁镫磨破，奋斗至此身入土”“宁可做同胞脚下的泥土，不可当敌人掌上的珍珠”“与其流眼泪，不如攥拳头”。这些表现忠诚信誉、崇尚礼义、蔑视金钱方面的谚语体现了蒙古族优秀的品质。蒙古族谚语善于运用比喻和对比的手法，如“品质性格，是忠诚的好；牛马羊群，是肥壮的好”“马好在于善走，人好在于诚实”“诚实的失败，比卑鄙的胜利好”“重义的狗胜于不义的人”“与其养千头肥牛，莫如交十个好友”“靠骗友一次，害己终生内疚”“蒙古人注重的是礼节，买卖人看重的是金钱”。最后，蒙古族谚语具有鲜明的阶级性和强烈的人民性。蒙古族人民在长期的斗争和生活中，培养了扬善抑恶的品德。在众多谚语中表现出对蒙古封建王公、巴彦、诺彦的深切痛恨和辛辣讽刺，并进行了无情的抨击和揭露。如谚语“诺海不挑食，诺彦不知耻”“诺海能看守门户，诺彦能压迫百姓”“不施舍的巴彦，快穷了好；不明智的诺彦，快死了好”“猎狗互相咬，和我们无关；诺彦互相吵，和我们无关”。蒙古族谚语与汉族谚语有着意义相同却在表述上各具特点的特征，如汉族谚语“脚踏两只船”，蒙古族谚语表达为“一只脚蹬在马镫上，另一只脚踩在草地上”。再如，汉族谚语“鸡飞蛋打”，蒙古族谚语表达为“山上的鹿也跑了，骑着的马也丢了”。汉族谚语“笨鸟先飞”，蒙古族谚语表达为“骑劣马者先启程”。蒙古族谚语充分展现了善骑能射的民族属性，其语言既朴实又凝练。

农民，指长时期从事农业生产的人。《谷梁传·成公元年》中就出现了“农民”一词：“古者有四民：有士民，有商民，有农民，有工民。”即士农工商四民。随着人口数量的增加，单纯的狩猎和捕鱼已经不能满足人们对食物的需求，这个时候粮食等农作物的种植就发挥了极其重要的作用。农业的发展能够解决人的粮食问题，随着农业的产生与推广，农民就此出现。农民的劳作生活由松土、播种、浇水、施肥等一系列工作组成，还要经受风吹日晒，所以汉族谚语中多反映农民辛苦的劳作，如“春分虫蚁满地走，农民田间汗流流”。随着农业的发展，农民也在不断地总结经验，改进种植的方式方法，以此来获得一个好的收成，在汉族谚语中大量出现总结农业生产经验的谚语，如“庄稼长得好，全靠播种早”“天旱播种宜深，逢春播种宜浅”“麦子一熟不等人，耽误收割减收成”等。[①]

我国 56 个民族，因居住环境各有其地理特点而发展出了适合本民族的生活方式，在日常劳动与生活中他们把经验和道理浓缩成了精练的谚语，正因如此，我国谚语的创作主体呈现出了多元化的状态。

同时，中华谚语也具有历史悠久的特点。中国的谚语产生很早，至少有近两千年的历史。优秀的谚语，在人民中间普遍流传，并代代相传。许多历经千百年的古谚语至今仍在流传。不同时代孕育不同的谚语，从内容到形式不断发展、变化、创新。目前，口头流传的谚语已有不少被文人收集整理、加工润色，编成谚语集出版，为谚语的传播带来了更大的便利。

中华谚语的来源是广泛的，我们应该重视中华谚语来源的多元性和对其历史由来的研究，注重从中华谚语的来源、文献记载和产生方式来揭示谚语生成的理据和原因。

---

① 方克立、张岱年：《中华文化概论》，北京师范大学出版社 2004 年版，第 126 页。

（二）辐射性与吸纳性

谚语是一种有深刻内涵的语言文化现象，从古至今，中华谚语的传承蕴蓄在中华民族多元一体格局的形成过程中，扮演着极为重要的角色。

中华谚语的传承就横向来看，是一种彼此借鉴和交流，形成了谚语在内涵和空间上的伸展。当今中国是一个拥有56个民族的国家，悠久的历史中，处处都闪烁着自古以来多民族族群你中有我、我中有你的文化创造力，在时空交错的格局里，族群间你来我往的互动，结成了彼此相依的命运共同体。由于各民族文化的交流，中华各民族谚语形成了交流互鉴、彼此影响的状态，这种状态在不同的时代或隐或显，但从未停止过。这里面既有汉谚对少数民族谚语的辐射，也有少数民族谚语对汉谚的逐渐渗透与吸纳。

维吾尔族人民长期居住于丝绸之路的要冲，在与东西方各民族的长期广泛的交往中，他们一方面保持着自己的传统文化，另一方面也受到了各种民族文化的影响。陈世明在《维吾尔谚语中的汉语借词考》一文中指出："维吾尔族人民自古以来就和汉族人民或密切往来，或杂居一处，在长期的语言接触和文化交流过程中借入了大量汉语词语，使汉语借词在维吾尔语词汇中占据了一定的地位，从而丰富了维吾尔语词汇。"[①] 在藏族民间，至今仍流传着一些谚语，如"天上一对日月，地上一对舅甥""茶叶离不开盐巴，藏汉两族是一家"，这些谚语直抒胸臆，讴歌藏汉友谊，反映出藏族人民与周边民族文化的交流互通。满族在发展过程中，多与汉族接触并交融，受到了汉族语言文化的影响，这些影响促进了满族语言与文化的发展，在满族谚语中有着相应的体现。"在清代，满族文化和汉族文化迅速融合，出现了各取所长的局面。这在满族谚语中，表现尤为突出，即汉族谚语逐步被

① 陈世明:《维吾尔谚语中的汉语借词考》,《民族语文》2004年第3期。

译成满文，在满族民间得到广泛流传，这些谚语随时间的流逝，都被赋予了本民族的特色。例如，汉族名言‘己所不欲，勿施于人’‘得道多助，失道寡助’‘道高一尺，魔高一丈’‘乐不可极，志不可满人无远虑，必有近忧’‘非礼勿视，非礼勿听’等在满族民间被当作谚语而广泛流传，译成满语后既顺口，又具满族谚语的韵律特点。”[①]

中国自古以来就是一个多民族共同杂居的地方，少数民族被中原的汉文化所影响，同时各少数民族之间的文化也存在互相交流交融的情况。北方的少数民族中，蒙古族、锡伯族、达斡尔族、鄂伦春族、鄂温克族、赫哲族等民族的文化与满族的文化有着相互影响和相互吸收的现象，尤其是在他们中间流行的谚语，大有族属难辨之情况。

当然，由于谚语的体量小、口语性强，很难有文献记载其出处和传播路径，我们无须对其传统性进行验证，也无须对每一条谚语都进行一番苦心研究。但从中华谚语的内容上可以观察到，从国家时政到经济生产，从人际交往到生活情感，从文化教育到人生价值，从思想情绪到自然气象等，无论是政治、经济、军事、农业、自然、气象、文化教育、家庭情感、个人修养、思想意志、风土人情，还是其他社会、生活的方方面面，谚语都存在着许多相通和一致的地方，各民族谚语间的局部交融和整体交融从未间断过，是一种显而易见的客观存在，多元互补、多向互动、分进整合、多元一体，是中华谚语发展的规律性特征。

（三）调适性与变化性

作为一种民间口头传承，谚语经过人们反复引用，世代相传，一部分原样保留，沿用至今；另一部分则发生了不同程度的变化，或结构上发生变化，或意义发生变化，有的甚至脱胎为新的变体，还有的经筛选被历史淘汰。一些反映天命、征兆、禁忌、算命、相术、鬼

---

① 贺灵：《满族谚语概谈》，《满族研究》1988 年第 4 期，第 78 页。

神的谚语，如“水绕鉴湖弦，吉水出状元”“穷痣脸上贴，福痣腰中别”“狗来进财，猫来戴孝”等，随着人们思想的进步、科学的发展已逐渐消失了。另外一些宣扬消极、颓废、享乐主义人生观的谚语，像“三杯通大道，一醉解千愁”“人不为己，天诛地灭”等也在逐步缩小使用范围。凡此种种体现了中华谚语的调适性与变化性。

二、中华谚语的文化价值

在漫长的历史进程中，中国人民依靠自己的勤劳、勇敢、智慧，开创了民族和睦共处的美好家园，创造了博大精深的中华文化，创造了言简意赅、富含哲理、风格鲜明、形象生动的谚语。充分认识和挖掘中华谚语的文化价值，全方位开展中华谚语的整理与研究，弘扬中华优秀传统文化，是文化工作者特别是谚语研究工作者应有的作为与担当。

（一）文化认同价值

所谓文化认同就是指特定个体或群体认为某一文化系统（价值观念、生活方式等）内化于自身心理和人格结构中，并自觉循之以评价事物、规范行为。谚语看似是一种微小、可有可无的形式，但它是亘古至今的套语或文本模式（Template）的表述，是某一民族思想体系在历史中形成的一种框架、态度和评价。正如彝族谚语所言“前辈不说谚，后辈无理据”，谚语作为人们自觉遵循的评价事物、规范行为，表达思想感情和经验智慧的手段，是塑造个人或群体人生态度以及一个时代的文化和理念的利器。

谚语所蕴含的文化认同价值，多体现在对谚语的引用上。齐如山曾说：“凡学者，一切的观念和评判都以经书上的语词为标准；至于读书甚少，或未受过教育之人，大概都是以这些谚语为准绳：凡办理一件事情之前，必先引用一语，作为办理该事之标准；或谈论一件事情之后，亦必引用一语，作为此事之评判。总之，这就是国民心理中的经典，国民心理中的法条，国民心理中的格言。就如同学者心理中的经史，教徒心理中的经典，有人一提这种语词，大家便不能驳辩，且是心服口服。大致是全国不读书，或读书不多的国民的思想，都不能跳出这些谚语的范围的，所以它在社会中的势力比任何经史的格言，及小说、戏剧、大鼓、小曲等等力量都大得多。凡在社会中有声望的人，都记得这些谚语，非常之多；谁记得比较多，谁在社会中声望就比较大。久经世故的老人，脑子里头总有一二千句，其次也有一千来句，最少也有几百句，若再少则是平常人了。盖平常人也要记得三二百句。”[①] 语言是最容易识别的民族标志，谚语、俗话、成语和源于经典文本的经典名句是民族文化、国家文化的载体，是一个民族、一个国家的象征。

中华各民族都有崇尚经典重视引述的文化传统。自古以来，汉族人习惯使用“俗话说”“常言道”“古人云”“老话讲”作引辞，这种引述行为是群体的有规律的连续性文化现象，是一种语用习俗，其实也就是一种文化认同。当今政治话语生活中，政治人物引谚话语模式也是当代中国话语表现出的一种特殊的语用现象，是与文化传统相契合的有规律的连续性且相当有影响力的语用习俗现象。政治人物引谚，主要是在跨文化语境中引用他国谚语，通过触发文化上业已确立并经认可的心理图式，拉近彼此的距离，增强民族认同感和国家认同感。我们可以这样说，“俗话说”“古人云”“常言道”“子曰”“诗云”建构了一个充满内在张力的而又富有影响力的话语模式，政治人物引谚的话语模式强化放大了话语的影响力，强化放大了语言文化习俗的传承功能。这种话语模式延续放大了用典文化传统，同时有力地说明了作为谚语的文化功能和作用，强化了谚语的权威性和文化认同价值。

---

① 齐如山:《谚语录》，辽宁教育出版社 2007 年版，第 3 页。

（二）民族共有精神的建构价值

在以口语为基础的社会中，谚语是处理和保存知识形成文化认同的重要方式。尽管谚语是作为具有悠久历史的农民口语文化的“小传统”的例证和传递者，但后来却与“大传统”同步发展并相互影响。在中国长达几千年的使用口语的历史上，中华谚语扮演了负载传统知识和价值观的角色。中华谚语在代代相传的过程中印刻了中华民族共有历史叙事和族群记忆，是我们反对历史虚无主义的重要实证资料，不仅可以维系历史的完整性与真实性，显现各族人民的文化传统，还可以将各民族独特的地域环境、家族意识和风俗仪式习惯表达出来，在时间维度上将民族性纵向复制传递，成为实现文化自信的重要内容。

一个社会有多少团体和组织，便会有多少集体记忆。集体记忆可以通过一首诗、一首歌、一个故事、一篇文章、一个地方、一个场景、一幢建筑物表达出来。我们认为，谚语同样是中华共有文化精神的最好记忆，中华谚语构建了中华民族独特的文化价值体系。

团结是一个民族群体意识和行为所呈现出来的精神风貌和精神状态，是人们在处理诸多事务中的彼此尊重、相互协作与配合。汉语很早就有反映团结精神的谚语，如“二人同心，其利断金”“单丝不成线，独木不成林”“人心齐，泰山移”“一人拾柴火不旺，众人拾柴火焰高”“一根线容易断，万根线能拉船”“一个篱笆三个桩，一个好汉三个帮”“柴多火旺，水涨船高”“人多山倒，力众海移”表明了团结力量大的道理。中华各民族中都有相当数量反映团结友爱的谚语，如维吾尔族谚语“像石榴籽一样紧紧抱在一起”“事成于和睦，力生于团结”，蒙古族谚语“雁怕离群，人怕掉队”“风调雨顺的地方，花草茂盛；团结和睦的村庄，生活兴旺”。藏族流传着很多崇尚团结与和睦的谚语，尤以格萨尔《霍岭大战》为甚。纳西族谚语在表现民族关系、民族团结方面别有特色，如“藏族卜线牌，白族卜海贝，彝族卜骨纹，傈僳卜竹片，璐鲁卜鸡骨，久阿卜做拉，纳西做三百六十种卜法”“藏族煨茶叶，纳西熬骨头，纳西藏族不分家”“藏族繁衍的子孙愿多如树上的叶子，白族繁衍的子孙愿多如地上的青草，纳西繁衍的子孙愿多如天上的星星”等反映纳西族与藏族、白族、彝族、傈僳族、普米族等民族相处的谚语，这些谚语体现了他们互相依存、互助互爱、亲密无间的关系。此外，水族谚语“一根木头盖不成房，一块砖头砌不成墙”，乌孜别克族谚语“最伟大的力量，就是同心合力”，傣族谚语“箭装满袋大象踩不断，团结起来的力量胜过大象”，赫哲族谚语“两个协调的力量，可以分十个人的力量”，藏族谚语“百根柳条能扎笤帚，五个指头能握拳头”，达斡族谚语“修剪的树木，生长得又直又高；齐心的人们，团结得又牢又固”，壮族谚语“篝火能把严寒驱散，团结能把困难赶跑”，哈萨克族谚语“团结的可贵，在敌人面前才会深知”，这些谚语体现出来的团结精神深深地印在中国人的民族意识中，深深地扎根于中华民族的心灵之中，成为维护祖国统一、民族团结和人民友好相处的牢固纽带。

邻里关系古已有之，是一种十分重要的社会关系。中国传统的社会形态中邻里关系是多种多样的，但中华民族有一个共同的文化传统，那就是都十分注重邻里关系的和谐。中华各民族中有相当数量反映邻里关系和谐的谚语。汉族谚语“远亲不如近邻”“千金买邻，八百置舍”，反映出邻里关系在人们心目中的地位。藏族、维吾尔族、哈萨克族、蒙古族也有许多重视邻里关系的谚语，如藏族谚语“吹倒邻人的大风，不会绕过自家的帐篷”“没有木柱支不起帐篷，没有邻居难过好日子”“近邻不可断，远亲不可疏”“近邻即使不和，也能胜过远亲”，维吾尔族谚语“邻居平安，自己也平安”“邻居即便做坏事，你也不要做蠢事”“和睦能结邻家”“房屋像麸子一样便宜，邻居比金子贵重”，哈萨克族谚语“有借有还是邻居的规矩，有来有往是使者的惯例”，蒙古族谚语“两轮成一车，两户成邻居”“若只庇护自家狗，定与邻里不和睦”“选好房屋，莫如选好邻居”。白族、瑶族、彝族、苗族、哈尼族、壮族、侗族、回族、朝鲜族关于邻里关系的谚语也有许多。白族谚语“十家远亲比不上三家近邻”，瑶族谚语“做刀把要选好木头，盖房子要选好邻居”，彝族谚语“邻居的狗不能打，隔壁的猫不能爱”，苗族谚语“弟兄齐心邻寨乐助，弟兄疏心邻寨耻笑”，哈尼族谚语“祸福同受，近邻胜似双亲”，壮族谚语“亲要帮亲，邻要帮邻”，侗族谚语“树栽多年成林，邻居多年知心”，回族谚语“亲帮亲，邻帮邻，亲邻团结一家人”，朝鲜族谚语“花三两钱买房子，花千两银择邻居”。中华各民族关于邻里的谚语数量多且广为流传，有的甚至家喻户晓、妇孺皆知，成为中华各民族人民做人处世的准则，体现出中华民族与邻为善的文化理念。

诚信谚语承载了中华各民族的诚信文化传统和诚信文化精神。汉族谚语强调“人心要诚，火心要空”“人要实心，火要空心”“为人处世，信用二字”“奸诈是万恶之端，忠诚是百善之源”“人靠心好，树靠根牢”“人是实的好，姜是老的辣”，都在讲诚信是道德的根基，诚信是人格的完美与完善，是处理人际关系的基本准则。蒙古族历来把诚信视作一种美德，谚语有“好马奔驰千里，好人一片忠诚”“好马走路平稳，好人说话真诚”“牲畜的品种是肥壮的好，人的品质是忠厚的好”“良马不会改变速度，好人不会违背诺言”“真诚的人，即使坐牛车也能撵上兔子”“真诚厚道能长久，奸诈狡猾难持久”等，体现了蒙古族在方方面面对诚信品格的重视。白族谚语有“高价买不到良心，信任价值千金”，纳西族谚语有“你诚我信是立友谊的桥梁，你坑我骗是树仇敌的门槛”“做人要正直，当家要节制”，这些谚语都将诚信作为人的基本品格和首要要求。

蕴含中华民族精神品质和民族精神特性的谚语是多方面的，除上文所述外，还有民本理念、和合思想、包容特征、责任意识、创新精神、人伦情怀、人格修养、高尚气节、社会美德等。从这些内涵丰富的语言中我们不难发现："多元一体"的中华谚语系统承载了中华文化价值观，彰显着中华民族的思想和理念，推动着民族共识的形成和民族凝聚力的维系，在构筑社会主义新伦理道德的同时凝聚着多元主体共享的价值规范与共通的心理旨趣。或者可以这样概括，中华谚语是承载中华各民族历史记忆的主要凭借物，是反映和记录文化认同和文化传承态势的共有精神文化财富的重要载体，也是中华民族历史形塑的精神引领。

第二章　中华谚语中的爱国精神

爱国主义精神是中华民族精神的核心。美国社会学家科尔曼（Kelman）认为爱国主义是“个体对他们的民族和国家的依恋与忠诚”。[①]一些学者也认为：“无论怎样，爱国主义的核心成分还是‘爱’。”[②]爱国主义是一种本能的情感，人们对其所生活的国家、所归属的祖国及其同胞，总会产生一种特殊的情愫、关切与期望，如希望祖国能够长治久安、国泰民安。爱国主义体现了人民群众对自己祖国的深厚感情，反映了个人对祖国的依存关系，是人们对自己故土、种族和文化的归属感、认同感、尊严感与荣誉感的统一。在历史的长河里，爱国精神是中华民族团结的强大力量，鼓舞着中华民族为祖国的繁荣前赴后继。

千百年来，爱国精神集中表现在将个人命运与国家紧密相连，为祖国的独立富强而奋斗。由此情感缘由生发而成，爱国主义便包含了以身许国、舍生忘死的精忠报国精神，天下为家、有国有家的家国一体思想，民惟邦本、安民富民的民本思想三个内涵。中华谚语是爱国精神的文化载体，通过对传达出爱国主义精神的谚语进行解读，使人

---

① Kelman，“Nationalism，Patriotism，and National Identity：Social-Psychological Dimensions”，In *Patriotism in the live so find individuals and nations*，ed.by D. Bar-Taland E.Staub，Chicago：Nelson-Hall，1997，pp. 165-189.

② 吴鲁平等：《大学生政治社会化的结果研究：以“社会互构论”为理论视角》，社会科学文献出版社 2013 年版，第 51 页。

们更加深切地感受到中国传统文化中的爱国主义思想对于中华民族内心的熏陶和潜移默化的影响。

第一节　以身许国、舍生忘死的精忠报国精神

爱国主义自古就流淌在中华民族的血脉之中，中华民族的历史蕴蓄着连绵不绝、日益光大的爱国主义精神，而爱国主义精神也铸就了团结统一、繁荣昌盛的中华民族。

一、捐躯赴国难，视死忽如归

中华民族素来有一种对民族、国家、社会发展的使命感、责任感和忧患意识。这种使命感、责任感、忧患意识植根于中华各族人民的心中，它促使个人为祖国的繁荣富强和社会的发展进步脚踏实地、孜孜不倦地贡献自己的力量。爱国精神是中华民族的强大精神支柱，是弘扬一个国家民族精神的集中表现，更是衡量一个国家内聚力的重要标尺。就像鲁迅先生所说的，中华民族自古以来就有埋头苦干的人，就有拼命硬干的人，他们是中国的脊梁。

中华谚语凝结了中华民族自强不息、甘于奉献的爱国主义精神的精髓，传承了先辈们赋予的责任，造就了一代又一代的“中国脊梁”。正是这一代又一代的“中国脊梁”，焕发出爱国主义精神的光辉，凝聚成中华民族精神的旗帜。“捐躯赴国难，视死忽如归”“苟利国家生死以，岂因祸福避趋之”，这些诗句中都融汇渗透着一种精忠报国的思想。无论是爱国诗人屈原、杜甫，还是民族英雄岳飞、文天祥，他们身上都闪耀着舍生忘死、以身许国的精忠报国的思想情感。不仅是诗句，各民族独特的谚语也记录着各族人民一心报效祖国、舍生忘死、精忠报国的精神。

心怀国家、以身许国的谚语，历来流传众多。在汉族谚语中“舍

命才算真豪杰，爱国方成大丈夫”“好马驰骋疆场，好男报效国家”，都是从“大丈夫”“好男儿”的行为准则来要求男子应该怀爱国之心，行爱国之事，报效祖国。心怀国家，奉献自身内涵是丰富的。在祖国发展之际，将自己的本领付诸祖国的建设事业；当祖国处于危难之际，个人应该精忠报国。如谚语“宁死不做亡国奴”“可以舍弃生命，不能背叛祖国”。生命是宝贵的，但是死亡的痛苦远远没有亡国之痛更令人感到悲痛，民众心怀国家，视国家利益高于个人利益，可以为国家奉献生命。少数民族中也流传着不少报效祖国的谚语，比如维吾尔族历来就有“好男儿血泪应为祖国流”的谚语。何谓好男儿？是“血”“泪”为祖国而流的男子，是忧心国家民族之人。蒙古族谚语有言“为民族谋利而白发，为国家奋斗而齿落”，表现出为了报效祖国可以付出青春年华、奉献自我。还有“为国付出无畏，为军付出无尽”，表现了为祖国事业发展奉献的勇毅和担当。这些谚语表明了个人为维护国家安全、荣誉等甘愿奉献的精神。在新的历史时期，振兴中华是爱国主义的主旋律。为祖国的发展和社会的进步贡献力量，弘扬和培育以爱国主义为核心的民族精神，是中华民族的强大精神支柱。

“国之将兴也，人人自奋，思以其国力冠绝世界……国之将衰也，或其际会大事也，人人惧祖国之沦亡，激励忠义，挺身赴难。”[①] 爱国从来不应是口号，而是精忠报国的具体行动。中华谚语构建的中华民族精神以爱国主义为核心，以脚踏实地、躬身实干为人生最高追求。埋头苦干、淳朴务实、锲而不舍的实干精神是中华谚语爱国思想的灵魂。达斡尔族谚语“尽力为国家，才是智者应当做的”体现了爱国不能仅停留在口号上，还要落实在具体的行为之中。

祖国是每个人的安身立命之所，国家兴衰成败影响着个人的命运。爱国之举非圣人伟人才可以施行，常人若怀揣爱国心，那么行

---

① 蔡元培：《中国人的修养》，台湾出版社 2016 年版，第 65 页。

为举止自然是饱含爱国情意的。正所谓“苔花如米小，也学牡丹开”“天下兴亡，匹夫有责”。塔吉克族谚语“热爱祖国的人，像慕士塔格那样顶天立地”，即使是平凡、渺小的普通人，怀爱国之心、行爱国之事自然会像勇士（慕士塔格）那样超凡，这超凡并不是指身体的健硕，而是指精神的独立崇高。人民群众是国家的主人，面对国家大事需要积极地建言献策，正所谓“国家大事，人人献策”。微光可成炬火，无数微光便可照亮国家民族前行之路。

二、卫国者昌，卖国者亡

自古以来，舍身为国者荣，卖国求荣者耻，一直是中国人普遍认可的道德标准。精忠报国的行为是值得称颂的，卖国求荣是每个民族所痛恨不齿的，对于卖国求荣和苟且偷生的行径，各个民族都给予了唾弃。正如维吾尔族谚语所云：“莺爱花圃，人爱祖国。卫国者昌，卖国者亡”“献身祖国的人誉满天下，叛离祖国的人世人咒骂”“捍卫祖国得生存，失去祖国会亡身”，这三句谚语均从捍卫祖国和背离祖国两个方面表达国家存亡与个人存亡息息相关，不同行为选择导致的不同结果强烈对比，冲击民众内心，引发民众思考，具有劝诫的效果。

舍身为国是精忠报国的重要内涵之一。舍身为国是足以值得骄傲的事，与此相反的卖国则是耻辱至极的事。维吾尔族早有“卫国者昌，卖国者亡”这句谚语，它从正反两个方面指出“卫国”和“卖国”两种行为导致的不同结果，突出了卖国行为导致的悲惨结果，强调民众应该行爱国之事。哈萨克族谚语“背弃祖国的人，如同失去森林的夜莺”“天鹅离开湖泊无法生存，人背叛祖国寸步难行”阐述了离开祖国民众则无法生存的观点。锡伯族谚语“异国的猫也欺负背离祖国的人”深切地浸润着亡国的悲痛意识。朝鲜族谚语“在所有的痛苦中，亡国之苦最难忍受”，壮族谚语“这痛苦，那痛苦，国破家亡最痛苦”都意在引导人们树立“爱国为荣、害国为耻”的荣辱观。这种居安思危、未雨绸缪的危机感背后凝结的是中华各族人民强烈的责任感和使命感，承载的是自觉维护祖国荣誉和民族尊严的强烈愿望和深厚情感。

与“卖国者”处境截然相反的“卫国者”因心系国家、舍身奉献的行为，被冠以高评价。蒙古族谚语“有才能的人，是国家的宝贝；能尽忠的人，是政权的柱石”，将有才能的人比作“宝贝”，将为国尽忠的人比作“政权的柱石”，表示对“卫国者”的极大肯定。蒙古族视忠臣为“国家支柱”的谚语还有很多，如“忠臣在朝廷，胜似国宝”“忠臣是国家之宝”，可以看出蒙古族人民对卫国者的赞扬与珍视。除了蒙古族谚语歌颂卫国者，乌孜别克族同样也歌颂着卫国者，如谚语“优秀的青年治理家乡，恶劣的青年破坏家乡”，提倡年轻人作为国家未来的接班人，应承担起建设家乡、服务国家的责任，这样的行为才合乎一个优秀青年的品行；相反，如果青年破坏家乡、背叛国家，那么这样的行为则是恶劣的。乌孜别克族谚语反映的爱国主义，体现了乌孜别克族人民自古就有提倡和传承爱国的思想观念和文化传统，这与中华民族的爱国精神是一致的。

卖国求荣从不是值得称颂的美好品德，而要引以为耻、是非分明。捍卫民族之尊严，维护民族之道德，树立民族之信心，振奋民族之斗志是从根源消解卖国行为的方式。

第二节　天下为家、有国有家的家国一体思想

家国情怀，是个人对与自己密切相关的集体的认同与爱戴，具体表现为个人对家庭和国家的一种积极的思想情感和理念认同，是一种认知评价和道德选择。家国情怀包含着主体对家国共同体的认知、感念、理悟和实践四维结构，是主体对家的依恋、对国的热爱以及对家国共同体的深切情怀。封建社会的家国情怀主要体现在“忠君爱国”

和“天下兴亡，匹夫有责”的担当。现代社会家国情怀则更多与民族主义相连接，通过对民族整体利益的维护，表达家国情怀，同时还与热爱社会主义相联系，强调个人对国家的奉献，以及为维护国家利益而作出牺牲。新时期，家国情怀被赋予了新的内涵，其中增添了对祖国已有成就的自豪感。这种自豪感来源于民族的认同感、归属感。中华谚语多蕴含着家国一体的思想。

一、家是最小国，国是千万家

家国情怀，与其说是心灵感触，不如说是生命自觉和家教传承。无论是《礼记》里“修身齐家治国平天下”的人文理想，还是《岳阳楼记》中“先天下之忧而忧，后天下之乐而乐”的大任担当，抑或是陆游“家祭无忘告乃翁”的忠诚执着，家国情怀从来都不只是文学书写，更近乎你我内心之中的精神归属。那种与国家民族休戚与共的壮怀，那种以百姓之心为心、以天下为己任的使命感，来自于“家”，即人生开始的地方。

国家与个人家庭息息相关，共生共存。中华民族家族本位的社会结构和礼教文化的传统，熏陶了一种爱国主义精神，并进而扩大到整个国家。“历代的爱国志士仁人名垂千古、不胜枚举，深藏于中华优秀传统文化的血脉之中。”[①] 爱国主义情感经历了一个从爱身、爱家到爱国的发展过程，即由小悟大、由近及远、由低及高、由弱变强的积淀和演绎过程。古人由最初的“趋利避害、惜己爱身”，到“老少相养、男女相求、个群相依”，再到“推己及人”“仁者爱人”，逐渐升华为家国统一。

（一）家国同伦，生死相依

“家是最小国，国是千万家”，将个人抱负、集体寄托与民族理想

① 陈郭华：《以社会主义核心价值观为引领的大中小德育顶层内容体系研究》，《社会主义核心价值观研究》2017 年第 2 期。

融为一体，体现着一种具有超越性的道德理想和人间情怀。不仅如此，“家是最小国，国是千万家”还指家庭、家族和国家在组织结构方面具有共通性。汉族早已有了大量表现国家、民族与个人命运休戚相关的谚语，如“天下兴亡民有责，覆巢之下无完卵”，“国破家必亡”“国家兴亡，匹夫有责”“国乱国亡，国亡家亡”“国家国家，有国才有家”“失去家人，痛苦一生；失去祖国，痛苦万代”，国家和个人生死一处，国家发展，为个人提供大量发展机遇；而国家危亡之际，个人同样是处于风雨飘摇的境遇中；国家灭亡，个人更是长久地处在悲痛和屈辱之中。《孟子》有言：“天下之本在国，国之本在家，家之本在身”，将天下、国、家三者融为一体，深刻地诠释了家国一体、家国同构的政治理念。“家国一体”是中国传统文化思想的精粹，也是家国情怀的重要内容。正如哈萨克族谚语“大地养活人民，英雄保卫祖国”，柯尔克孜族谚语“离开祖国的人，像离开花园的布谷鸟”，把个人、家庭的前途命运跟国家、民族的前途命运紧紧联系在一起。

家国一体体现的不仅仅是中华传统文化中注重“家国一体”的大局观念，更是一种国家与个人相互依赖、生死与共的情感联系。维吾尔族谚语“分裂的会被狼吃，离群的会被熊吃”“合则两利，分则两伤”，所说的爱国主义更多是与民族社会紧密团结、不可分裂。国家是由每一个个体构成，国家和个人生死相依，利益上休戚与共，价值追求高度一致。

（二）国富民强，国破家亡

家庭是构成国家的基本单位，国家是由千千万万个家庭所组成的共同体。在实现中华民族伟大复兴的新时代，我们仍然需要秉持与弘扬家国一体的理念，认识到个人发展与国家强大之间息息相关。

中华民族血脉中优秀的爱国基因历经几千年的熔铸和积淀投射在中华谚语中，深刻地展现了国富民强的内涵。白族谚语“国家富强，百姓康乐；国家遇难，百姓遭殃”，壮族谚语“水涨渡船高，国富家兴旺”，都强调了只有国家富强，百姓才会康乐，家庭才会兴旺。其中，白族谚语“国家富强，百姓康乐；国家遇难，百姓遭殃”创设了两种情境，一种是国家富强，另一种是国家危亡。在这两种情境之下，百姓的生活截然相反，一种是怡然自乐的幸福状态，另一种是流离失所的痛苦处境。这句谚语表明国家的处境在民众生存方面占据举足轻重的地位。当国家呈现出一种弱国状态时，国民便处于被侮辱、被歧视的境地中，当国家处于独立自主且富强的状态时，民众是生活安康鲜受歧视的。维吾尔族谚语“国强民不受辱，民强国不受侮”，从“民众”和“国家”两个主体相互作用的角度来解释国与民的关系，不仅使民众了解国家对民众的意义，更强化了民众的主体性。

二、家国一体，大同社会

家国一体、家国同构实际上与古代设想的大同社会一致。“人不独亲其亲，不独子其子”，中华民族素来有一种对国家、社会的使命感、责任感和忧患意识，认为国家社会与家庭自我本为一体，共生共存、息息相关。由此形成一种精忠爱国的浩然正气和崇高的民族气节。

（一）皮之不存，毛将焉附

《礼记·礼运》中有言：“大道之行也，天下为公。选贤与能，讲信修睦……”意为天下是天下人的天下，为天下所有人所共有，只有实现天下为公，摒除自私带来的社会弊端，才能使社会充满光明、百姓更加幸福。天下为公实际上就是理想中家国一体的大同社会的构想。它所要求的是每个人都应当关心他人、扶危济困，正如“老吾老，以及人之老；幼吾幼，以及人之幼”，社会应当追求平等、公正，在义利相矛盾、相冲突的情况下，以“义”为重，舍利取义，做到“先义后利”乃至“公而忘私”“大公无私”。

在中华谚语中也有一类谚语，汉族谚语“千山万岭高又高，不如祖国尊严高”“祖国尊严高于一切，人民为此流血牺牲”“高不过天，深不过海，好不过领土完整”“国土贵如金，寸土不可丢”“头可断，血可流，祖国寸土不可丢”“没有国就没有家，国富家业才兴旺”“国之不存，焉能有家，皮之不存，毛将焉附”。首先，家国一体表现在积极维护祖国的主权独立、领土完整和祖国尊严上。维护祖国的领土便是维护自己的家园，维护祖国的尊严便是维护自身的尊严。各族人民在维护国家尊严方面，表现出异乎寻常的社会凝聚力、向心力，他们将祖国和民族的利益置于第一位。历史证明，一个有自尊心的民族，不允许任何外来的侵犯和屈辱，而失去了自尊心，这个民族就会惨遭蹂躏。其次，家国一体表现在个人的生存无法与国家分离，这两者是共生共存的关系。个人的小家庭构成集体的大家庭——国家，国家如若遭到欺辱，这不仅代表着侮辱了国家尊严，更意味着国家这个大家庭的分崩离析，意味着国家背后亿万个小家庭毁灭。若是人人坚持家国一体，实行责任的分担，共同维护国家大家庭，使国家成为天下人所共有的国家，最终将实现国富民强的理想。

（二）先天下之忧而忧，后天下之乐而乐

在达斡尔族、鄂伦春族、鄂温克族中流传着“只有国家兴旺发达，人民才能安居乐业”“只有国家富强，人民才能幸福”。这两句谚语的中心词是“国家”和“人民”，讲述了国家和个人的关系，只有国家富强，人民才能安居乐业，实现个人价值。千万家庭的幸福生活是国家富强的一个重要体现，国家独立富强也是个人成长的必要因素。追求家国一体应该做到在国法与公德面前，不徇私情，维护国家的利益，维护法律的尊严，使天下为公意识升华到一个新的高度。“‘公’的对立面是‘私’，私者，即私情也。中华民族是一个重礼义的民族，但是秉公办事，不徇私情也是我们民族推崇的美德，是我们民族的可贵之处，以义正情，才是真正的真情，在公与私，情与义之间如何作出正确的选择，从古至今不乏教益深刻发人深省的实例。”[1]如果遵循自己的私心，损害国家的利益，甚至因私心将国家置于危亡之地，毫无疑问，这样的害国者，终将自取灭亡。

大禹一心为公，公而忘私的精神感动了众人，大家齐心协力治好了水患。春秋时期祁黄羊向晋平公荐能“外举不避仇，内举不避子”，终使人才各尽其用。中华上下五千年，以天下为己任者多如繁星，他们胸襟博大，高瞻远瞩，胸怀祖国，心忧天下；他们高风亮节，浩然正气，鞠躬尽瘁，死而后已，表现出崇高的精神境界。在中国近代史上，“大同”理想成为激励中国仁人志士反抗外来侵略和本国衰朽暴虐统治，谋求民族独立、自由和解放，探寻社会前进发展道路的精神动力之一。

三、济世救民，匡扶天下

家国情怀指整体民族在长期的生息、生活中积淀并生成的有一定血缘亲情、宗族关系，对家庭、国家的爱戴、追根、认族意识的总和。家国情怀最根本的是对国家的爱戴，是一种爱国的热忱，是一种以天下为己任，济世救民、匡扶天下的担当。

当国家处在危亡关头，要勇于为民族和国家的独立奉献出自己的力量。汉族谚语有证“为国献身最光荣，名垂青史照九州”“为人正直为国忠，为国为民献青春。宁肯前进一步死，决不后退半步生”。谚语中显现的家国情怀是一种责任意识，这种责任意识催生了多少仁人志士为国家献身，为民族安危前仆后继。

中华谚语中，如“最崇高的爱情是爱祖国”“勇敢才算真英雄，爱国方显大丈夫”“好汉为国死在战场，懦夫为国死在炕上”，高度赞扬了爱国者的爱国热情。这三句谚语提出爱国的具体表现形式，强调

---

① 吴毅、朱世广、刘治立：《中华人文精神论纲》，人民出版社 2011 年版，第 147 页。

民众应报效祖国，才足以称为“好汉”。当这种深沉执着的爱国热忱外化为爱国者的行动时，则表现为忠诚于祖国、奉献于祖国的行为。蒙古族谚语“生命可以献出，祖国不能出卖”将“生命”与“祖国”进行权衡，突出个人生命分量远远比不上祖国命运的分量。蒙古族谚语还规劝训诫人民忠于国家，如“对祖国要忠诚，对人民要温顺”。

与祖国分离的个体，他们的家国情怀更多表现在对祖国故土的眷恋上，如谚语“百灵鸟关在笼子里像是花园，漂泊者走到哪里都想念祖国”（塔吉克族）、“游子假若抛尸他邦，灵魂也要飞回祖国”（傣族）、“与其在异国当皇帝，不如在家乡当乞丐”，这些谚语都描绘了漂泊在外孤苦伶仃的游子深厚缠绵的家国情怀。

第三节　民惟邦本、安民富民的民本思想

民本思想是相对于官本思想而言的，指统治者为巩固统治提出的一种统治观念。民本思想是中国传统政治文化的精华，是儒家政治理论的基石。历代进步的思想家和开明政治家都将民本思想高举为治国安邦的指导思想。肇始于夏商周时期的民本思想在中华大地上发展了几千年，主要表现为：重视人民的价值，认识到人民群众是国家的主体和核心，关注民生，施惠于民。

一、民惟邦本，本固邦宁

爱民是爱国主义情感的重要内容。人民是国家的主体和核心，是国家悠久历史的创造者，是国家物质文明、精神文明的建设者、保卫者。人民是一个国家的根本所在，只有稳固这一根本，国家才能安宁。中国传统的政治文化基于“爱民”这一立场，主张为政者要得民心顺民意，并将是否得民心作为衡量政权兴衰存亡的重要标准。中国政治哲学中“民本”一词，早在《尚书·五子之歌》中便明确，“皇

祖有训，民可近，不可下，民惟邦本，本固邦宁”，“民惟邦本”一语可谓中国民本思想之源头活水。此后，又见于《晏子春秋·内问下》：“卑而不失尊，曲而不失正者，以民为本也”，贾谊《新书》“闻之于政也，民无不为本也。国以为本，君以为本，吏以为本。故国以民为安危，君以民为威侮，吏以民为贵贱，此之谓民无不为本也”。再见于刘勰之《新论》：“衣食者，民之本也，民者，国之本也。民恃衣食，犹鱼之须水，国之恃民，如人之倚足。鱼无水，则不可以生，人失足，必不可以步；国失民，亦不可以治。”中国民本思想源远流长，贯穿于中华民族五千多年历史，流经圣哲贤人之心，流经志士仁人之心，逐渐成为中国政治思想之主流。

（一）以民为本，定国安邦

民惟邦本思想强调决定国家政权生死存亡的力量是民众。我国传统的以民为本观念是相对于以君为本、以官为本而言的。这是一种立足于统治阶层为巩固统治提出的一种“以民为本”的统治观。统治阶层出于维护国家稳定的目的，提出“以民为本”的观点。早在《管子·轻重甲》中就提出：“桀者冬不为杠，夏不束柎，以观冻溺。弛牝虎充市，以观其惊骇。至汤而不然。夷竸而积粟，饥者食之，寒者衣之，不资者振之，天下归汤若流水。此桀之所以失其天下也。”可见爱民、保民、利民利于国家的稳定。在表达以民为本的爱国谚语中，可以进一步领略到统治阶层维护国家稳定的政治哲学。

汉族谚语反映的民本思想，是“民惟邦本，本固邦宁”。人民作为变革社会的决定力量，稳定安抚人民是保证国家长治久安、和谐发展的根本。谚语“老百姓不多说，说出来不会错”，表明人民所说多为切中时弊、针砭入骨的问题或是颠扑不破的真理，当权者应多倾听民声、接受民意。“说出来不会错”这样的观点也表现出统治阶级对人民的信任。“尊重人民就是尊重自己，欺骗群众就是欺骗自己”，这句谚语揭示了以民为本的第二个信条，即以民为本不仅要信任人民，还要取信于民。尊重人民，坦诚自己，以真诚换取理解和信任，是以民为本的实践。谚语“骏马是英雄的翅膀，群众是领袖的眼睛”强调人民的价值。在中华民族的谚语中，也有高度赞扬人民地位的谚语，如“和人民在一起，苦难也是节日”将两种对立性质的事物放置在一起，只为了突出人民价值的重要性。谚语“民心齐，泰山移”“历史人民写，时代人民变”“宝石在石堆里，智慧在群众中”，阐明了对民众价值的重视，历史是人民书写的，强调人民的力量是强大的，人民拥有智慧，拥有卓越能力，同时人民也是变革时代的决定力量。

中华民族的谚语中早有“民心即天心”“民安民乐万事兴”“民为贵，君为轻”“人心顺，国兴盛”“得民者兴，失民者崩”“近厨得食，近民得利”“民之所欲，天必从之”等一系列表达民本思想的谚语。这些谚语或显或隐地表现了人民群众是历史的创造者，人民群众在历史中扮演着重要的角色，甚至可以改变一个国家的兴亡。至于君主，则是符合黄宗羲提出的“天下为主，君为客”的主张，君主不是天下的主人，主政者如果想长久地成为天下的主人，需要取信于民、造福于民，得到人民拥护就能够保持社稷江山的稳固。既然人民群众如此重要，针对主政者的行为，谚语也给出了警示，如“身不离劳动，心不离群众”“遇事与群众商量的人，是世界上最聪明的人”“凡是你能做到的事，就不要对群众吝啬”“对土地要善于索取，对人民要善于学习”“如果你服务于人民，在险境中也能生存”，这些谚语从不同角度说明了如何对待人民，只有做到服务于民、向人民学习，才能得到民心、消解矛盾、调和秩序、促进社会发展。

（二）君舟民水，民殷国富

《孟子·尽心下》有言：“民为贵，社稷次之，君为轻。是故得乎丘民而为天子。”统治阶层将人民放在至关重要的位置，服务人民，赢得民心，便可统一天下。可见，在兼并战争的背景下，孟子所说的民贵君轻，强调的是“得民心者得天下，失民心者失天下”。民本思想作为封建统治阶级实行统治的一种行为准则，是中国传统政治文化的精华。

维吾尔族谚语体现的民本思想注重民众对领袖的价值，民众拥有巨大力量，帮助领袖实现理想，维护统治。谚语“历史车轮挡不住，人民巨手定乾坤”描绘了人民群众的力量在滚滚的历史车轮中不容忽视。“巨手”指人民强大的能力。从人民群众在历史发展潮流中的影响，来看待人民群众的非凡能力。谚语“土地离不开水，英雄离不开群众”强调人民之于英雄就像水之于土地，是不可或缺的，突出人民对英雄的价值。除此以外，还有谚语“站在人民中间是大丈夫，站在人民之外便成侏儒”，强调一个人真正的力量来自群众，这力量可使常人成为“大丈夫”，脱离人民便失去这种力量变成“侏儒”。强调人民的价值值得重视的谚语有“庄稼要好，凭水肥；领袖要强，靠人民”。君舟民水，水能载舟，亦能覆舟。国家的稳定在于人民，人民群众是历史的创造者，主政者要坚持以人民为中心的基本立场、以人民利益为中心的价值旨归、以人民作用为中心的动力来源以及以人民满意为中心的践行准则，广泛增进人民福祉、有效实现人民幸福，推进社会和谐。

藏族早有一些重视民众价值的谚语，如“利剑藏在刀鞘之中，英雄就在群众中间”“人民的口是计策，人民的手是黄金”“日月是天空的光彩，森林是山岭的光彩，人民是祖国的光彩”。这种重视民众价值的思想与孟子所提倡的“民为贵”的思想是相互映衬的，体现中华民族民本思想的源远流长。主政者对人民应施行“仁政”，对百姓应待以“仁爱”，因为人民的作用和地位甚于君主，民众是关系国家兴衰存亡的最根本因素。孟子认为土地、人民和政治是组成国家的三个基本要素，其中“人民”这个要素尤其重要，因此，“民为贵，社稷次之，君为轻”。如果君主危害了国家，那么臣就可以将其易位；如果社稷之神不灵验，就应该改立土谷之神，只有国家的人民是不能改换的。因此，人民是国家的根本，政治成败得失的根本在于是否能得民心。孟子强调："得天下有道：得其民，斯得天下矣……得其心有道：所欲与之聚之，所恶勿施尔也。"强调为君者要真正得民心必须与民同乐。孟子还为君主如何施行仁政提出了一套具体的主张，概括起来是爱民——对民有推己及人的爱心；养民——让人民得到基本生活保障，使民有恒产、不饥不寒；教民——对人民进行仁、义、礼的教育，使民明人伦；等等。汉代及以后的大儒皆继承了孔孟的这一宝贵思想，他们反对扰民害民、欺民诈民、暴民敛民，认为良好的德行是以仁政待民。

爱民是爱国精神的重要内涵，稳固了民众，国家才能安宁。主政者为政之要在国在民，只有热爱民众，民众才会报效祖国，献身祖国的建设事业。

二、安民富民，施惠于民

民本思想不仅表现在重视民众力量、民众价值，更体现在关注民生、施惠于民。坚持以人为本，制定各项有利于促进农工商业共同发展的措施，极大地调动民众的生产积极性，有利于社会生产的发展。关注民生涵盖范围非常广泛，既包含关注民众的生活，又包括关注人民的自尊。乌孜别克族流传着"人民的事业——正义的事业"这样一句谚语，体现了主政者对保障民生义不容辞的责任。

（一）关爱百姓，富民利民

治理天下，安抚百姓，必须给予百姓生活所必需的物质条件。管仲注重维护人民的物质利益，提出"仓廪实而知礼节，衣食足而知荣辱"。汉代贾谊、晁错、司马迁、王充等继承和发挥了这一思想，更为具体地提出关爱百姓、富民利民对巩固统治秩序的积极功用。开明的君主将民众视为立国之本，能够廉洁勤政、仁爱百姓、富民利民，就会出现社会稳定、百姓安乐的政局，得道而得天下，养道而兴天下。相反，昏君贪官不恤民苦暴虐百姓，就会导致政治黑暗、贪污腐化盛行、民怨载道、社会动荡萎败。这已经成为中国几千年社会文明的一条定律。

“爱民，保民，利民”是为人君的最大要务。为政者是否得民心、顺民意，是千百年来决定政权兴衰存亡的重要条件。中华谚语“民为天下国家之根本”“国家之本，在于人民”明确指出人民是国家的基础。谚语“凡是你能做到的事，就不要对民众吝惜”强调了身为主政者要尽自己的能力保民、爱民、利民。至于主政者为什么要如此看重群众，中华谚语深刻地阐明了人民群众重要的作用，如谚语“群众当中老师多”“群众里有聪明人，群山里有金和银”“群众是真正的英雄”，把人民群众视为“老师”“聪明人”“英雄”，表达了人民群众非凡的力量，也强调了主政者关爱百姓的必要性。

（二）尊重人民，爱护人民

安民惠民、施惠于民不仅表现在对民生的关注，更体现在尊重爱护人民、重视人民的能力上。谚语“与其做父亲的儿子，不如做人民的儿子”“欺骗人民就是欺骗自己”“宁可舍弃生命，不能背叛人民”，高度评价了人民的地位。在父权社会中，父亲的地位是极高的，但是人民的地位较之父亲的地位有过之而无不及，从中体现出尊重人民的精神。谚语“依靠人民长成人，背离人民进坟坑”“依靠人民的心头扎实，背离人民的惊慌失措”“没有种过田的人，不知道土地的可贵；没有受过难的人，不知道人民的可贵”“最了解英雄价值的，不是他的兄弟而是人民”，从人民群众拥有强大的力量角度说明要重视人民的能力。

人民的力量是强大的，具有无限生机。正如维吾尔族的谚语所言“人民，智慧的源泉。高度重视人民的智慧，重视人民群众的力量”，乌孜别克族谚语“人民点起的火，谁也扑不灭。人民群众的力量不是平凡的，是非凡的，超凡的”“水之源是泉，国之力是民”“谁要离开人民，谁就失去翅膀”。国之命脉在人民，政之根基在人心，人民的力量一旦汇集起来，就会是改天换地的伟力。恰如习近平总书记所说：“只要我们深深扎根人民、紧紧依靠人民，就可以获得无穷的力量，风雨无阻，奋勇向前。”

“中国政治思想中，虽亦讲神、讲国、讲君，但‘神、国、君都是政治中的虚伪，而民才是实体’，故君主之地位虽崇高无比，但与天下百姓对照之下，他的重要性与神圣性便相对地跌落到人民的下面去了。”[①] 这些关注民生、尊重人民尊严的行为都是主政者民本思想的体现。民本思想对于历代主政者的行为产生了警策的作用，对于改善黎民百姓的生存环境产生了积极的影响，在特定的历史条件下充盈为积极因素。我们应当历史地、辩证地评析古代民本思想的积极意义。

综上所述，中华谚语爱国精神一方面体现为民众对祖国深沉的爱，表现为精忠报国、舍身为国、重视国家利益、认同家国一体；另一方面体现为主政者以民为本，重视人民价值。这些爱国精神的内涵通过精妙的语言——谚语凸显出来，成为传承中华文化的瑰宝，彰显着中华民族文化的重要精神品质。

---

① 金耀基：《中国民本思想史》，台湾商务印书馆 1993 年版，第 8—9 页。

第三章　中华谚语中的奉献博爱精神

中华民族是一个崇尚奉献、讲求博爱的民族。在几千年的历史长河中，中国人民守望相助、勇于付出，诠释了何为“奉献”，何为“博爱”。“奉献”二字，历来为人所尊崇，“奉”即“恭敬地捧着”，“献”即“庄严地送给”。丰富多彩的中华谚语从多种角度诠释着奉献精神：奉献是一种态度，体现为任劳任怨、克己奉公，谚语有“君子周人之急”“多愁为大众做贡献，少思为自己逐名利”等；奉献又是一种行动，体现为仗义疏财、见义勇为，谚语有“有银用银，无银用力”“路见不平，拔刀相助”等；奉献更是一种信念，体现为鞠躬尽瘁、死而后已，谚语有“为人须为彻”等。

“博爱”即广泛地关爱所有人，是一种崇高的、无私的爱，需要心怀天下的博大胸襟，因此在中国的文化语境中，“博爱”往往与君子紧密相连。《说苑・君道》载师旷言：“人君之道，清净无为，务在博爱，趋在任贤……此人君之操也。”杜甫在《茅屋为秋风所破歌》中有言：“安得广厦千万间，大庇天下寒士俱欢颜。”如此推己及人、舍己为人、忧国忧民的博大胸襟正是对博爱精神的最好诠释。近代孙中山也对此有过论述：“博爱云者，为公爱而非私爱，即如‘天下有饥者，由己饥之；天下有溺者，由己溺之’之意。”

博爱精神促成奉献行为，奉献行为恰是博爱精神的最好诠释，二者相辅相成、不可分割。在中华民族奋进的道路上，越是面临艰巨任务、严峻挑战，越需要无私奉献，越呼唤奉献博爱精神。奉献博爱精神是中国各民族在长期历史发展过程中共同积淀凝聚而成并鼎力倡导的优良品德。于是，人们逐渐把该精神上升为一种共同遵守的道德守则，即克己奉公、舍己为人的奉献精神和乐善好施、扶危济困的博爱精神，以及顾全大局、甘为人梯的责任意识。中华谚语作为中华民族共同的精神家园，其中不乏奉献博爱精神的相关表述，如汉族谚语“交人交心，浇树浇根”“花要叶扶，人要人帮”，维吾尔族谚语“有粮互借，有事互助”等。中华谚语充分展现了奉献博爱精神内涵的丰富性，给予人们无限的启迪和智慧。

第一节　克己奉公、舍己为人的奉献精神

习近平总书记曾言：“中国人历来抱有家国情怀，崇尚天下为公、克己奉公，信奉天下兴亡、匹夫有责，强调和衷共济、风雨同舟，倡导守望相助、尊老爱幼，讲求自由和自律统一、权利和责任统一。”[①]这是中华民族古已有之、历久弥新的精神传统。

《管子》载：“礼义廉耻，国之四维。四维不张，国乃灭亡。”克己奉公、廉洁自守需要明确“公”与“私”的关系，需要明大德、守公德、严私德。中华谚语中有许多相关的表述，例如藏族谚语有“私事如草影，公事比天高”，维吾尔族谚语强调“贪图个人的利益，是敌人的温床”，壮族谚语有“树怕树心空，人怕私心重”，汉族谚语有“大豪杰舍己为人，小丈夫损人利己”等都歌颂了舍己为人的美好品质。克己奉公是基础，舍己为人则是升华。舍己，而为他人、为国家、为民族。

---

① 习近平：《在全国抗击新冠肺炎疫情表彰大会上的讲话》，《人民日报》2020 年 9 月 9 日。

一、趋善避恶，大公无私

奉献精神需要人们奉行趋善避恶、大公无私的行为准则，也就是向往“善”而拒斥“恶”，为“公”而不谋“私”。中国传统道德要求必须将“善”在个体及群体的现实生活中全面推进，以实现人道之本。“在个体层面，善是爱人和利人的修为和行动。首先要学会自律，做到‘己所不欲，勿施于人’。其次要利人。‘己欲立而立人，己欲达而达人’。善与爱相连，‘老吾老以及人之老，幼吾幼以及人之幼’，要‘泛爱众’，再进一步便是‘民胞物与’。善与爱的情怀在人类社会的实践推进就是追求大同社会的实现，‘大道之行也，天下为公。’”①这是个体社会价值观的最高追求，也是鼓励无数志士仁人不断为之奋斗的目标。“在群体层面，善的追求是将个体与他人、家庭、群体联系起来，并在其中有所奉献的价值实践过程，其导向归之于以群体（集体）为本。在群体中，善的实现是以仁爱为根本的。所以，仁爱主义是群体主义的基础。同时，善利群体的价值追求在于与邻为善、互利共生，这构成了群体与群体交往的和平主义的价值理念。群体主义、仁爱主义及和平主义的实现，是中国传统道德价值观所谋求的人类共同生存的道德理想。”②

在奉献的过程中，常常面临公义与私利的冲突，当代社会主义义利观把国家和人民利益放在首位，同时又充分尊重公民个人合法利益的伦理价值观。中华文化精神中奉献精神往往具有多种表现形式，人们常常将其归纳进本民族的善恶观、福祸观以及忠奸观当中，成为一种社会利益调节的利器，引导人们向着真、善、美的方向发展。

（一）善恶相对，共襄善举

中国文化重善轻恶，强调善与恶的对立，引导人们扬善弃恶，共

---

① 王永智：《中国传统道德价值观的核心理念》，《光明日报》2015 年 5 月 23 日。
② 王永智：《中国传统道德价值观的核心理念》，《光明日报》2015 年 5 月 23 日。

襄善举。善恶的本质是在实践中调节和反映利益关系所呈现的目的性的价值，它们的界限是泾渭分明、互相排斥的。在伦理学上认为，共同满足为善，即在被动个体自我意识出于自愿或不拒绝的情况下，主动方对被动个体实施精神、语言、行为的任何一项的介入，皆为善。可见，行善不在于大小多少，而是需要高度的主动性和责任感。奉献往往体现为主体拥有仁爱的心地和淳厚的品质，作出好的行为，这与中华民族的行善观念在内涵上具有一致性。

中华谚语对此有着诸多论述：

> 皇天不负善心人，满心满意做好人。（汉族）
>
> 人有好心，天有感应。（汉族）
>
> 但知行好事，莫要问前程。（汉族）
>
> 好心的报应，是缎子。（蒙古族）

上述谚语体现出人们遵循善恶有报的价值观念，人们只需要去行善积德，也就是大公无私、真诚奉献，不必计较能够获得多少回报，因为行善的人最终不会被上天辜负，可以获得祥瑞和福禄等善果。在少数民族谚语中，行善获得的奖赏更加具象化，例如蒙古族谚语“行善会获得缎子”。行善也没有大小之别，只要在能力范围内竭尽全力都是值得颂扬的，重要的是有一颗为人奉献的心。在行善时，满族谚语强调“勿以善小不为，勿以恶小可行”，也就是不要因为是件较小的善事就不去做，也不要因为是件较小的坏事就去做，可见奉献精神的重要性。汉族谚语“行善得善，行恶得恶”“作善天降百祥，作恶夭降百殃”“善恶到头终有报，只争来早与来迟”都告诫后人，如果做恶事，会受到上天的惩罚，所以人要讲求奉献精神，不要去做有损公共利益的事情。

奉献精神表现在诸多方面，任何形式的奉献都可以体现主体的优良品质和崇高精神。慷慨大方，不吝啬自己拥有的财富是一种奉献；

为别人解决燃眉之急，真诚无私地帮助别人也是一种奉献。奉献精神在谚语中还表现为许多具象化的行为。比如汉族谚语“一家砌墙，两家方便”，塔吉克族谚语“一人种田，众人受益”，维吾尔族谚语“有粮互借，有事互助”等都表明奉献具有多种表现形式，体现在生活的一点一滴之中。瑶族谚语“人恶遭人恨，人善受人敬”，拉祜族谚语“牛乖人人使，人善人人亲”都强调了行善会得到大家的尊重与爱戴，只要带着一颗崇高的心，便能找到属于自己的责任与使命。总之，面临困难与挑战，更要呼唤无私奉献精神，积极行善、趋善避恶，最终才能成就事业、点亮人生。

舍己为人、无私奉献的荧荧之火如果汇集起来，就会变成点亮民族国家发展之路的明亮火把，指引着中华民族不断昂首奋进。蒙古族谚语“亲密团结者，事业无不成”，藏族谚语“英雄内部团结紧，外面不怕格萨兵”都强调只有团结一心、为公奉献、共襄善举，才能成大事。苗族谚语“依靠大家撼山易，脱离众人搬砖难”同样指出只有万众一心，才能撼动大山，如果只看重自己的利益，那么搬砖也是困难的，喻指大家要齐心协力、为公奉献。汉族谚语“少一分私心，多一分勇气”“公字当先，力量无边”也强调共同为公奉献、做好事、行善举，能收获勇气与力量，实现个人梦想的同时实现国家民族的伟大梦想。总之，人们在奉献的过程中，不仅仅能收获大义，也能体现自身价值，如果一味地谋求私利，贪小便宜，损害公义，会面临无穷的祸患。因此，当物质利益与道德规范、公共利益与个人利益、物质需要与精神需要发生矛盾时，我们要发扬顾全大局、诚实守信、互相友爱和扶贫济困的奉献精神。

（二）行善积德，作恶生祸

奉献也常常被认为是行善积德的一种方式。“在传统幸福观看来，幸福是人的作为整体的生活的完善，但其中的长寿、富贵、康宁、好德、善终‘五福’最为重要。”[①] 甲骨文中“福”字像是一人倒满酒杯，意思是向神献贡以求福，可以看作对上天的奉献；《诗经》云“孝孙有庆，报以介福”，意思是“亲亲”以求福，也就是秉持孝悌之道，可以看作对亲人的奉献。人们舍身奉献便是行善的重要方式，最终会获得福报。孔颖达在对“五福”“六极”的注疏中指出：“五福六极，天实得为之，而历言此者，以人生于世，有此福极，为善致福，为恶致极，劝人君，使行善也。”可以看作对人行善以积福的劝诫，“福”逐渐成为以道德、文明和仁义为底色的儒家价值观念。福祸由善恶所致，二者相互对立，在一定情况下也可能相互转化，人们“失德”时，福便转化为祸，就要遭受“凶短折、疾、忧、贫、恶、弱”这“六极”的惩罚。

这一思想也反映在中华谚语中。如汉族谚语“积福有福在，积善有阴功”“做点好事积点德，人不晓得天晓得”，哈萨克族谚语“行善积德，自会福禄绵长”等。这些谚语都体现出祸患来源于主体自身的行为，人如果乐善好施、扶危济困，那么就会获得奖赏、受到福报；如果假公济私、损人利己，那么就会受到惩罚、面临灾祸。人们只需要多做奉献，不断积福，即使当时没有获得回报，最终也会得到上天的奖赏。善恶终有报的观念已成为社会价值信念的维系纽带，成为中国人特有的思维方式和文化传统。《诗经·大雅·文王》中“永言配命，自求多福”强调，福气是自己修来的，为人奉献，最终受益的是自己。汉族谚语中“病是作的，福是修的”“祸由恶作，福由德生”等都强调做好事、积福报的重要性。一个人的私欲逐渐淡化消解，公心逐渐强化增长的时候，就会从独乐走向众乐。奉献使主体的精神境界得到升华，让人真正懂得人生的快乐与真谛。

汉族谚语“各人买马各人骑，各人行好是各人的”“公修公德，

---

① 江畅、宋进斗：《中国传统“五福”幸福观考论》，《湖北大学学报》(哲学社会科学版) 2018 年第 2 期。

婆修婆德”“个人洗面个人光”等都体现出主体对自己的福祸负有直接责任，想要获得福报必须亲力亲为。而在日常生活中，人们考虑到环境及主体差异性，也提出了最低的道德要求，“能不缺德，强如积德”（汉族）强调即使没有能力为他人和社会做贡献，也不能做坏事，也就是为人要光明磊落、堂堂正正，做一个君子。也就是说有奉献精神的人知道“惜福积福”（汉族）的重要性，这是自身对德行的要求，是社会道德感的鲜明体现，人要做好事来积福。总之，福祸由善恶所致的观念向人们昭示了为善得福、作恶生祸这一颠扑不破的古今通则，同时也暗示了社会应当建立一种“以德配福”的公正制度和良性运行机制。正如孔子所说“不义而富且贵，于我如浮云”，我们要在为人奉献中坚守大义，在与人方便中保持初心。中华谚语对此也有论及，藏族谚语“个人利益如草小，集体利益如天大”，蒙古族谚语“对大众的事业，别珍惜你的生命”，彝族谚语“个人利益像针尖一样细小，公众利益像坝子一样宽阔”等都体现出行善积德离不开大公无私的奉献精神，这也鲜明地体现在中华民族的义利观中。人们坚信集体利益大于个人利益，也就是个人利益像草和针尖一样渺小，集体利益像天和坝子一样庞大，所以人要大公无私、积极奉献，追求精神上的崇高境界，即使是付出生命也在所不惜，正如孟子所说“生亦我所欲也，义亦我所欲也，二者不可得兼，舍生而取义者也”。

义者，“事之所宜也”，是某种特定的伦理规范和道德原则，是儒者们心中至高无上的道义。利者，“人之用曰利”，后世多指物质利益。“‘义利观’一词指的是在精神层面的道德追求和现实的物质利益的取舍。不同的人在面对义利观时，取舍不一样，其中折射出的是人们不同的世界观、人生观、价值观。”[①] 中华谚语中有许多这样的例子，例如汉族谚语“私心太重贻害无穷，公字当头力量无边”“贪小而失

① 胡虹：《文化自信背景下探寻儒家义利观的传承与发展》，《汉字文化》2022 年第 14 期。

大利”，哈萨克族谚语“为私利闹意见的人，抓到手的狐狸也会跑掉”等都在呼吁人们用“义”来规范并引导自身的取舍，不应该为了利益而抛弃仁义。

二、献劳献财，助人自助

奉献精神是一种互助精神。中国传统价值观提倡“互相帮助、助人自助”的互助精神，这一精神具有实践性、志愿性、无偿性、公益性、组织性、价值性等特点。奉献的可以是劳动、资财、青春等，在做好事献爱心、排民忧解民难的过程中，服务精神得到传承与延续，在为某种事业、集体或他人兢兢业业的工作中，“奉献、友爱、互助、进步”的精神得到发扬。

帮助别人的过程就是帮助自己的过程，人是社会性动物，只有依靠集体、奉献集体，才能更好地生活。处于同一个集体中，就要为集体而服务，关心别人的难处，唯有如此，才能营造一个和谐健康的集体关系，中华谚语中也倡导“施惠无念，施恩莫忘”。总之，奉献是源自内心的感恩，人只有献身于社会，才能彰显生命的价值和意义。奉献精神讲求对所从事的事业或坚持的事情能够勤勤勉勉、精益求精，在奉献中塑造亮丽青春，在钻研中闪耀人生光华。

（一）奉献劳动，向需而行

主动奉献劳动强调主体具有志愿服务精神，能够闻令而动、向需而行。“‘志’，即心之所往；‘愿’，是情之所愿。‘志愿’具有两层基本的含义：一是实现某种价值的意愿；二是一种自发的行动。志愿行动就是公民在实现或追求某一公共价值的过程中所产生的各种自发自愿的行为。志愿行为是以利他性和互助性为价值指向的，是个人对生命价值、对社会和人生的一种积极态度。志愿行为是公民社会责任的一种体现，是公民个体参与社会治理，建立美好社会，实现美好生活的一种行为表现。”[①] 如果人人都主动尽一分力、发一分光，便能事不避难、心手相牵，便能冲锋在前、众志成城，共同向险而行、逆流而上。

汉族谚语“该出手时就出手”“一家忙碌万家欢，汗流浃背心也甘”“要学老牛勤耕田，莫学鹦鹉尽练嘴”等均体现出在他人需要自己出手相助的时候要及时行动，凡事不要只想着自己，要多关心别人，只有这样，人们才能在互帮互助中实现更好的发展。所以，我们要把志愿服务作为培育践行社会主义核心价值观的重要平台和载体，积极投身其中，用双手塑造美好，用智慧服务社会，用行动传播爱心，营造传递友爱、共襄善举、守望相助的社会风气，使社会主义核心价值观在潜移默化、润物无声中浸润群众心底，融入日常生活。“干活别落人后，享受莫跑人前”（汉族），“抓自己的身子，知别人的痛痒”（朝鲜族）都是说如果人人都能在生活中推己及人、无私奉献，那么微光可成炬，大爱映苍穹。人们在为别人付出自己劳动的过程中形成一种公民美德，对于社会而言，公民美德是一种公共的善，而最高的美德就是对社群的利益作出奉献。作为一种个人品格，公民美德是在社会实践中生成的，志愿服务作为公民道德教育的一种实践形式，有助于公民美德的形成。

汉族谚语有“助人要及时，帮人要诚信”，“路不平，众人踩。事不平，众人管”。维吾尔族谚语也强调“假若在世上生存一天，就要为别人解决困难”，体现出奉献劳动就是要在别人有需要的时候能帮助别人解决困难，遇到需要出力的地方就一起伸出援手，遇到不公平不公正的事情要及时上前。中华美德提倡“有福同享，有难同当”“见困难就上，见荣誉就让，见先进就学，见后进就帮”，这些谚语也强调了人们要及时出手，奉献劳动。

---

① 党秀云：《公民社会的精神与时代意义》，《中国人民大学学报》2008 年第 2 期。

（二）奉献资财，见义勇为

奉献资财、见义勇为，多指出钱帮助遭难的人，往往被认为是一种极具侠义色彩的人格禀赋。《儒林外史》中的杜少卿，为人慷慨仗义，从不计较得失，用一颗纯朴善良的心去帮助一切需要帮助的人。能够为别人奉献资财的人，往往具有自我牺牲精神和较强的社会责任感。《周礼·地官·遂师》云："巡其稼穑而移用其民以救其时事。"在农事急迫时，民力有不给者，则移其力有余者，互相帮助，正如蒙古族谚语所言"需要时的一把土，胜过不需要时的一把金"。总之，奉献精神是一种崇高的道德理性，它自觉地显现了以社会为本位的原则，体现了人对赖以生存的共同体以及共同体中各成员的认同和责任心，体现了人性特有的光辉。

为国莫吝本领，为友莫吝钱财。（汉族）

金钱如粪土，道德值千金。（蒙古族）

就怕灶坑里添的是湿柴，就怕蒙古包里的主人吝啬。（蒙古族）

有财要分些给民众，否则会被洪水冲走。（维吾尔族）

上述谚语体现出人们认为道德的价值远大于金钱，人不能贪图小利、自私自利，而要慷慨大方、乐于助人。这背后反映的是主体遵循的义利价值信条，只有坚持义大于利，才能主动地用自己的资财去帮助别人。汉族谚语"吃亏的是乖，占便宜的是呆""吃一分亏无福量，失便宜处是便宜"指出，虽然奉献资财看似吃亏，实际上主体却能够享受到为人奉献那种独特的快乐。老一辈无产阶级革命家董必武曾说："一个自觉的革命家和普通人不同之处虽然很多，但最重要的一条区别，就在于他们对于'我'的态度不同，是唯我呢？还是忘我？是事事以我的利益为出发点，还是以群众的利益为出发点。"而要忘我，以群众利益为出发点，就不能斤斤计较个人的利益得失，就要有不怕"吃亏"、乐意"吃亏"的奉献精神。

司马迁在《史记·乐书》中有言："闻徵音，使人乐善而好施；闻羽音，使人整齐而好礼。"可见，从古至今人们都提倡矜贫救厄、矜贫恤独、扶贫济困、乐善好施。奉献资财不仅能够传递爱心、温暖人心，也是一种自我教育的形式。正如汉族谚语所言"修桥利一方，补路积善长""贪婪的人苦恼多"，奉献资财的过程使人享受到心灵的快乐，而贪婪吝啬的人反而会有无穷的烦恼。因此，人们常说，"钱财乃身外之物"，如果能够用一己之力去解决别人的燃眉之急，那将收获精神上无穷的乐趣。此外，中华谚语还告诫人们，"有钱做功德，无钱捡闲棘"（汉族），"有钱要积德，无钱莫作孽"（汉族）。因此，人应该在自己有能力的时候就去奉献资财，在自己没有能力的时候就奉献劳动，做自己力所能及的事情，有一分热，发一分光，为社会的发展尽自己的一份绵薄之力。

三、心有大爱，赤诚奉献

奉献精神源远流长、历久弥新，在几千年的历史长河里，中国人民始终坚持守望相助、勇于付出、廉洁守正的道德要求，小到为身边的人，大到为国家和社会奉献自己的力量。心中有戒、做人清白、坚持原则、依法办事、一抓到底、善始善终，才能行得稳、走得远。身处自己的岗位上，要清廉守正，而不以权谋私；要勤勉诚实，而不尸位素餐；要服务人民，而不贪于享乐；要慷慨大方，而不锱铢必较；要爱岗敬业，而不故步自封。当一个人权为民所用、情为民所系、利为民所谋时，也会享受到奉献精神带来的快乐。中华谚语中有诸多奉献方式的阐述，共同书写着中华文化的伟大精神。

（一）敬业奉献，忠于职守

奉献精神要求人们在自己的岗位上坚守职业道德，即"从业人员在职业活动中应当遵循的道德规范和必须具备的道德品质。如医务道德、商业道德、体育道德、教师道德、军人道德、演员道德、记者道德、编辑道德、司法道德等。职业道德因行业不同而不同。不同行业对从业者的行为有不同的规范和要求。每个行业对从业者行为的规范和要求与该行业的发展目标以及更大范围内社会成员的公共福利相关”。[①] 在职业中奉献首先要清廉。“堂之边曰‘廉’”，即厅堂的侧边，特点是平直方正，故指人品行方正，节俭不贪。此外，还要勤勉努力、爱岗敬业，“勤勉”指勤奋努力而不懈怠，语出《荀子·富国》：“奸邪不作，盗贼不起，而化善者勤勉矣。”“敬业”是一种对工作严肃认真、小心谨慎、郑重其事的态度。

在职一阵子，做人一辈子。（汉族）

一身正气两袖清风，一尘不染克己奉公。（汉族）

根深不怕风摇动，树正何愁月影移。（汉族）

以诚为人，以勤为政，以廉为官。（汉族）

上述谚语体现出在职业中奉献，就要清廉自守、志行高洁。工作是人生的一部分，要干干净净做事、老老实实做人，尤其是做官，更应诚信、勤奋、守住廉洁自律底线，淡泊名利、正道直行、立身清白。如果做官不清廉，则会损害人民利益，贻害无穷。维吾尔族谚语有“官不廉，民破产”，汉族谚语有“清廉是进步的阶梯，腐败是灭亡的快车”等说法，可见清廉对人民和国家的重要性。《周礼》就曾经提出官员考核有六大标准，也就是“廉善、廉能、廉敬、廉正、廉法、廉辨”。作为官员，最基本的职业要求和价值遵循就是清廉，明代年富在《官箴》中提出“吏不畏吾严而畏吾廉，民不服吾能而服吾公。廉则吏不敢慢，公则民不敢欺。公生明，廉生威”。可见要厚植廉洁文化、筑牢思想防线，才能树立威信，让人民信任。

在其位，谋其事，尽其责，廉其政。（汉族）

① 李石：《职业操守与社会公正》，《贵州大学学报》（社会科学版）2020年第6期。

兢兢业业干事，诚心诚意待人。（汉族）

好猎手专打雄狮，好农民专垦荒地。（维吾尔族）

凡是你能做到的事，就不要对群众吝啬。（柯尔克孜族）

上述谚语强调在职业中敬业奉献，勤勉努力。诚心正意，不投机取巧，不片面追求经济效益，而是在劳动中、在本职工作中奉献自己的力量。作为官员，对待政务要一丝不苟，在奉献中也能收获快乐；作为猎手，要敢于攻坚克难，去挑战困难的任务；作为农民，要有实干精神，开辟新的土地。“人先养地，地才养人”（维吾尔族），“人若哄地，地必哄人”（壮族）。可见，不论什么职业，只要肯钻研业务、提高技能，干一行、爱一行，最终也会获得回报。反之，若是马虎懈怠、懒散不勤，最后也不会得到好的结果。

高尔基曾言：“一个人追求的目标越高，他的才力就发展得越快，对社会就越有益。人的思想境界高一分，无私奉献的精神就会登上一个新阶梯。”敬业奉献说起来简单，但做起来也不是件容易的事，需要勤勤恳恳地付出，默默无闻地坚守。

（二）胸怀大局，集体为先

集体主义，是主张个人从属于社会，个人利益服从集团、民族和国家利益的一种思想理论，也是一种精神，最高标准是一切言论和行动符合人民群众的集体利益。集体主义要求个人利益服从集体利益、眼前利益服从长远利益、局部利益服从全局利益。在社会发展中，当人作为个体难以维系自身的生存发展时，集体至上、集体利益优先的原则便被牢固地确立下来。中国传统文化中，从《礼记・礼运》中所载的“大道之行也，天下为公”，到《荀子》总结的“人生不能无群”，再到贾谊《治安策》倡导的“国而忘家，公而忘私”，都反复强调了集体优先的理念。

集体利益的壮大与个人利益的壮大是同步的，集体利益的衰退与个人利益的衰退也是同步的。《孟子·滕文公上》有言“出入相友，守望相助”，意思是说，出入相互做伴，遇到外来的侵害或灾祸时，协同看守瞭望，彼此提供帮助，指人与人之间要互帮互助、和睦共处。

> 在家靠四壁，出外靠友人。（汉族）
>
> 好汉护三村，好狗护三邻。（汉族）
>
> 天天待客不穷，夜夜做贼不富。（土家族）
>
> 水坝的靠山是石头，个人的靠山是集体。（彝族）

上述谚语体现了人们在集体中互帮互助，在亲戚、朋友、邻居等一个个小集体中无私奉献，具体表现为救助危困、分担风险，具有促进生产、稳定社会的重要作用。中国古代社会以农业立国，以家庭为基本生产单位，邻里关系是中国传统社会中重要的基层社会关系。在中国传统的社会救助体系中，除了国家和宗族的责任外，乡亲邻里之间的相互帮助也是很重要的支撑体系，正如汉族谚语所言“亲帮亲，邻帮邻”“婚姻死葬，邻保相助”，指的就是面对敌人或意外的灾祸时，邻村能够互相警戒、互相援助。可见，邻里之间互帮互助、吉庆相贺、危难相扶，对于中华民族扶危济弱的良好社会道德风尚的形成起到了奠基作用，也有利于社会生产的发展和社会秩序的稳定。

汉族谚语“与人方便，自己方便”“一个光棍，十个帮衬”，藏族谚语“只要齐心协力，小人物能办大事”等都体现了为集体奉献的方法以及重要性。凡是自己力所能及的事情，就不要在集体中对别人吝啬，在集体中，帮助别人，给予方便，就是帮助了自己，面对相同的困境，要互助互济。人们相信“积力之所举，则无不胜也”，谚语中有言“同病相怜，同忧相救”（汉族），“大家和睦团结一条心，凡人也能办成大事情”（蒙古族），如果人人都能团结和睦、无私奉献，再困难的事情都能克服。先秦的许多思想家都提到邻里之间要互助互济、扶危济困，认为这是乡民应具备的重要美德，也是乡民之间义不容辞的责任和义务。可见，胸怀大局、集体为先是一种实践准则，是一种道德要求，是一种伟大人格。

（三）国之所需，我之所向

“常思奋不顾身，而殉国家之急。”心有大我、心有大爱，方能赤诚奉献。“大我”是一种敢于斗争的魄力，是一种为民奉献的精神，是一种永不懈怠的状态。“与天斗，与地斗，与人斗，其乐无穷”，从井冈山精神、长征精神、延安精神，到打赢脱贫攻坚战、打造科技强国、构建人类命运共同体，正是有了无数仁人志士立足大我、献身家国，以青春“小我”书写强国“大我”，才能够一次次攻坚克难、战胜挑战。

可以舍弃生命，不可背叛祖国。（汉族）

对祖国不可吝惜你的知识。（维吾尔族）

上述谚语强调个人要对国家饱含高度的认同感、归属感、责任感、使命感，即怀有家国意识，不吝惜本领，不吝惜知识，不吝惜青春，不吝惜生命。体现出天下兴亡、匹夫有责的爱国情怀；视死如归、宁死不屈的民族气节；不畏强暴、血战到底的英雄气概；百折不挠、坚韧不拔的必胜信念。汉族谚语“个人的事再大也是小事，国家的事再小也是大事”，这是所有具有爱国情操的人的追求。中国历史上无数牺牲小我成全大我的人物，他们坚守“修身、齐家、治国、平天下”的价值理念，把个人与群体、历史与当下紧密地结合在一起，这是中华谚语在现实实践层面的生动写照。

一人栽树，万人乘凉。（汉族）

一人开井，万人饮水。（汉族）

一人吃苦，万人享福。（汉族）

大公无私，舍己为群。（汉族）

火不烧山地不肥，人不为人身不贵。（汉族）

上述谚语强调要为国为民，胸怀天下，一个人栽树、开井，受益的是千万人。正如汉族谚语所言“有功不自恃，栽树不乘凉”“天上人间，利人第一”，坚守大我的人把“家是最小国，国是千万家”的价值标准内化于心、外化于行，铭刻于骨、融化于血。正所谓“始于家邦，终于四海”，中国人的文化基因，无论在过去、现在还是未来，都闪耀着爱国、奉献、担当等民族大义。是否心怀天下不仅关乎个人形象、社会风尚，更与国家兴衰密切相关。

第二节　乐善好施、扶危济困的博爱精神

博爱是指广泛地无私地关爱所有人，对他人有一颗热忱的心，去帮助所有需要关心的人。韩愈《原道》有云：“博爱之谓仁。”博爱学说思想是仁的学说思想孕育和实践理性的产物，它的出发点和基础包含在宏富博大的仁的学说之中。孔子认为“仁者爱人”“泛爱众，而亲仁”；《庄子·天地》云：“爱仁利物之为仁”；墨家认为“仁，体爱也”，主张“兼相爱”“爱无差等”。荀子则直截了当地讲：“仁，爱也。”中国古代从睿智学者到历代政治家乃至英明君主，一贯都有仁爱的思想，不仅表现在理论著作中，也表现在德治王道的政治行为中和君子道德修养的言行里。可以说，讲仁爱、以爱为情怀、由己及人、普及天下之博爱、以爱修身正道等思想观念浸透在古老社会生活的各个领域，影响至深至远，非但形成了传统文化的统绪，而且为当今世界留下珍贵的思想宝藏。

博爱是一种特殊的爱，这种爱并不是滥施滥爱，它无私而广大，爱人民、爱世界、爱一切真善美的东西。博爱乃仁者之爱，既能把这种爱给予亲人、朋友，也能把这种爱给予不认识的人，甚至是在平时

反目的敌人遇难的时候也能伸出援助之手。博爱是一种崇高的爱，是要人有博大的胸怀，要能容得下大千世界。它应是公理，是共同的信念，不只是解决“何以为生”，而是解决“为何而生”的人生观世界观的问题。

博爱精神具体表现为乐善好施、扶危济困的传统美德，体现了中华民族古已有之的独特价值底蕴，并广泛地表现在中华谚语中。从古至今，只要是有博爱之心的人，或平凡，或伟大，无不闪着人性的光辉，为这个时代驱散阴霾。

一、乐善好施，慷慨互助

乐善好施，指喜欢做善事，乐于拿财物接济有困难的人。自古以来，儒家“仁义”思想深入人心，当今又受社会主义先进文化的熏陶，中华民族形成了善体他人、急公好义、舍得给予、扶贫济弱的精神品质特征。乐善好施体现了中华民族崇仁重义的价值取向、守望相助的行为习惯、勉力向善的道德追求以及平等博爱的处世境界。作为中华民族的一项优良传统美德，乐善好施广泛地体现于中华谚语中，多表现为与人为善、慷慨互助。

（一）团结友爱，与人为善

人是生活在社会群体中的，谁也不能完全地离群索居、与世隔绝。社会越是发展，个人与群体的关系越密切。我国古代思想家老子的那种“虽鸡犬之声相闻，而老死不相往来”的理想社会是永远不可能实现的。一个人若是离开他人的种种劳动成果，可以说是寸步难行。荀子说：“人之生，不能无群。”我国近代著名思想家严复说：“能群者存，不群者灭；善群者存，不善群者灭。”这些话都深刻地论述了人与社会群体的关系。所以从广义上说，人人需要他人的帮助，人人也在帮助他人，团结互助是人类社会存在和发展的客观需要。

团结友爱，助人为乐，是处理人与人关系的一个重要的原则，也是博爱思想的重要组成部分。中华民族素有乐善好施的传统，把帮助别人作为善事。《论语》有言："见义不为，无勇也。"《孟子》有云："取诸人以为善，是与人为善者也。故君子莫大乎与人为善。"意为学习别人的优点来提高自己善良的品德，就是帮助别人行善，有道德的人最优秀的特征就是帮助天下人行善。这里的"与人为善"是指和他人一同做好事。后世理解为以善心对待人、帮助人，为他人做好事，并且以帮助他人为快乐。《墨子》有言："利人者乎即为，不利人乎即止""有力者疾以助人，有财者勉以分人，有道者劝以教人"，也是阐明这个道理。

人性是有善恶的，各民族在人际交往过程中不免存在讽刺行恶者、赞扬行善者的行为。这些行为不仅在日常生活中有所体现，同时在谚语文化中也有所体现。这些谚语蕴含中华各族人民在长期生活中积累起来的经验，告诫人们要做个心善的人，教育下一代做好人、做好事，传承中华民族传统美德。如：

面孔好看的人不算美，心肠好的人才真正美。（维吾尔族）

要想长寿，积德行善。（柯尔克孜族）

心善的人，脸色光亮。（乌孜别克族）

树高鸟儿集，人善朋友聚。（锡伯族）

千金难买好品德。（回族）

这些谚语说明好的品德比什么都珍贵，心善的人给别人带来好处的同时自己也感到快乐。

以善报善人人都能办到，以怨报善是君子。（柯尔克孜族）

男子汉的肚里，装得下三套马车。（乌孜别克族）

这些谚语说明好人的心胸是最广阔的，能够以宽容之心去对待人和事。

善良的人骑的马不乏，穿的衣衫不褪色。（维吾尔族）

人性善良，恶狼也随着走。（锡伯族）

有善良的心意，必有善良的报应。（锡伯族）

学善如登高山越登越高，学坏如下坡路越下越远。（满族）

这些谚语说明人要仁慈、和善，坏人也会学习你变成良善之人，心地善良的人做事会得到好的结果。

维吾尔族是一个待人友善、热情友好的民族。维吾尔族传统伦理观认为，人生活在社会中，善与恶从来就是人类社会意识中一对最根本的道德范畴。凡有利于他人、有利于社会的行为即为善行善事，否则就是恶行恶事。谚语中表现出的人民大众对善恶的评价为："善人给众人带来好处"，为他人创造幸福，最终也为自己带来幸福，"众人的幸福就是个人的幸福"。还有不少谚语从道德评价上讽刺和批评恶劣行为，歌颂赞扬善行善举。如"作恶心不安""怀善念的吃馒头，怀恶念的挨拳头""善行使人兴盛，恶行使人衰亡""好人身上披绸缎，恶人身上遭刺扎""高山般的金子不值丁点儿的善行"等也正是基于这一观念。维吾尔族人民在日常生活中不断加强个人修养，营造和谐氛围，进而推动了整个民族的发展和进步。

东乡族人民对待人际交往有着明确的原则和态度，强调人际间的和谐。谚语"要打当面锣，莫敲背后鼓""男子一言，白布染蓝""不记情无义之人，不记仇无钢之人"分别讲的是做人要诚实、守信，仁义为先；"花靠叶扶，人靠人帮""天下无不是的父母，世间最难得是弟兄""待客者不穷，做贼者不富"则是说要广交朋友，互帮互助；"你敬我一尺，我敬你一丈"说的是人际间相互尊重，友好相处；"打人要打脸，骂人要揭短""有理处让人""不撵下坡之兔，莫欺输理之人"则体现出东乡族友好善良的特点和品质。

还有许多谚语提醒人们行善心做好事，真心待人，不做坏事。如：

一天相处，四十天问好。（维吾尔族）

问候的话无须付出代价。（哈萨克族）

善言虽然不能代替皮袄，但能暖人心。（哈萨克族）

好话会把石头劈开，恶话会把人头劈开。（柯尔克孜族）

良言暖人心，恶言伤人心。（柯尔克孜族）

这些谚语说明给别人说好话也是一种礼貌，别人遇到困难没能力帮助时，说一些鼓励的话也算是友善待人。再如：

为他人着想，时时觉得满足。（回族）

宁可亏自己，不可占便宜。（回族）

你给过别人，你就会得到别人的礼品；你耕过土地，你就会收到地里的粮食。（柯尔克孜族）

这些谚语说明给别人带来好处的人会获得回报，自己吃亏也要记得做善事。

各民族还崇尚无私奉献、不求回报的美好品德。谚语“太阳不仅是为了照亮自己”（俄罗斯族），用太阳比喻人，劝诫人不要只为自己的利益而活，应该要帮助更多的人，要愿意奉献出自己的力量。“生命的价值在于奉献，骏马的价值在不辜负主人的心愿”（塔吉克族），说明人活在世上有没有价值就要看他为别人、为社会付出了多少。“凡是你能做到的事，就不要对群众吝啬”（柯尔克孜族）、“与其做少数人的金砖，不如做多数人的煤炭”（哈萨克族），说明要帮助更多的人、付出更多的力量、给更多的人带来快乐。

友善对待他人，要有“民吾同胞，物吾与也”的思想精神，仁人不患天涯海角没有兄弟，“己立立人，己达达人；己所不欲，勿施于人”，关怀、同情、帮助他人成全理想、愿望和需要，则天下欢欣。在团结友爱、与人为善思想的影响下，我国已“形成‘老吾老以及人之老，幼吾幼以及人之幼’‘不独亲其亲，不独子其子’的宽广情怀和安老怀少的社会风尚，形成中华民族大家庭社会生活中浓烈的人情味和生活情趣”。[①]

（二）慷慨好施，守望相助

中华传统文化倡导天下为公的共享观念，认为天地是人类所共有的天地，天地之间的有限资源也应该为人类所共有。乐善好施、慷慨互助的精神体现的就是这种公平和共享的理念，它鼓励财富在人们之间流动，由富人流向穷人，不至于让社会中有的人极端富裕，有的人极端贫困。《道德经》中说："天之道，其犹张弓与？高者抑之，下者举之；有余者损之，不足者补之。天之道，损有余而补不足。"作为富人要顺天之道而行事，不应该只关注自己的生活，只将财富留给亲人，而是应该多关心关怀困难之人，给予他们一定的物质帮助和精神鼓励，帮助他们渡过难关。由此形成慷慨好施、守望相助的民族性格。

人的生活离不开社会，每个人生活在各种各样的社会圈子里，每时每刻都在跟别人交往。生活中我们都会遇到困难，这时候需要别人的帮助，同样别人也需要我们的帮助。唯有手足相亲、守望相助，方可达成睦邻友好、和合共生，方可实现美美与共、天下大同。

汉族人民一贯推崇慷慨互助，在早期的农业发展中，汉族人民面对复杂多变的生存环境，同舟共济、助人自助是人们共同抵御灾难和风险的必然选择。关于乐善好施、慷慨互助的谚语不胜枚举。如"赠人玫瑰，手有余香""帮助他人的同时也帮助了自己""真正的快乐来自于帮助别人，最好的满足就是给别人以满足""施比受更有福""路见不平，拔刀相助""路不平，众人踩；事不平，大家管""人家帮我，永志不忘；我帮人家，莫记心上""人人为我，我为人人""真正

① 张岱年、方克力：《中国文化概论》，北京师范大学出版社2004年版，第217页。

的快乐来自于帮助别人”“相知在急难，独好亦何益”“常怀感恩之心，常做助人之事”等。这些谚语鼓励人们与人为善、守望相助，乐于帮助他人。这样的善行由内而发，不为外在的目的，而为获得内心的平安、喜乐。

慷慨好施、守望相助广泛地体现在多民族谚语中，各个民族都倡导这种崇仁重义的优良品德。如：蒙古族谚语“手和手互相洗，人和人互相帮”说明人与人相处应互相帮忙，使得彼此关系更加和睦。“只有帮助别人时多出力，求助别人时才理直气壮”（满族）、“先方便于人，后受助于人”（蒙古族）、“你给别人一只山羊，别人给你一匹骏马”（柯尔克孜族），这些谚语说明别人遇到困难的时候帮助他一把，解决他的困难，当我们自己有了困难别人也会主动帮助我们。回族谚语“浇树要浇根，帮人要帮心”突出我们应该真心帮助别人，温暖到他的内心才是最好的帮助。这些谚语也教育人们在自己的能力范围内要尽量伸出援手，不吝啬自己的帮助。

维吾尔族历来非常注重仗义行仁、团结互助的道德观念。古代的游牧生活特性以及恶劣的生存环境，使得维吾尔族人更珍惜人与人之间的友情、信任、互助与合作。他们认为“天下人皆是兄弟”，在与人相处方面，强调互助友善、心存善念、多行善举的处世之道。善德在维吾尔族传统文化中占据着十分重要的地位，这在维吾尔族谚语中得到了充分的反映，例如：“一只手帮一只手洗，一双手帮着脸洗”“如果朋友求援，不要拖到明天”“人与人要相助，不相助被人鄙”“行善不会忘记，行恶归于自己”“行善就像是明灯”“一颗心从另一颗心中能喝到水”“舍得力气的人，也为他人舍得钱财”“为他人出力，死后也坦然”“一个人点燃的火，一百个人能暖身”等。

对维吾尔族人来说，慷慨助人既是人际关系中的道德要求，更是人生信仰的一部分，他们相信“慷慨予人者离真主近，自私吝啬者离罪恶近”。对于吝啬自私的行为，谚语则给予了辛辣的嘲讽与批评："拿时手长及天，给时手不出袖""小气鬼在一个铜钱孔里钻一千次""慷慨者有饭与人同吃，吝啬鬼有饭偷偷吃"。

哈萨克族也具有助人为乐、慷慨互济的优良美德。谚语"出门人的口粮在路上"生动地展示了哈萨克族慷慨互济的广泛性。谚语"只有富裕时慷慨解囊，贫困时才能得到援助""舍不得给马喂料的，迟早得步行；舍不得大方待客的，迟早会挨饿。大方的手能多得"从相帮相济的转化关系来强调慷慨互济的重要性。"慷慨的男儿手大方，有远见的人路亮堂"从慷慨的具体表现进行描述。对于慷慨互济的提倡和期许，与哈萨克族独特的生产、生活方式紧密相关。游牧随季节寻找合适的牧场，一路之上所到之处，如果没有本民族其他人的帮助，是无法完成的。所以，与之相应，慷慨互济、热情好客必然成为其重要的特征。

乐善好施是凝聚中华儿女团结互助、同舟共济的一笔宝贵精神财富。它是目的而不是手段，除了同情关爱别无他求，展现的是平等胸怀和大爱胸襟。作为一种传统美德，乐善好施是中华各民族人民用行动塑造的一个文化品牌，经过一代代儿女子孙的道德传承，已经沉淀为一种地域的文化心理。在全面建成小康社会的今天，弘扬乐善好施美德是实现共同富裕、建设和谐社会的重要推力；面对新的历史与机遇，乐善好施精神也必将在中华大地绽放新的光彩。

二、扶危济困，矜贫救厄

扶危济困，意思是指扶助有危难，救济困苦的人。扶危济困是中华民族的传统美德，是人类同情心理支配下利他行为的具体表现，也是构建和谐社会的基础。传统儒家哲学主张"仁爱他人""恻隐之心""兼善天下""博施济众""民胞物与""万物一体"等思想，在理论上强调将他人的生活感受当成自己的生活感受，十分重视帮助处境困难的人。这也"是劳动人民在长期共同的劳动、生活中，培养互相支持、互相帮助，以帮助他人为荣、以解人之危为乐的一种高尚的道德品质、情操和行为”。[1]

扶危济困的传统美德在中华民族的精神长河中源远流长，早已融入中华民族的血液中。早在商周时期，华夏儿女就萌发出关爱、救济穷苦的思想。《尚书》中提出“德惟善政，政在养民”“不虐无告，不废困穷”，认为执政者要积极推行善政，使百姓生活越来越好，并及时周济处于困苦中的群众。《诗经》中有一首名为《鸿雁》的诗，文曰“鸿雁于飞，肃肃其羽。之子于征，劬劳于野。爰及矜人，哀此鳏寡”，文辞优美又寓意深刻，体现了对弱者的怜悯和同情。到了春秋战国时期，孔子提出了仁爱的思想，鼓励人们要广泛地爱护周围的大众，及时帮助处于困难中的人。他说：“泛爱众，而亲仁”“己欲立而立人，己欲达而达人”。墨子则主张兼相爱，提倡人们应该像爱护自己的亲人一样爱护别人，又提出人应该互帮互助、周急济贫。他号召“有力者疾以助人，有财者勉以分人，有道者劝以教人”，让“饥者得食，寒者得衣”。

扶危济困出自人性本善的道德观念。要帮助处于危难困苦中的人们，是出自外在的义务和责任，还是发自内心的情感，中华优秀传统文化认为，应该是后者。孟子指出，人人都有怜悯体恤他人的心，“人皆有不忍人之心”。他举例说，看到小孩将要掉进井里，人人在那一瞬间都会不假思索生出恻隐之心。由此可见，这种恻隐之心是人心灵深处固有的善念，而不是来自于外界的约定。这种恻隐之心，是一种对他人的困难感同身受的同情心，是一种愿意采取行动去减轻这种痛苦不幸的怜悯心。正是因为这种同情心、怜悯心的存在，人们才愿意采取行动去雪中送炭、济困解危。

扶危济困还来源于天地之性人为贵的价值观念。中华传统文化高

① 杨志彬、王鹏：《中华多民族谚语中的社会伦理研究》，《散文百家》（理论）2022 年第 3 期。

扬对人的生命的尊重，肯定人的生命权和生存权，这为扶危济困思想提供了价值依据。中国古代的思想家认为天地中间人最为宝贵，所以人的生命权、生存权需要得到保障。高度关注最需要保障生命权、生存权的群体，例如鳏寡孤独、老弱病残。作为政府的行为，这就是善政养民；作为个人的行为，这就是行善积德。

中华民族历来将扶危济困、助人为乐、见义勇为、救死扶伤等博爱精神视为一种美德。在生产力水平极其落后的原始时代，离开了人与人之间的互助互爱，社会便不能维系，更遑论社会发展。《礼记・礼运》篇中记载的“鳏寡孤独废疾者皆有所养”，就是人们对原始社会扶助弱者的一种真实写照。进入阶级社会后，帮助弱者、关心他人、崇尚仁爱的精神作为我们民族的传统美德传承下来。[①]

在多方面思想资源的滋养下，扶危济困逐步深入中华民族精神的骨髓里，成为中华民族的信仰。这在汉语的词汇中就可见一斑，诸如“仗义疏财”“慷慨解囊”“周急济贫”“济弱扶倾”“轻财重义”“见义勇为”等成语不胜枚举。民间谚语也有很多，比如“与其锦上添花，不如雪中送炭”“求人须求大丈夫，济人须济急时无”“每有患急，先人后己”“救人一命胜造七级浮屠”“病人之病，忧人之忧”。这些成语和谚语口口相传、代代相继，扶危济困的精神也随之在中华民族的文化血脉中不断流淌。

博爱思想的具体含义就是要关心人、帮助人，在他人处于危难之际，竭尽全力伸出援手，患难相救，这是我们民族的一种高尚的道德情操，是一种爱人、利人的思想体现。《六韬》有言：“免人之死，解人之难，救人之患，济人之急者，德也。”作为一个人，应该遇险而救，遇难而助。中华民族博爱的优良传统美德，造就了许许多多扶危济困、助人为乐、见义勇为和救死扶伤的感人故事，他们以极其真切

---

① 郑丽清、林大洋：《危难救助的仁爱思想基础》，《湖北第二师范学院学报》2012 年第 7 期。

的关心和同情，给那些处于危难和困顿的人们送去温暖，提供最为需要的帮助。[①] 有的路见不平拔刀相助，有的不畏权势为民除害，有的开仓赈灾扶危济贫，有的救死扶伤起死回生。他们仁爱仗义，伸张正义鞭挞邪恶，这与那些“人不为己，天诛地灭”“拔一毛而利天下，不为也”的极端的利己主义、个人主义，与那种“各人自扫门前雪，休管他人瓦上霜”的冷漠态度形成强烈的对比。[②]

扶危济困首先表现为济人危难。人在生活中难免会碰到各种各样的困难，其中有些困难单靠个人的努力无法克服，这就需要得到其他人的帮助。在面对困难的时刻，他人伸出援助之手，哪怕只是一点一滴，往往能起到事半功倍的效果。《增广贤文》中说：“渴时一滴如甘露，醉后添杯不如无。”面对困难之时，人们特别渴望、特别需要他人的帮助，此时帮助的到来可以说是恰逢其时。因此，善良的人们都是对处于困难中的他人加以特别的关怀，这些人或者是在社会中有困难的群体，诸如鳏寡孤独，或者是一时遭受天灾或疾病，生活面临严重困难的人。积极帮助他们摆脱困境，体现出一个人的高尚情操和美好人格。

扶危济困也表现为仗义行仁。中华优秀传统文化认为，帮助处于困境中的人是一种人生的快乐。古语云：“世间第一好事，莫如救难怜贫。”这种由助人得到的快乐，是精神上的愉悦感、灵魂上的幸福感、内心上的富有感。无论是儒家的“泛爱众”，还是墨家的“兼相爱”，都认为应积极去关爱他人，急人之急、帮人之忧、救人之危。这种洋溢着与人为善的优秀品格，深深植根于中华民族心灵中，培育了无数仁爱之士。从“勿以善小而不为”，到“安得广厦千万间，大庇天下寒士俱欢颜”，再到“衙斋卧听萧萧竹，疑是民间疾苦声”。一代又一代仁人志士，都心系百姓，为改善百姓生活、改变弱者处境，

① 郑丽清、林大洋：《危难救助的仁爱思想基础》，《湖北第二师范学院学报》2012 年第 7 期。

② 臧乐源：《弘扬仁爱思想 促进社会发展》，《文史哲》1999 年第 2 期。

而不懈努力。从某种程度上说，中华民族文明史，就是一部扶危济困的美德流传史。

扶危济困思想，在传统社会中的另一种表现是危难相扶。每个人在生活中都可能遇到困难，既帮助他人也需要他人帮助。这体现了一种团结互助的精神。人类之所以能够不断战胜自然灾害，战胜事故灾难，靠的就是这种精神。中国古代哲人很早就意识到这一点。战国时期孟子就指出，居住在同一地方的人们，不仅平时要相互友善，还要在困难时期相互帮助，“出入相友，守望相助，疾病相扶持”。《管子》则提出“死丧相恤，祸福相忧”，认为人们在困苦时精神上的相互慰藉也非常重要。这种面对困难时团结合作的思想，体现出强烈的人类命运共同体意识。古代民间社会的邻里团结、互助和睦、助人为乐的文化，正是在这种意识的影响下逐步形成的。

扶危济困、矜贫救厄的精神不仅是汉族人民的宝贵品质，还广泛地体现在其他民族的谚语中。如，“他在困难时你帮他一把，你在危难时他会救你”（塔吉克族）、“帮助了别人眼前的困难，等于挽救了自己将来的危难”（锡伯族）、“别人遇难时，不要袖手旁观；别人走运时，不要踏断人家的门槛”（哈萨克族）等，这些谚语说明别人遇到困难的时候不要落井下石，应该雪中送炭。

蒙古族也倡导扶危济困的正义之举。有谚语“给受冻的人送皮衣，给挨饿的人送饭菜”“与其富时送骆驼，不如穷时送山羊”“有阴德必有阳报”“旅行要有伴，处世靠互助”“当人家跌倒的时候，要拉上一把”“人家跌倒，莫伸拳头；人家求救，莫扔石头”等。这些谚语说明只要我们发扬助人为乐的精神，与人为善，就能得到别人的尊重和帮助。

扶危济困是独龙族人的一大道德风尚。在长期的集体生产劳动过程中，独龙族人从小就形成了团结友爱、扶危济困的社会美德。在过去，独龙族人的生活很穷苦，但是从未出现过乞讨的人。这是因为只要是生活有困难的人到任何一家寻求帮助，都能在那里享受到与家人同样的待遇。在平时生活中，不论是谁家打猎、捕鱼，在收获猎物数量较多的情况下，都会将猎物按户平分给全村人，而分得猎物的人家，又常常再转送给村里的老弱病残者。特别是一个家族里若有老弱孤寡和病人，整个家族都会对其进行共同赡养和扶持，家族里的每个成员都会主动地从自己的粮食份额里分一部分给老弱孤寡和病人。在独龙族人的道德观里，“有了东西而不给别人吃”是可耻的，是被人看不起的行为。独龙族人扶危济困、矜贫救厄的伦理道德观，是该民族人口虽少却生生不息、充满活力的重要原因。

总之，当代的博爱精神，是一种被赋予了中华优秀传统文化内涵的时代精神，拥有积极的意义。它作为与时俱进的民族精神和人文精神，已渗透到中华民族血脉中，成为中华民族极为重要的一种精神特质，也成为当代社会公德建设的重要内容。在现今社会，我们遵守社会公德，继承民族美德，弘扬革命传统，绝不可忽视博爱精神品质。

第三节　顾全大局、甘为人梯的责任意识

责任意识是一种自觉意识，也是一种传统美德，早在先秦时期，儒墨两家就对“责任”进行了阐释并且建构了丰富独特的责任伦理思想。墨家表现出浓厚的社会责任意识，并且由此派生出强烈的救世救民的侠义精神；而儒家则是从更加宽广的层面解释个人的历史责任，“士不可不弘毅，任重而道远。仁以为己任，不亦重乎？死而后已，不亦远乎”（《论语·泰伯》）表现的是一种深沉的使命感。由此可见，中华民族将“责任”一词放置于更加宏伟的历史背景下，要求人们具有“顾全大局”“甘为人梯”的思想觉悟，而非仅停留在个人本分层面。

责任是天然、自觉、神圣的，“责”有“债”的含义。《正字通

说·贝部》中将“责”解释为“逋财也，俗作债”，“责”与“债”相通，“负责”也就是“还债”；对于“任”，《正字通说·人部》解释道：“任，负也，担也”，“任”就是担当之意。“责任”指为人者必须负责完成的任务，是人之为社会性个体的根本、为人的道德，也是道德提升的基础，只有将本职任务完成、做好才能够进一步提升自我价值，如果一个人不能够担当起个人职责，那么对于社会、国家的贡献就更无从谈起，所以“责任”是奉献与博爱的基础和前提。责任因时空、地域、领域、群体的不同而有差别，主体的自发意识将社会、国家乃至民族的责任个体化，从而赋予了“责任”更为丰富深刻的含义。

一、志洁行芳，担当有为

“志洁”即志向高洁，“行芳”即品行端正。屈原的一生就是“志洁行芳”的最好诠释。司马迁在《史记·屈原列传》中有言“其志洁，故其称物芳。”“推此志也，虽与日月争光可也”，指出屈原志向高洁，即使与日月对照，光辉也毫不逊色。有如此志向和品行之人，必然有着对他人、对社会、对国家的责任和担当。正是因为心中有如此责任与担当，屈原追求“美政”理想，多次直言进谏，即使遭遇谗言诬陷，甚至被流放，依然心系百姓。当楚国都城被秦攻破时，毅然投江，忠贞赴死，拳拳的爱国之情万古流芳。千百年来，无数仁人志士志存高远、品行高洁，为着肩上担负的国家和民族的责任而奉献终生，实乃中华民族之脊梁。中华谚语中有着大量相关表述，激励着每一个中国人为着理想、为着责任而不懈奋斗。

（一）竭尽所能，奋勇当先

责任能力在法律上是指权利主体以自己的行为履行法律义务和接受不履行义务时的惩治性法律后果的资格。可见。承担责任，不仅仅是一种道德要求，更是一种法律要求，承担责任的能力包括社会责任承担能力和自我责任承担能力。想要承担好责任，首先需要有意义感，也就是体味到某件事的好处和价值，尤其是对一个集体、组织、团队有好处时，能作为集体的一分子去承担好属于自己的责任。其次是义务感，也就是把群体的事情当成自己的事情。最后是信心感，拥有能够完成某件事情的信心。责任承担的能力是人的五大根本生存能力之一，只有勇于承担责任、奋勇当先，才能成长为栋梁之材。中华谚语是对这一思想的积极实践。

汉族谚语“怕字当先，寸步难行”，藏族谚语“言出行随，有言有行”都表明，承担好责任，是一个人能力的体现。承担责任需要发挥人的主体能动性和社会使命感，尧制定历法、选贤任能；舜孝感天下、唯德以兴；禹治水有功、造福苍生，都是他们承担责任的能力的体现。儒家主张人挺立于天地之间，“参天地，赞化育”，且把人与天、地并称为“三才”，强调“天行健，君子以自强不息；地势坤，君子以厚德载物”，这充分彰显了对君子责任担当的推崇。

在中华谚语中，也非常详尽地记载了如何把责任能力作为对一个人的评价标准之一，例如“有志气的人的孩子，七岁就能当首领；没出息的人的孩子，七十岁还嫌幼稚”（哈萨克族）。同时，明儒吕坤直接以“担当”为视角对人进行观察、评判。他认为，看一个人，主要着眼四个方面：“大事难事看担当，逆境顺境看襟度，临喜临怒看涵养，群行群止看识见。”四个标准中，第一个就是看担当。

事到万难需放胆。（汉族）

百折不挠，坚忍不拔。（汉族）

受人之托，忠人之事。（汉族）

不是撑船手，休来弄竹竿。（汉族）

上述谚语表明承担责任需要一定的知识、勇气和毅力，拥有这些品质的人可以看成是儒家所说的君子。《白虎通义》这样解释“君子”

之义：“或称君子何？道德之称也。君之为言，群也。子者，丈夫之通称也。”意思是，君子是合群能力出众之人，有领导众人之德、能，如知、仁、勇等。“不知命，无以为君子”，所谓“知命”，就是以敬畏的心态承担自己的责任。中华谚语表明，在大事难事前，负责任的人应该采取的态度是“大浪当前，不可抛桨；大敌当前，不可丢枪”（汉族），“好汉不达目的地，吐血；好马不达目的地，尿血”（蒙古族）。所以，想要承担好责任，就要坚决拿出“明知山有虎，偏向虎山行”的无畏勇气，做到压力面前不躲闪、困难面前不推脱、挑战面前不畏惧、逆境面前不退缩，做到平时工作看得出来、关键时刻站得出来、危急关头豁得出来。

（二）敢作敢当，责无旁贷

品格是指个人的人品和做事风格，是一个人的基本素质，它决定了这个人回应人生处境的模式。当责任感成为一种品格，成了面对生活的态度时，我们就会自然而然地担负起责任，而不是被动地、刻意地去做。“儒家人格理论的功用并不在于增加积极的知识，而在于提高心灵的境界，以达到一种既不离开百姓日用又超越现世之境界……每当中华民族面临危难关头，总有一批仁人志士前赴后继，不怕流血牺牲，保家卫国，体现了儒家君子人格坚持正义、爱国为民的精神，他们是中华民族的脊梁。”①

蒙古族谚语“宁光荣地牺牲，不屈辱地偷生”，藏族谚语“活着要有一颗纯洁的心，死了要有一身清白的骨”，维吾尔族谚语“雄狮不会爬着走，英雄不会跪着生”这些谚语表明真君子应对自己的傲骨和崇高人格负责，面对苦难和屈辱，要保持自己一贯的气节和风骨。在中国历史上，有无数饱含气节的仁人志士，他们都怀有强烈的责任意识。如周敦颐志向远大，有“志伊尹之所志，学颜子之所学”；张

---

① 邵龙宝：《儒家人格理论的特性》，《道德与文明》2007 年第 2 期。

载也认为程颢“救世之志甚诚切”；朱熹在任漳州知府时就撰联明志：“地位清高，日月每从肩上过；门庭开豁，江山常在手中看”。北宋名臣范仲淹也是少有的大节，慨然“有志于大节”。中华谚语中说，“人无筋骨，难成为人”（侗族），“金子贵在价值，人生贵在骨气”（瑶族），可见责任意识是流淌在骨子里的人生品格。新时代里，中国青年也要持之以恒塑傲骨、炼硬骨、铸铁骨，不屈服、不服输、不气馁，做到立场坚定、主动亮剑、勇于斗争、敢于胜利。

壮族谚语“宁喝朋友的稀粥，不吃强盗的酒肉”，回族谚语“壮士冻死不卖剑，秀才饿死不卖书”“真人不说假话，明人不做暗事”都表明责任品格有许多具体的表现形式，例如做善事、不做恶，维护好自己的信仰与名声等等。责任意识与许多其他的美德相关联，并表现在生活的方方面面，中华谚语说，“与其背着恶名活在人间，不如带着美誉下到地狱”（藏族），所以我们要努力提高自己的人生境界，做到勇于担责。

（三）奋不顾身，大局为重

人生境界往往与人生的价值、人生的意义、人生的理想、人生的态度、人生的修养等意识相关，拥有责任意识，便是一种向善的人生维度。责任是一种思想境界，有责任才会有远大理想抱负。权利和责任相伴相生，只讲权利不讲责任的社会不可能存在，只讲权利不讲责任的公民最后将会丧失权利。在历史的长河中，只有那些不为眼前的利益所诱惑、把目光投向远方的人，那些不为一己私利、勇于承担社会责任的人，那些“咬定青山不放松、任尔东西南北风”的人，才算是真正具备责任精神的人，才能真正创造出中国梦的正能量。

小戏当大戏唱。（汉族）

好汉做事好汉当。（汉族）

既来之，则安之。（汉族）

宁失肥牛，勿食己言；宁为山崩，不为土颓。（蒙古族）

上述谚语表明进入崇高境界的人，能够事不避难，坚韧勇毅，他们对自我应该承担的责任有着鲜明的认识。“自我”作为道德欲求的主体，在与“我们”和“他人”的交往过程中，因为对后果或其他因素的责任担当，产生了道德。“人们因其欲求对象的不同，而由此形成了不同的道德境界。道德境界主要区分于不同的文化之中，因而在不同文化的情境中，人们的道德境界也有所不同。”[①] 在中华谚语中有许多具体要求，如，“功不独居，过不推诿”（蒙古族），“错误不隐瞒，责任不推诿”（满族）。

在中华传统文化中，责任思想主要有“克己”和“无我”两种内外价值诉求。在孔子看来，人生的四重境界分别处在由低到高的不同层次，处在自然境界的人停留在“能养”的最底层面，处在功利境界的小人以“为利”为全部生活追求，处在道德境界的君子以“求仁”为理想目标，而达到了天地境界的圣人则充分实现了自由，以审美“悦乐”为其显著特征。道德境界中的君子仍会自觉追求更高的人生境界，而处在功利境界中的小人却庸庸碌碌、不思进取，可能会下降到自然境界，这是君子与小人在人生态度上最重要的区别。

清净莲华，污泥不染。（汉族）

宁为玉碎，不为瓦全。（汉族）

人生在世不作孽，死后不怕地狱王。（藏族）

不做随风的小草，要做傲雪的青松。（鄂伦春族）

上述谚语表明进入崇高境界的人，能够忠心耿耿，敢于牺牲，他们对自己应该承担的责任有着坚定的信仰。常言道：“天地生人，有一人当有一人之业；人生在世，生一日当尽一日之责。”要摒弃互相

① 郑立博:《自我及其道德欲求学》，苏州大学硕士学位论文，2014 年，第 1 页。

推诿，向下“甩锅”，遇事“躲”字当头、“推”字当先的价值观念。也就是“士穷见节义，世乱识忠臣”（汉族），我们不能停留在“舒适区”，坐享“避风港”，面对任务，敢担当、敢作为就是要在困难面前直面问题、正视矛盾，敢啃硬骨头、勇挑重担子；就是要逢山开路遇水架桥，勇于开拓、不懈进取；就是要“明知山有虎、偏向虎山行”。

二、恪尽职守，博施济众

责任伦理，依据对象性客体的不同社会层面，可划分为主体对自己的责任、对社会的责任、对天下的责任等，这就要求我们恪尽职守以及具有“博施济众”的胸襟。儒家道德责任观是与传统社会人们的认知能力、精神信仰、生活方式和政治制度构成的社会生态相契合的道德要求，是中国传统伦理精神的有机构成部分。特别是《礼记·大学》从四个方面概括了个体在不同的存在向度上应承诺的道德责任，它们分别是：个体向度的修身责任、家庭（族）向度的齐家责任、国家（民族）向度的治国责任和世界向度的平天下责任，为传统社会中的生命个体规定了从切身关怀到至善超越的完整有序的道德责任链。

（一）自我责任，推己及人

自我责任就是指自己为自己负责，包括自己的一切言语、行为等所产生的后果。也就是说，“自我是一个独立自主的主体，我有能力也有义务为我的言说或行为担负责任，我对此有自觉的意识。”[①] 自我责任还代表能够竭尽所能，实现自己的人生目标。儒家主张普通民众应以“君子”为修养目标，修炼自省、克己、慎独和忠恕等德性品质，以求得“行义以达其道”，从而传播道义，德化民众，济世安民。这一内容表现在中华谚语里如下：

求人不如求己。（汉族）

① 顾红亮：《责任与他者——列维纳斯的责任观》，《社会科学研究》2006 年第 1 期。

与其依赖别人，不如自己勤奋。（鄂伦春族）

与其依靠老天，不如依靠双手。（锡伯族）

上述谚语表明人要自己承担责任，不去依赖别人。同时，儒家的道德教化理念以“修己”为核心，从“己”的角度审视认识、观念、行为、规范的合理性。实现“己—人—社会”这一人生系统的和谐统一。在中华谚语中有这样的例子，“白天的言行，黑夜要自问；明天的行动，今天要三思”（蒙古族），“白天做的事，夜间要检讨；明天做的事，今天要计划”（鄂温克族），进入一种自觉的、主动的、深刻的反省状态，多思、慎言、慎行，不断宗圣、察己、审思、累积，在承担自我责任中为自己建造起一个宁静仁善的精神家园。

天下无难事，只怕有心人。（汉族）

一颗红心两双手，自力更生样样有。（汉族）

路是人走的，树是人栽的。（回族）

自食其力过日子，双手胜过神佛手。（藏族）

上述谚语表明人要战胜自己，突破现实的困境，通过承担责任，选择更高维度的意识去建设自己的生命。在成就自我的过程中，人既赋予期望与理想以实质的内涵，也使自身的存在获得了内在的意义。可见，相对于“应当期望什么”所体现的理想追求，以“应当承担什么”为内涵的使命意识更多地从人的责任、人的义务这一维度表现了对自身存在意义的关切。在日常生活中，应该做到“自己痒痒自己搔，自己跌倒自己爬”（回族），“自己的脸面自己洗，自己的鼻涕自己揩”（侗族），承担好自己的责任，这便是中华民族“责任意识”的最基本要求。

儒家的核心思想就是：仁、义、礼、智、信，其中又以仁为首。所以，孔子在论语里不止一处提到“仁”，“博施济众”便是仁的其中一种表现。但是孔子认为只“博施济众”还不够，君子还需要具备“推己及人”的思想，也就是“己欲立而立人，己欲达而达人”。“达人”便是自我对他人负责的体现，在自立自强的基础上报答父母、报答亲人、服务人民、报效祖国。“我有能力和义务首先为他人担负责任，他人的需求是第一位的，我是第二位的。他人具有优先性。因此，为他责任是自我责任的前提条件，是原初的责任。”[①] 事实上，当主体被要求为他人的成功、错误、过失承担责任时，也在曲折地肯定自我独特的主体性。

舍得自己，赢得他人。（汉族）

同船须共命，同路须同心。（壮族）

宁叫自己受委屈，不叫别人遭伤心。（蒙古族）

为自己着想的人，名不出院；为大家谋利的人，名载史册。（蒙古族）

上述谚语表明人要有为他人负责、为他人着想的精神，正是“拼得自己，赢得他人”（汉族），“宁人负我，毋我负人”（汉族），即树立一种牺牲自我、成就他人的态度。

为臣当忠，为子当义。（汉族）

只顾自己的人，和邻居合不来。（蒙古族）

居家要节俭，待客要丰盛。（壮族）

一只戒指伸不进两个指头，一个姑娘不要交两个相好。（藏族）

好妻子为丈夫增添体面，坏妻子给丈夫带来磨难。（哈萨克族）

上述谚语表明他者责任存在于方方面面，对待客人、朋友、邻居、妻子、丈夫都要负自己应尽的责任。为他者负责的良知本身是纯

① 顾红亮：《责任与他者——列维纳斯的责任观》，《社会科学研究》2006 年第 1 期。

粹光明无限的，它犹如光芒四射的太阳将人心照亮，给人温暖，给人希望；人的欲望虽可能如乌云遮住良知，使人迷茫，但人心永远是向往良知的，犹如万物向往滋生其生长的阳光。“待客热情不会穷，干活懒惰不会富”（水族），“待客如待亲，宾朋满天下”（侗族），这些谚语体现出心中怀有对他人责任感的重要性。我们生活在集体中，更应以天地的生生之德为德，将自己的“生生之心”由“为家人负责”的“亲亲”扩展至“为他人负责”的“仁民”，再由“仁民”扩展至“为天地负责”的“爱物”。我们不仅要对他人负责，而且要对天地万物的生长负有不可推卸的责任。

（二）社会责任，义不容辞

人在其本质上是一切社会关系的总和，因此，社会责任不仅对于个人具有重要意义，而且与整个社会的进步和发展密切相关。就个体来讲，责任是一种基础性的道德品质，它为其他道德品质的形成和发展提供了驱动力和生长点，也为个体融入社会提供了可能性；就社会来讲，责任是其良性发展的基础，尤其是在人际交往的广度及深度方面快速发展的现代经济社会。“以儒家为核心的中华传统文化，本质上是伦理文化和责任文化，它主张士人修齐治平和入仕秉政。儒学贵‘仁’，‘从人从二’，‘仁’的主体内容是这种社会性的交往要求和相互责任，它讲求的是在人与社会、人与自然、人与宇宙的关联中处理好人与人的关系，核心是‘做人’。‘做人’至少有两层含义：一是完成作为人的自我使命，二是完成作为人的社会使命。前者意味着对自己负责，对自己人格的尊重；后者意味着对他人和社会及自然负责，即对社会道义的承担。无论是实现自我使命，还是完成社会使命，聚焦的无疑都是担当。”①

---

① 徐月高：《儒家视域下的担当及其当代意蕴》，《中共中央党校（国家行政学院）学报》2022 年第 1 期。

唯利是图者，胸中无美德。（汉族）

人情归人情，公道归公道。（汉族）

爱人终爱己，兴国必兴家。（汉族）

人到难处拉一把，胜过西天烧高香。（汉族）

上述谚语表明人在社会中不能只拘泥于自己的利益，而要为大众负责。《白虎通义》曰：“士者，事也，任事之称也”。“士”以天下为己任，舍此无以安身立命。正如谚语“天下人管天下事”（汉族），“人生天地间，不能只为己”（汉族）所说，人们身处社会中，就要为社会的发展承担责任。

一马当先，万马奔腾。（汉族）

为大家谋利的人，名载史册。（蒙古族）

如果你服务于人民，在险境里也能生存。（汉族）

宁肯自己麻烦千遍，不让群众一时为难。（汉族）

上述谚语表明，人们在社会中要担负起属于自己的社会责任。传统非家即国的道德责任系统缺乏社会公共交往维度的责任要求，而当下陌生人间的交往已取代熟人间的交往成为主导性和常态化的交往模式，需要把责任意识拓展到以市场契约、企业社会责任、公益慈善、公共文明素养为代表的公民公共责任。

（三）自然责任，协同发展

自然责任意识包括两个方面的含义：其一是人们对环境的认识水平，即环境价值观念，包含有心理、感受、感知、思维和情感等因素；其二是指人们保护环境行为的自觉程度。自然责任观认识到自然环境对人类生存发展的制约作用，提倡顺应自然规律，促进和谐共生，《论语·季氏》中说：“君子有三畏：畏天命，畏大人，畏圣人之言。”《吕氏春秋·审时》也指出，“夫稼，之为者人也，生之者地也，养之者天也。”可见万事万物有自己的运行规律，人类不能违背“天意”，总体来看，在生产力不甚发达的时代，中国人靠天吃饭，对自然怀有畏惧的心态。

一年烧山，十年不富。（汉族）

有砍无栽，绝了后代；有砍有栽，幸福万代。（汉族）

拦路抢劫是强盗，烧山毁林是罪人。（傣族）

宁愿过坏一个年，不可播坏一丘田。（土家族）

上述谚语表明人们有保护自然环境的责任，破坏自然将会受到自然的惩罚。人们不能烧山毁林、乱砍滥伐、过度夺取，而要尽己所能，维护生态环境。中国古代历来对保护动植物、土地资源、水资源、森林资源等方面尤为重视。《唐律》不仅规定了保护自然环境和生活环境的具体措施，而且制订了对违反者的处罚标准。《唐律疏议》载：“其穿垣出秽污者，杖六十；出水者，勿论。主司不禁，与同罪。”中华谚语也指出“山上精光，山下遭殃”（汉族），“山上没有树，庄稼保不住”（汉族），可见，人类若不承担起对自然的责任，将会受到自然的惩罚。总之，人不是自然的顺从者，也不是自然的征服者，而是自然的守护者。守护自然才是人与自然的本真关系，才是人在自然面前角色的合理定位。

多造一片林，少病一些人。（汉族）

但存方寸地，留于子孙耕。（汉族）

家家都有树，全村有好处。（汉族）

上述谚语表明，当人们承担起保护自然的责任后，也会从中受益。人们需要在谋求自己的利益时，也要兼顾环境问题，坚持可持续发展理念。当代，人们更是确立了“谁破坏，谁负责”的责任观念，意识到“人必须像看护自己的人性那样看护自然界，在看护自然界的过程中成就自己的存在和美德。自然看护者的角色内在地赋予了人守护自然的责任，并担保着改造自然界的道德合理性”。[①] 中华谚语中同样蕴含了自然责任观念，如“手下留情，脚下留青”（汉族），“靠山吃山又养山，荒山变成金不换”（汉族），都是在迫切要求我们重新构建人类自我，重新确认人在自然界面前的角色，以寻求人与自然界和谐的相处之道。

---

① 曹孟勤：《人对自然的身份认定与责任担当》，《中国科学报》2019 年 8 月 7 日。

第四章　中华谚语中的和衷共济精神

以“和”为核心的和衷共济精神是中华文化的重要组成部分，也是社会主义核心价值观“和谐”方面的重要体现。回溯中华文明的历史，“和衷共济”具有丰富而深刻的内涵。

就其核心概念“和”而言，许慎在《说文解字》中进行了解读：“和，相应也。从口禾声。”初义是指声音相应。后来，段玉裁又在先贤探讨的基础之上，于《说文解字注》中进一步解释“和”为相呼应之意，故“和”也具有配合、协调的引申意味，特别是多种不同事物之间的和谐，这便是“和衷共济”的精神内核。

倘若从字面结构对其作出进一步的拆分溯源，我们不难发现，“和衷”原指古代统治集团中的同僚共怀敬畏之心以事君主，有齐心合作的意味；“共济”则或源于《国语·鲁语》：“夫苦匏不才材人，共济而已”①，释为苦匏虽不宜食用，却可助人渡河，含长短互补的旨向。由此观之，“和衷共济”不仅是建立在利益相通、命运与共基础之上理想的处世原则和精神状态，还是和谐社会建设中人与人之间同心协力、互利互惠关系的概括。

自古以来，中国人就注重对人际关系作出规范，要求人们顺应“和”文化的倡导，按照各自在家庭、社会中的不同角色来为人处世，

---

① 吴毓江：《墨子校注》，中华书局 1993 年版，第 155 页。

即从最基础也是最牢不可破的血缘关系出发，由朴素、真切的父母子女之爱延伸至对邻里、民族乃至国家、社会的责任和义务，形成传统的修身、齐家、治国、平天下的类推逻辑链条。由此，进而可以归结出和衷共济精神的四大组成部分：其一，强调良好家风的培育，注重家庭成员间关系的和谐与融洽的父慈子孝、兄友弟恭的家庭伦理。其二，强调与街坊友好关系的建立，蕴含和睦相处、亲善互往的意义指向的与邻为亲、身心和谐的邻里文化。其三，立足对个人与群体的辩证认知，追求集体利益与核心凝聚力的彰显的兼收并蓄、和谐共荣的民族团结精神。其四，面向世界，对外突出治国安邦的原则要求，对内保持不偏不倚的适中状态，呈现出中华哲学思辨精神的中和之美以及求同存异、贵和持中的和谐天下精神。

数百年来，在和衷共济精神的引领下，中华民族强调以和为贵，自觉追求人类社会的和谐共生，甚至在构筑和合天下的当今，依旧表现出对其核心特质与代际价值的理性思考，为个人、家庭乃至国家、社会提供了化解矛盾、解决问题的思维路径，展示出东方文化独特的生存智慧。

第一节　父慈子孝、兄友弟恭的家庭伦理

中华伦理文化为古代中国成为闻名于世的礼仪之邦奠定了思想基础。在中国历史发展中，人们出于社会实践的需要，不断构建各种伦理观念和道德规范以约束和引导人们的行为，使其适应当时发展的需要。由此，古代伦理文化中的各种伦理道德渗透于国家、社会、家庭、个人生活的各个层面，人们的一切社会实践都同时是一种道德实践。

何为“伦理道德”？伦理道德是对社会生活秩序和个体生命的关注和设计。《尚书·皋陶谟》以深切的人文关怀将伦理道德设定为九

条：宽而栗、柔而立、愿而恭、乱而敬、扰而毅、直而温、简而廉、刚而塞、强而义。孔子认为仁、智、勇为三项达德，在此基础上提出礼、孝、悌、忠、恕、宽、信、敏、温良、诚、让、慈、克己等一系列伦理规范。孟子以仁、义、礼、智、信为基本规范，进而提出五教："教以人伦：父子有亲，君臣有义，夫妇有别，长幼有序，朋友有信"。董仲舒总结前代思想归纳为"三纲"（君为臣纲，父为子纲，夫为妻纲）、"五常"（仁、义、礼、智、信），从而确立了中华传统伦理规范的基本内容。

家庭伦理，则是基于上述传统规范构建的一种特殊的社会关系，也是基于血缘姻亲之上的一种人与人之间的关系。"家庭伦理道德是家庭领域的伦理学，是调整家庭成员之间以及个人与社会之间在婚姻家庭问题上相互关系的行为规范的总和。"[①] 可见，家庭伦理的实现依靠人们的信念、习惯、传统、舆论以及教育的力量，从而协调家庭婚姻关系、维护家庭的稳定与和谐。

在家庭伦理关系中，古人们普遍认为天合重于人合，除父子关系与兄弟关系为天合之外，其余均为人合。也就是说，古人觉得父子、兄弟关系要重于夫妻、君臣、朋友等关系。《孟子·滕文公上》提出人伦五教："父子有亲，君臣有义，夫妇有别，长幼有序，朋友有信"。《礼记·礼运》把这些道德准则归纳为"十义"："父慈，子孝，兄良，弟悌，夫义，妇听，长惠，幼顺，君仁，臣忠，十者谓之人义"。

理想的父子关系则为父慈子孝，即父之于子应严慈相济，子之于父应敬顺有加。理想的兄弟关系为兄友弟恭，"兄须爱其弟，弟必恭其兄。勿以纤毫利，伤此骨肉情"（方孝孺），即兄弟之间要互敬互爱，不可因妯娌关系、财产争夺等因素影响兄弟关系，继而影响整个

---

① 王恒生：《家庭伦理道德》，中国财政经济出版社 2001 年版，第 3 页。

家庭乃至家族的和睦。由此可见，家庭伦理只有父慈子孝、兄良弟悌，才能够创造美好和睦的家庭，促进家庭与家族的兴旺发展。

一、严慈相济，敬顺有加

严慈相济，敬顺有加，即在古代社会中，“传统的规范和压力给予丈夫更多的权威和特权来管束妻子，给予父母更多的权威和特权来管教孩子。”[①] 可以说，父母在家庭中的地位是牢不可破的。“父道尊，母道亲”这一汉民族谚语正体现了父母的地位，同时反映出中国传统家庭伦理对父母的要求。

父子关系是家庭伦理的核心内容，而为子者是否能尽孝道便是父子关系的落脚点。常言道：“百善孝为先”，“孝”不仅是中华民族最重要的传统美德，而且也是家和的关键因素，尤其是在面对父母无微不至的关心与爱护时，作为子女更应做到尽孝尽善，如此才能促进父子情感与家庭和睦，实现子孙兴旺、家业昌盛的理想。

（一）养儿育女，言传身教

家庭是人生的第一课堂，父母是孩子的第一任老师，要担负起养育孩子、教育孩子的责任。言传身教，即用语言传授，以行动示范的教育，帮助孩子树立正确的三观，培养其良好的品格。这也要求父母对子女的教育要加倍重视，孩子从摇篮里就要塑造其秉性，否则小时候养成的恶习，长大后便难以改变。

1. 春晖寸草，含辛茹苦

生儿育女是人的本能，养育孩子则是父母的责任。为儿女提供与健康成长相关的一切物质生活条件是父母基本的责任。

汉族谚语“阿母爱郎，割奶放汤”“拉把孩子紧上紧”都体现出父母对子女的爱之深切、付出之深重。其他少数民族中也有类似的谚

---

① ［美］威廉·丁·古德:《家庭》，魏章玲译，社会科学文献出版社 1986 年版，第 35 页。

语，“生孩子困难，养孩子更困难”（维吾尔族）、“对心爱的孩子，别吝惜乳汁；对大众的事业，别吝惜生命”（蒙古族）、“无父少食，无母少衣”（壮族），以上谚语都表现出父母虽深知养儿育女之辛苦，却依然尽心竭力地无私奉献。相较于父母对孩子的付出，孩子对父母的回报则少而又少，谚语“父母心系子女，子女心系远方”（维吾尔族）、“父母把心放在儿女身上，儿女把心放在草原之上”（哈萨克族）等诠释了子女对父母的关系。

尽管如此，父母对子女的爱依旧不会动摇，不求回报。因此，这也从侧面提醒身为儿女要懂得体谅父母的辛苦，自觉承担孝顺赡养父母的义务。在谚语中记载如下：

儿不嫌母丑，狗不嫌家贫。（汉族）

家中有一老，赛过活宝，有了疑难，问问便晓。（汉族）

长大成人之日，须念父母之恩。（蒙古族）

儿女应尽的，是对父母的赡养义务；父母应尽的，是对子女的培育责任。（蒙古族）

父母辛辛苦苦将儿女养成人，老了应该使其安度幸福的晚年。（藏族）

不作父母不知父母恩。（维吾尔族）

宁可饥寒身亡，不可抛弃父母。（维吾尔族）

以上谚语从父母之爱、子女之孝等角度阐释了家庭伦理中父慈子孝的亲子关系。可以说，正是由于这样一代代的传承才使得家庭伦理得以延续。父母和子女只有设身处地地为彼此着想，为家庭幸福、家风建设贡献出自己的力量才能真正达到风雨同舟、和衷共济的理想境界。

2. 言传身教，以德立身

言传身教是家教文化运作的主要教育方式。明代抗倭名将戚继光在《练兵纪实》里引用了一个谚语："爱而不教，禽犊之爱。"意思是，如果对子女或者下属只爱护而不加教育，这种"爱"就无异于禽兽的"爱"；"萌芽不伐，将折斧柯；幼时不教，长大奈何"，也说明，在子女小时候就应重视对其进行正确的引导与教育。类似的汉族谚语还有"父母一言一行，儿女受用终身""父强子不弱，将门出虎子""孩子是大人的耳朵，也是大人的舌头"，这些都强调了父母对子女的影响。

蒙古族也有类似的谚语，比如："子女在于教育，树木在于修理""父亲的教育——黄金，母亲的教育——智慧，哥哥的教育——利益，姐姐的教育——慈爱""父严出孝子，母严出贤女""从教养出来的子女身上，可看出他父母是聪明人还是糊涂虫"都强调了言传身教的重要性。蒙古族的家庭教育最早可以追溯到《蒙古秘史》，书中详细介绍了与蒙古族游牧生产生活密切相关的教育问题，尤其着重强调了上一代对于年青一代的言传身教。比如，蒙古族谚语"五畜的前两只脚踩过的地方，其后两脚一定能够踩到""前脚踩过，后脚必踩"，用五畜的前后脚足迹来比喻父母的行为对孩子的影响；"娶媳妇先看对方的母亲，买毛驴要看它的蹄子"和"有蛮横的父亲，才有撒野的儿子；有吵架的丈夫，才有骂架的妻子"也表明"有其父必有其子"的道理。

藏族谚语"小时候受什么教育或影响，长大后就会成为什么样的人；做什么样的事，就会得到什么样的结果"以及维吾尔族谚语"摇篮中养成的秉性至死不变""吃奶时养成的性格，至死才能改"都说明家庭教育对孩子个人素质与习惯的养成至关重要。景颇族谚语"刀不磨快难砍柴，孩子不教育难成才"也体现出家庭教育对于将孩子培养成才的重要性。

彝族谚语"勇敢是从小培养出来的，骏马是从小训练出来的"也有类似的启示意义。朝鲜族谚语"养子不教，不如不要"也说明教育孩子的重要性。鄂伦春族谚语“自己尊敬老人，儿女也会尊敬自己”说明父母就是儿女学习的榜样，父母有好品质，儿女也会自然而然地耳濡目染。

此外，父母家庭角色与分工地位的不同使得教育儿女的侧重点也不同。比如，父亲教育儿子要勤劳勇敢，母亲教育女儿要持家贤惠。类似的表达可见于维吾尔族谚语：“受教于父亲的会造弓箭，受教于母亲的会剪衣衫”“儿子模仿父亲，女儿模仿母亲”。

以德立身是家规家训中的最重要内容。中华传统文化强调“以德立身”，是希望家长能够以身作则，规范孩子的日常行为。这在谚语中首先聚焦于“忠厚”。忠厚立家是指以忠孝为本，宽厚待人，这一直被中华各民族家庭所重视和提倡。

“忠孝两全”是各民族希望本族人民能够实现的价值标准。汉族谚语“忠孝为人生之本”说的是忠孝是一切道德规范的基础，是立国立家之本；“教子忠和孝”“为臣尽忠，为子死孝”“出则尽忠，入则尽孝”，意为对孩子的教育不能离开“忠孝”二字，为人臣子要忠于君王，为人子女要孝顺爹娘，这些谚语都与我国古代的忠孝文化密不可分，即在家事父要孝，在外事君要忠。如果不忠不义，就会“忠孝的享荣昌，叛逆的受灾殃”，以此告诫人们要成为忠臣孝子，这不仅对国家、对家庭有利，而且对自身的事业发展也具有重要影响，同时印证了“忠孝发家”的道理。

除了“忠孝”这一基本原则之外，家教还应该注重“宽厚”原则。宽厚待人、与人为善是中华民族的传统美德，也是一种明智的处世原则。汉族谚语“传家处世皆宜忍，教子千方莫若勤”，指出教育子孙与人交往要多忍让。藏族谚语“对亲友柔和赛丝绸，对敌人猛烈胜荆棘”说明要宽厚对待身边的亲朋好友；“好汉肚里容箭容矛”、壮族谚语“心胸宽不怕屋窄”提醒人们要宽宏大量，学会容忍。可见，不论是汉族还是少数民族，在家庭和社会交往中，都将宽厚视为一种优秀的道德品质，并对此加以赞赏与褒扬。

综上所述，中华谚语通过传达父母是孩子的镜子，有怎样的父母就有怎样的子女，来劝诫父母以身作则，重视言传身教。

（二）尊老敬老，尽善尽孝

家教的目标不仅在于使子女知书达理，还在于让他们懂得感恩、孝敬父母。敬以致孝作为中华民族尊老敬老文化传统的体现，即要求子女对父母要做到尊敬。尊敬父母是有孝心的首要表现方式，是中华传统美德。中华各民族人民用讲谚语的方式教导孩子，关注孩子的成长，用这种润物细无声的方式让孩子的心灵得到洗涤，有利于“敬以致孝”家教目标的传承。

1. 慈乌反哺，赡养父母

孝敬父母首先要赡养父母，尽赡养之责。中华谚语通过自然朴素而又活泼生动的表达方式，劝诫本民族人民遵守赡养父母的义务。汉族谚语有“百善孝为先”一说，父母不辞辛劳，将儿女抚养大，因此，儿女们应当始终向父母表达心中的敬爱之情，感激父母对自己的养育之恩。“一父养十子，十子养一父”意思是说父亲养十个子女，那么到年老之时，这十个子女就会一起尽赡养之责；又如“供养父母的人，将从儿女处得到报偿”“饿死也不能抛弃父母”等谚语则教育人们要把“孝”转化为具体行动。

孝敬父母是藏族伦理道德的重要内容。藏族史诗《格萨尔》和敦煌古藏文《礼仪问答写卷》中的许多内容都提出了“赡养父母”的观点。与之类似，作为口头文化的藏族谚语也有对伦理道德的记录，例如：“夕阳温暖，暮年安乐”指的是父母辛辛苦苦将儿女抚养成人，儿女在父母老时应让他们安度幸福的晚年。维吾尔族也有许多相似的谚语，比如“不赡养父母的人，莫对子女抱幻想”“你用大麦供养父亲，你孩子会用冰糖供养你”“赡养父母的人，做事一帆风顺”。

父母养育子女不易，所以子女应该承担起赡养父母的义务，让父母安度晚年。彝族谚语“在家听父母的话，在外听朋友的话”教育子女要理解父母，多听父母的教诲。布朗族谚语“听父言有益，听母言无害”认为父母之言是基于对子女的慈爱。

可见，“孝”作为中国传统道德的基本范畴，在中国人的道德生活中起到了非常重要的作用，也形成了中华民族特有的十分丰富且历史悠久的“孝文化”。随着时代的进步和发展，中华各民族谚语不断发生着变化，但是关于“孝”的核心内涵依然傲然屹立。羊有跪乳之情，鸦有反哺之义，禽兽尚且知道反哺父母，因此，人更应具备这一基本道德，传承好孝敬父母的优良美德。

2. 孝不违礼，恭敬有德

赡养父母只是孝的基本要求，仅有赡养并不等于做到了“孝”，“敬”才是孝的精义。中华谚语作为人们口耳相传的文学样式，以短小简练但内涵丰富而著称，其中也有对“敬”文化的深层次的理解，指导着后世人民的生活方式。“孝不违礼、恭敬有德”作为各族人民的精神纽带，擘画了中华儿女深层的通灵共感思维。

汉族谚语“父道尊，母道亲”说明了为父之道在于尊严，为母之道在于慈爱。尊重父母，虚心接受父母给予的劝诫也是一种“孝”的体现。敬爱、赡养父母是蒙古族的优秀传统。蒙古族谚语“对喂乳汁的母亲要敬爱，对教字母的老师要尊重”体现了子女应敬爱长辈的道理。

松赞干布在制定吐蕃的法律规范时将孝敬父母、恭敬有德作为重要内容，这表明藏族在唐朝时期就已经将孝敬父母纳入了法律的范畴，这对藏族伦理习俗的形成产生了深远的影响。藏族谚语“母亲曾是女儿，女儿要做母亲”就说明了母女二人将心比心，做到母亲疼爱女儿，女儿尊敬母亲。

维吾尔族谚语“对老人要格外尊重，对小孩要保持尊严”说明了孩子应注意对长辈说话的态度，对待长辈要敬重；长辈在孩子面前也要注意保持自己的尊严。朝鲜族则认为“要想孝顺自己的父母，必须恭敬别人的父母”，不论是对谁的父母，都要做到孝、敬，如此才能创造美满家庭。

回族人民崇尚精神价值观念，信仰坚定、孝敬父母、疼爱晚辈一直是该民族道德的基本内容之一，被认为是“做人”的基本要求。回族谚语“不孝敬父母者，死后不能进天堂”，“天堂”是伊斯兰教常用语，被认为是死亡的归宿，那里物质、精神世界丰富且永远和平。但是如果回族人民不孝敬父母，死亡后将不能进入向往的归宿，这无疑是他们的遗憾。因此，来世观念也规约了回族人民要孝敬父母。回族谚语还有“孝道为万善之首”，认为“有一日之生命，尽一日之孝心”，旨在劝诫人们尽孝。

二、六亲同运，唇齿相依

亲戚关系是一种基于血缘而形成的关系，实际上是家庭关系的延伸。在传统的宗法制社会中，亲戚之间可以通过政治、经济等关系联结成密不可分的关系网，一荣俱荣，一损俱损。在现代社会，随着法律制度的完善，亲戚关系逐渐淡化，但是这并不影响亲戚之间的往来。在中华各民族谚语中，便有体现亲戚间唇齿相依、相互扶持的谚语。

汉族谚语“亲戚百年，家族万代”说明了亲戚越多，关系越复杂的特点；谚语“亲戚越走越亲”是说亲戚之间应常走动、相互帮助、相互扶持。藏族谚语“家族内部虽成仇，同宗骨肉仍是金”，说明即使家庭内部有矛盾，也不能放弃同宗族的亲人，亲属关系依然像金子一样坚不可摧。这些都充分体现了谚语在各民族社会生活中对维持人与人之间的关系、维护亲族社会的和谐稳定的重要作用。

（一）兄良弟悌，同气连枝

中华谚语强调兄弟之间应当和睦友爱。如“兄弟睦，家乃肥”“兄弟和好土变金，妯娌和好家不分”“兄弟和，顺气丸；妯娌和，家不散”“兄弟二人一条心，田里泥土变黄金”等，均显现出兄弟乃至妯娌间的和气对于和谐家庭构建的关键意义，强调了兄弟和睦的价值。

蒙古族从古至今就十分重视兄弟关系。《史集》记录了成吉思汗的话：“一个民族，子不尊父教、弟不聆听兄言……这样的民族，窃贼、撒谎者、敌人和各种骗子将遮住他们营地的太阳”。蒙古族强调兄弟姐妹之间的和谐关系，谚语“长兄如父，长嫂如母”“人有兄长，衣有领口”表明兄弟姐妹之间要互相尊重、互相关爱。蒙古族还有“兄弟之间虽然有时也会打架，但对付外人时却能通力合作”“哥哥懂事弟弟聪明，辛勤劳作生活富裕”等谚语，表现出兄弟之间虽然也会闹矛盾，但对付敌人是能团结一致的，反映出兄弟和睦相处的重要作用。

回族传统家庭伦理也十分重视兄弟之间的团结。清代伊斯兰学者刘智在《天方典礼》中谈到“兄弟同本之枝，并蒂之果也，能无和乎”，强调兄弟是手足同胞，是家庭中重要的亲缘关系，兄弟之间应该和睦、友爱、促成良好的家庭氛围。壮族谚语“兄弟团结难分家，夫妻恩爱家兴旺”，说明只有兄友弟恭，才能家业昌明。

类似的谚语还有：

兄弟，兄弟，他舍得让你怄气，却舍不得让你当真死去。（哈萨克族）

兄弟和顺家必昌。（汉族）

父子和而家不退，兄弟和而家不分。（汉族）

守信的情侣强似失信的兄弟。（维吾尔族）

兄弟二人心不齐，手里黄金要变泥。（蒙古族）

家中兄弟内斗时，家道失落之时刻。国内王臣乱斗时，将会王权衰落。（藏族）

以上谚语从正反两方面阐释了兄弟和睦的重要性，只有兄良弟悌、同气连枝，才能够维持好家族内部的和谐与稳定。

（二）相亲相爱，情同母女

婆媳关系，是中国传统家庭伦理中极为微妙的人际关系。这对关系成为传统多民族家庭权力关系格局的重要组成部分。各民族谚语也强调了婆媳和睦相处对于家庭和睦的重要作用。

汉族谚语“婆媳和，全家乐”“婆媳亲，全家和”意思是婆媳之间和睦相处，整个家庭就会和睦幸福。

婆媳关系制约着夫妻关系、兄弟关系等其他家庭人伦关系，婆媳关系的和谐关系着整个家庭的安定和睦。所以，谚语也教导人们婆媳之间的相处之道：“媳妇有福，拖带满屋”，意思是儿媳懂得与公婆的相处之道，家庭就会越来越幸福；“丑媳妇总要见公婆”，意思是儿媳不能回避与公婆之间的矛盾；“婆爱媳，媳敬婆，亲亲热热全家和；婆恨媳，媳骂婆，吵吵闹闹家不和”，意思是婆婆疼爱媳妇，媳妇就会尊敬婆婆，这样全家人都能和睦相处。

只要婆媳双方用宽大、容忍、谅解的方式，冷静地、客观地、设身处地地为对方着想，就一定能建立起良好的婆媳关系。

（三）软谈丽语，互让互谅

妯娌关系是家庭关系中相对较远的一层关系，它不是血缘关系、不是直接的姻缘关系，是弟兄关系的一个延伸。中华谚语同时也指出了如果妯娌和睦，整个家庭内部就会和谐稳定，以此规范妯娌之间的行为。

“妯娌”见于《尔雅·释亲》：“长妇谓稚妇为娣妇；娣妇谓长妇

为姒妇。”晋代郭璞注：“今相呼先后，或云妯娌。”汉族谚语“兄弟易和，妯娌难处”“媳妇好当，妯娌难处”意在说明妯娌关系跟婆媳关系一样，历来是家庭中相对难以处理好的一种关系。

妯娌是从不同的家庭走进同一个家庭，因为原生家庭环境、生活习惯、性格兴趣等都不同，在相处时难免会遇到摩擦，但是只要遵循相应的道德伦理，妯娌之间互信互助，就一定能够建立和谐友爱的妯娌关系。类似的谚语还有：

妯娌和睦共厨房，姑嫂和睦共体谅。（汉族）

妯娌和好家不分，兄弟和好土变金。（汉族）

国民不和国要崩，妯娌不和家要分。（蒙古族）

妯娌和睦相处甜，妯娌不和自讨嫌。（壮族）

纺织妯娌帮忙，纷争家族商量。（壮族）

以上谚语说明了妯娌若能相处融洽、相互体谅，兄弟关系乃至家族关系也会因此而和睦美满。

此外，哈萨克族谚语中也有许多关于妯娌关系和睦的不同表达，主要与兄弟关系一并论述，如“兄弟和睦猎物多，妯娌和睦衣食多”“弟兄齐心，不愁没有马骑；妯娌和睦，不愁没有吃穿”“兄弟和气金不换，妯娌和齐家不散”“胶水好能把木头粘住，妯娌好能使兄弟和睦”。

总的来说，亲戚关系是家庭关系之外最重要的社会关系，亲戚关系是否正常、和谐、融洽，对家庭和家庭成员的生存和发展有重要影响。[①] 亲戚关系也是各民族谚语不容忽视的一个话题，谚语着重讲述了亲戚之间只有互相搀扶、互相帮助，才能保证整个家族长盛不衰的道理。

---

① 林建初:《现代家庭伦理》，安徽人民出版社 1992 年版，第 116 页。

三、夫义妇顺，琴瑟和鸣

婚姻伦理即婚姻关系所应遵循的道德准则，也是夫妻双方所应遵循的行为规范。我国幅员广阔，民族众多，各民族文化存在着多样性的特点。由此，在语言中贮藏的文化特征和风俗习惯常常随着历史发展传承下来，渗透进生活的方方面面。婚姻伦理谚语自古以来就存在于日常生活当中，它将整个民族的婚恋文化记录并表达出来，以此来反映中华各民族独特的文化特征。①

对于婚姻伦理，古人是十分注重的。《周易・序卦》曰："有夫妇，然后有父子"②，意思是只有男女结为夫妻成立一个家庭，才有子女的产生，即夫妻关系是一切家庭关系的原点。而一个家庭的和谐美满则取决于夫妻之间的和睦。《中庸》载："君子之道，造端于夫妇。得其极也，察乎天地。"夫妻为人伦之始、风化之原，其道德关系是家庭道德关系的枢纽和关键。换言之，能够正确处理夫妻关系，就能处理好其他家庭关系和社会关系；若夫妻交往相敬如宾，就不难有礼地对待他人。

婚姻伦理谚语反映了人们丰富的择偶观、恋爱观和家庭观。拥有不同的婚恋观就会有不同的选择，更重要的是，婚恋观也影响着一个人的家庭责任和婚姻态度。中华各民族体现婚恋观的谚语浩如烟海：

汉族谚语"夫妻和好，白头到老"，说明了健康的婚恋观所秉持的基本理念应该是爱，恩爱和谐、忠贞不渝是爱的体现。夫妻互敬是平等关系的表现，也是维持婚姻关系的有利因素，更是保持夫妻恩爱的良剂，"相濡以沫，相敬如宾"是夫妻情感最好的状态，夫妻在地位平等基础上互相敬重、爱护、感恩，才能够建立动态平衡和谐的良

---

① 白默岩：《婚恋文化谚语研究》，内蒙古大学硕士学位论文，2021 年，第 29 页。

② 张葆全选释：《周易选译汉印对照》，韩旭译，广西师范大学出版社 2019 年版，第 310 页。

性关系。

其他民族的谚语也体现了本民族对于婚恋的看法，如：

爱情是要白头到老，夫妻是要和睦终生。（蒙古族）

食物要送给饿肚的人，姑娘要嫁给心爱的人。（蒙古族）

夫妻爱情深，喝清水也甜；夫妻苦无情，吃龙肉不香。（瑶族）

庄稼好坏是一年的事情，妻子好坏是一生的事情。（傈僳族）

青草只是茂盛一夏，苍松可以四季常青；风流姑娘一时貌美，正直女子永世钟情。（鄂伦春族）

好妻子是家庭的主人，懒老婆是大街的常客。（乌孜别克族）

由此可见，中华民族都普遍认为稳定的婚姻关系对于家庭和睦与长足发展起着无可替代的作用。

（一）门当户对，宜室宜家

择偶观是人们对选择配偶的看法和态度，也是对自己理想中另一半的要求。中华谚语中的"择偶观"展现出了择偶时可能遇到的影响因素，包括文化习俗、伦理道德、经济条件等。许多婚姻伦理谚语都反映出了不同时期、不同民族的一些择偶观念和择偶标准，如门当户对、重视德行、衡量物质条件等。

"门当户对"，《中华成语典故》解释为："旧时指男女双方的社会地位和经济情况相当，结亲很适合。"[①]"门当"和"户对"最早是组成古代居民大门建筑的其中一部分，用来装饰和镇宅。一个宅子只要有"户对"就必定会有"门当"，它们如影随形、相互配合，一个镇宅、一个祈求延续香火。所以后来"门当户对"就慢慢演变成了男女双方择偶时对于物质、精神和家庭方面的一种衡量标准。

中华谚语在阐释择偶观时注重人品。夫妻双方具有勤劳、勇敢、

① 王书利：《中华成语典故》（第5册）（图文珍藏版），线装书局2016年版，第2109页。

善良的良好品德，对和谐家庭与和谐社会的构建发挥着重要作用。人品的好坏会直接影响恋爱或是婚姻的和谐与稳定。

汉族谚语“眉眼不好心眼好，相亲相爱同到老”，说的是德行好了才能相扶到老，所以在选择配偶时德行和人品都是非常重要的参考因素。蒙古族谚语“与其挑选脸蛋漂亮的，莫如选择心地善良的”是说在选择配偶时应更加注重品德，看对方是否心地善良、忠厚可信，德行好坏要大于相貌的美丑。

女子选择夫君时也要注重德行，如汉族谚语“嫁着好男是夫君，嫁着懒汉成笑柄”，彝族谚语“吃菜要吃菜心，嫁女要嫁好汉”，都告诫人们美貌只是一时的，品德才是一世的，因此选择对象时一定要挑选正直的人。维吾尔族谚语“买马要商量一月，娶妻要商量一年”，纳西族谚语“与其找漂亮姑娘，不如找勤劳双手”告诉人们，娶媳妇不能光看长得是否漂亮，勤劳能干肯吃苦才是最关键的。

藏族谚语“结良缘是一生的好事，结错缘是一生的厄运”“妻贤夫祸少，子孝父心宽”“家有贤妻，夫不吃淡饭”、汉族谚语“骑调皮的马，打猎时受罪；娶泼妇为妻，毕生要懊悔”、维吾尔族谚语“使钝刀子不如用嘴啃，娶坏女人不如打光棍”“劣马鬃毛长，劣妻闲话多”等意在强调娶一个有德行的贤妻作为伴侣十分重要。

讨论婚恋双方人品的谚语还有：

不贪千担田，只求丈夫贤。（汉族）

不看穿，不看戴，单看男方人实在。（汉族）

娶妻应娶德，交人应交心。（蒙古族）

娶妻应娶淑女，交友应交好人。（蒙古族）

忠臣是国家之宝，贤妻是家庭之宝。（蒙古族）

妻子贤能，一家兴旺。（蒙古族）

别看情人的眼睛，要看情人的心灵。（维吾尔族）

娶得巧媳妇，一世享幸福；讨得懒婆娘，麻雀扒灰拖。（纳西族）

以上谚语说明了不管是嫁人还是娶妻，看重的应是伴侣的人格品行、能力才华，容貌等外部条件都不是核心要素。

（二）男女平等，互敬互爱

婚恋观是人们对待婚恋的态度，它对人们在婚恋中所采取的行为和解决问题的方式产生重要影响。“妻者齐也”，“齐”，平等，相等，语见《白虎通义》载：“妻者，齐也，与夫齐体。”又见汉代刘熙《释名·释亲属》载：“妻者，齐也。夫贱不足以尊称，故齐等言也。”[①] 意思是妻子与丈夫处于匹配齐等的地位。由此可见，夫妻之间相互尊重、相互帮助，是各族儿女婚姻关系得以维系的根本。

中华各民族婚姻伦理谚语都指出了男女平等和夫妻平等的重要意义。汉族谚语“夫者扶也，妻者齐也”，意思是说在家庭生活中夫妻之间要互相尊重、相互扶持，要“盖一条被子，操一条心”，齐心协力，共筑美好家庭；“好翁好某，同甘共苦”中，“翁”指丈夫，“某”指妻子，意在强调夫妻要有福同享、有难同当；“夫贤添妻半，妻贤添饭半”，意思是夫妻之间互相辅佐，做起事情来会事半功倍；“家有贤妻劝，男儿不入是非门”，说的是妻子要规劝丈夫，帮助丈夫端正其行为。

另外，汉族谚语“男女平等，互敬互爱”、布朗族谚语“手心手背都是肉，男人女人都是人”都强调要建立男女平等关系。哈萨克族谚语“巾帼丛中有豪杰，冠带之下有懦夫”，“巾帼”是古代妇女的头巾和发饰，借指妇女，“冠带”是指帽子和腰带，借指男子，这句谚语说明了女子中也有英雄豪杰，男子中也有懦夫，既反映出哈萨克族坚毅勇敢的性格，也从侧面体现出男女平等的观念。

---

① 朱祖延：《引用语大辞典》（增订本），武汉出版社 2010 年版，第 423 页。

（三）恩爱和谐，相濡以沫

夫妻恩爱和谐，能够融合双方两个家族的关系，增进两个家族之间的感情。中华谚语阐释了婚姻关系是家庭得以产生的前提，而家庭是婚姻关系得出的结果。不同时代和民族的谚语所反映的家庭观念呈现出了独特的社会人文景观。汉族谚语“夫妻好合，如鼓琴瑟”，要求夫妻之间应该相互恩爱、和谐相处，像琴瑟那样共同弹奏出生活的美好乐章。藏族谚语“时日愈长，糌粑愈香”，喻夫妻情意相投，结合的时间愈长，其感情愈益深厚。夫妻作为家庭人际关系中最亲密的关系，在长期相依相伴相助的生活中，总会产生深切的依恋之情，体现为感情上的恩爱和谐。

中华民族有关夫妻和睦的谚语非常丰富。如汉族谚语“夫妻和睦，一家之福”“夫妇和，家道成”“夫妻和合鱼帮水，兄弟和合水帮鱼”等都教导人们，只有夫妻恩爱、互敬互重，才能将日子过得幸福美满。

蒙古族也有许多倡导夫妻和睦的谚语，如“夫妻和家业兴，夫妻不和睡不宁”“和美的夫妻之间，绝不许旁人乱串闲言”“夫妻之间和睦的好，人生处世公道的好”等均从夫妻关系之于家庭生活的影响出发，描绘出夫义妇顺的理想生活图景。

类似的谚语还有：

夫妻和睦，举家和睦。（维吾尔族）

一日为夫妻，四十年有情意。（维吾尔族）

夫妻和睦老人亲，一家大小都舒心。（苗族）

夫妻和睦，一个钱顶一千钱；夫妻不睦，一千钱顶一个钱。（哈萨克族）

以上谚语都体现出只有夫妻互敬互爱、互助互让，才能真正实现家庭生活的融洽与祥和。其也是良好家风的重要培育内容。

蒙古族一向非常重视家庭的和谐以及婚姻的幸福，通过道德和法规相结合的方式维护婚姻的和谐。成吉思汗一度将婚姻问题上升至民族、社会的高度，认为不和谐的婚姻会导致社会的混乱以及民族的衰退。因此，蒙古族谚语有“夫妻之间和睦的好，人生处世公道的好”，强调婚姻和睦的重要性。同样反映夫妻和谐观念的谚语还有：

夫妻恩爱，讨饭应该。（汉族）

夫妻谐，可以攻齐；（汉族）

夫妻一条心，遍地是黄金。（汉族）

夫妇和，家道兴。（汉族）

内部吉祥和睦，对外办事必成。（藏族）

和谐相处花满园，不和谐相处灰满园。（维吾尔族）

和谐相处乐融融，争斗吵架锈斑斑。（维吾尔族）

夫妻和睦，吃饱穿暖。（毛南族）

以上谚语皆反映了夫妻和谐、婚姻和睦的重要性。蒙古族认为家庭的和谐不容破坏，破坏他人婚姻是不道德的恶劣行径。这在其他少数民族的谚语中也有类似的体现，如：朝鲜族谚语“破人婚姻，如杀人父母”、鄂伦春族谚语“流水，利剑是斩不断的；爱情，恶言是拆不散的”。

总而言之，中国古代的家庭伦理充分遵循儒家文化特有的“家—国—天下”的路线，蕴含着十分深刻的道德教化意蕴。其以“个体之家”为主体起点，从父母、子女、兄弟、夫妻等角度综合阐释了“家和”文化中基本的人伦礼仪，特别是父慈子孝、兄友弟恭、夫义妇顺等最基本、最朴实的家庭价值判断标准，充分地体现了以“父子”为轴心所形成的“长幼有序”的人际秩序结构，从而为中华文化建构出一幅尊卑有别的和谐家庭图卷，并使之完整地呈现于中华谚语谱系之中。

第二节　与邻为亲、睦邻和顺的邻里文化

邻里关系是人类定居生活的产物，是人际关系的一部分，是依靠道德规范和信念来调节的家庭与家庭之间的关系。而邻里和谐、邻里相和作为社会关系和谐的集中体现，则是中国传统社会伦理文化的重要价值目标，成为继家庭伦理之后又一重要的社会公德。一般而言，邻里不是经济实体，也不是政治实体，而是以情感为基础结合起来的社会群体。由此，各个家庭之间，如果没有相互的友好往来，就没有在此基础上发展起来的情感交流，也就无法形成现实的邻里群体，更无法形成与邻为亲、睦邻和顺的邻里文化。

中华谚语蕴含着丰富的邻里文化，体现了邻里关系和谐的重要性以及处理邻里关系时要求人们心平气和，从而达到身心和谐的理想目标。

一、与邻为亲，以邻为伴

正所谓“行要好伴，住要好邻”“亲望亲好，邻望邻好”“墙根挨墙根，两家连着心”，中华邻里谚语表达出了中国人求和谐、求友善的邻里文化精神。常言道：“邻居好，赛金宝”“失去邻里的信任，犹如瞎掉了两眼；失去前进的勇气，犹如断掉了双腿”“邻居平安，自己也平安”等等，这些用以描述邻居之间互相帮助、相互依靠的谚语均反映出，良好的邻里关系是中国人一向珍视的传统美德。唐代诗人王勃也流传下来著名诗句：“海内存知己，天涯若比邻。”用“知己”对应“比邻”，反映出当时邻居关系在人们心目中的重要地位。

实际上，早在春秋战国时期，汉语就有了重视邻里关系的谚语。《左传·昭公三年》中“非宅是卜，唯邻是卜”即是当时关于邻居选择的一条谚语，表现出对邻里关系的慎重把握。《南史·吕僧珍传》

又有“百万买宅，千万买邻”的谚语：“宋季雅罢南康郡，市宅居僧珍宅侧。僧珍问宅价，曰：‘一千一百万。’怪其贵。季雅曰：‘一百万买宅，一千万买邻。’”这一重金买邻的故事反映出拥有一个好邻居对于和谐人际关系构建的重要性。由此可见，邻里和睦，小则利家，大则利国，对整个社会的发展都有广泛而深刻的影响。

情感是邻里和谐关系的基础，“与邻为亲，以邻为伴”则是要以泛亲缘关系作为邻里关系的处置方式，通过拟血缘化的过程，将亲缘关系产生的凝聚力和整合力转化到非血缘关系的群体中，由此推动邻里社群的和谐。这种独特的交往前提不仅让邻里情感融入亲情因素，使邻里之间以亲情相待，所谓“老吾老以及人之老，幼吾幼以及人之幼”；还有利于礼仪制度的建设和礼节的规范，确保邻里之间的伦理分层，敦促其遵守长幼尊卑的次序，有效促进邻里和谐，为交往实践中的伦理化奠定了基础。

中华谚语中有许多脍炙人口的关于“与邻为亲，以邻为伴”的谚语，如汉族谚语“结得邻居好，犹如赛金宝”用比喻的手法突出了好的邻里关系堪比金宝；“邻里和气，万事如意”“家和日子旺，邻和百事兴”则指出好的邻里关系会给生活添彩，是维系人们社会关系和谐美好的基础；“邻家邻家，除了一姓就是一家”体现了邻里之间的密切关系，提醒人们要处理好邻里关系；“远亲不如近邻，近邻不如对门”“百万买宅，千万买邻”“割不断的亲，离不开的邻”等也说明了近邻的重要性；“千年不断亲，万年不断邻”“亲邻互助山成玉，父子同心土变金”也讲述了类似的道理。

蒙古族谚语“家庭的敌人是吵架，邻里的敌人是离间”“恶亲不如好邻”说明要重视维护邻里和谐与团结。维吾尔族谚语“邻居失火，不救自危”“和睦能结邻家”“和得邻居好，犹如捡金宝”，说的是好的邻里关系和金子、元宝一样珍贵，邻里之间要互相帮助扶持。藏族谚语“吹倒邻人的大风，不会绕过自家的帐篷”“比屋邻居，炊烟相接；门向虽改，房顶仍连”说明邻里街坊之间是相互紧密联系的。壮族谚语“亲帮亲，邻帮邻，互助合作土变金”“口渴巴望井水近，人到难处邻里亲”反映了与邻为善的文化理念。

邻里之间不仅需要相互帮助，也需要相容相让。若不能与邻为善，邻里关系便难以协调。唐朝诗人白居易有诗云：“平生心迹最相亲，欲隐墙东不为身。明月好同三径夜，绿杨宜作两家春。每因暂出犹思伴，岂得安居不择邻？可独终身数相见，子孙长作隔墙人！”这是一种多么和睦融洽的邻里关系。明朝文人焦竑所著《玉堂丛语》又载：“杨公翥有厚德，为景皇帝官僚，居京师。乘一驴，邻翁老而得子，闻驴鸣辄惊，公遂鬻驴徒行。天久雨，邻垣穴，潴水公舍，家人欲与竞。公曰：‘雨日少，晴日多，何竞为？’”为顾及邻人怕闻驴鸣而把驴子卖掉，自己步行。天久下雨，邻居在墙上挖洞，水蓄满了杨公翥的屋子，家人要与其理论。杨公翥却说，下雨的日子少，晴朗的日子多，为什么要去争辩呢？可见，杨公翥实属友邻之典范了。

礼之用贵于和，礼之实存乎让。古人已经在谚语中将邻里关系的处理当作一种道德规范，如“一家有事，四邻不安”“一家有事，众邻分忧”“破锅不能卖隔壁”等，这些谚语体现出的道理就是要以己之心，度人之心，对邻里要抱有同情、体谅之心；“己所不欲，勿施于人”“严于律己，宽以待人。”

在维吾尔族，不论是待人接客还是婚丧嫁娶，邻居都是不可缺少的帮手。维吾尔族谚语“邻居不理睬你，你要理睬邻居”“要当邻居互相照顾，不然搬到别处去住”“邻居哭时你别笑”就强调了邻里之间应该和谐相处；“必须严格要求自己，莫把邻居当作盗贼”说明要维护好与邻里街坊紧密的相依相存关系。

在其他民族的谚语中类似的还有：

邻家失火，不救自危。（汉族）

家中不和莫动气，邻居吵架要劝和。（汉族）

邻里好，无价宝；邻里吵，三生恼。（汉族）

跟邻里不和的人，朋友稀少。（蒙古族）

总是袒护家犬的人，与邻居不睦。（蒙古族）

凡事只为个人利，邻里和你不和气。（蒙古族）

以上谚语从正面或反面，均体现出和邻居搞好关系的重要意义，倡导追求邻里之间的和谐关系，教育人们要注意邻里和谐，与人为善，这样才能把日子越过越好。

二、邻里相护，互助互爱

邻里间相处的基本方式即相互扶持。住地毗连的人们，彼此间形成密切的互动关系，他们在小范围区域内彼此提供合理的关照和帮助，在生活中互通有无，共同解决生活难题，有着显著的认同感、安全感和信任感。

杜甫诗《又呈吴郎》写得通俗淡然，其中有句“堂前扑枣任西邻，无食无儿一妇人。不为困穷宁有此？只缘恐惧转须亲！”说的就是对西邻打别家枣的宽容态度。可见，相帮相助、互助互爱是中华民族的文化精神，谚语“家有患难，邻保相助”就是这种文化精神的真实写照。互助互爱不仅是一种伦理要求，还是中国人民古已有之的美德，是民众的生活方式和优良传统。客家人常说“人到难处邻里亲”，这种邻里守望相助的心理认同使得“天下客家一家亲”的美德延续至今。

关于邻里之间相扶相助，民间还流行着很多谚语：

亲望亲好，邻望邻好。（汉族）

在家要结邻，出门要结伴。（汉族）

人到难处邻里来。（汉族）

是亲必顾，是邻必护。（汉族）

一个篱笆三个桩，一个好汉三个帮，一家有难邻里帮。（汉族）

乡里以和睦为风尚，邻里以扶助为公德。（达斡尔族）

有了喜婚丧葬，全凭庄邻帮忙。（藏族）

亲帮亲，邻帮邻，亲邻团结一家人。（回族）

亲要帮亲，邻要帮邻。（壮族）

有借有还是邻居的规矩，有来有往是使者的惯例。（哈萨克族）

这些谚语都反映了人们重视和注重邻里之间的和睦相处、互帮互助。邻里之间相互关心、相互帮助已成为中华民族千百年来形成的良好的社会习俗。

总的来说，“亲仁善邻”作为中华传统美德的重要组成部分，早已成为中国人“贵和”精神的表征。所谓“海内存知己，天涯若比邻”，在当今社会，邻里关系已不再局限于传统的“乡里”之间了。随着现代中国全面开放，我们以全新的姿态走向世界，与各国的交往密切而频繁。随着现代科技的不断发展，现实中的时空距离被无限缩短，“地球村”模式也早已成为人类社会的普遍共识。因此，邻里比肩，国国接壤，对家如此，对国亦是如此。国与国比邻的关系同样成为一种广义的邻里关系，同样需要守望相助、邻里相亲，同样需要“亲望亲好，邻望邻好”。我国周边外交的基本方针，就是坚持与邻为善、以邻为伴，坚持睦邻、安邻、富邻，突出体现亲、诚、惠、容的理念。可见，中国人处理邻里关系的历史经验和道德文化传统在今天依然值得我们不断继承和发扬。

第三节　兼收并蓄、和谐共荣的民族团结精神

各民族间的友好往来作为中华民族生命机体中不可分割的重要组成部分，在数千年的发展进程中，为营造和睦相处的民族关系提供了

重要的现实参考。其中，民族团结基因历经时间的洗礼，伴随中华文明的血脉一起流传了下来，使得各族人民不仅在观念上形成很多至今仍具有启发性的思想，而且在实践中又积累了丰富的经验和宝贵的智慧。可以说，各民族用实际行动谱写了一曲又一曲维护统一、追求团结的颂歌，显现出经久不衰的时代价值。

我国历来便是统一的多民族国家，各民族在发展中融合，在融合中共生，于分布上交错杂居、文化上兼收并蓄、经济上相互依存、情感上相互亲近，呈现出多态良好的繁荣局面。而正是在这一文化传统的引导之下，中华各族人民才得以保持和衷共济、共克时艰的处世方式，携手走过或艰难、或辉煌的岁月，逐渐演变为现如今“你中有我，我中有你，谁也离不开谁”的多元一体格局。

这样协调统一的结构特征，又决定了中华民族对于社会安定和民族和谐的高度重视，并在建设国家伟大事业的进程中，集中表现为对核心凝聚力的倡导与追求。正如习近平总书记所言：“要在各族群众中牢固树立正确的祖国观、民族观，弘扬社会主义核心价值体系和社会主义核心价值观，增强各族群众对伟大祖国的认同、对中华民族的认同、对中华文化的认同、对中国特色社会主义道路的认同。”[①] 以各民族的和衷共济促进社会的和谐进步，实现国家的兴旺富强，在数千年前就已然成为中华文明独特的治国之策，也为铸牢中华民族共同体意识奠定了理论前提，事实上就是凝聚民族共识，汇聚民族力量，实现中华民族伟大复兴的内在要求，构成了新时代中华民族团结精神的深刻内涵。

一、一心一德，志同道合

团结是由多种情感聚集在一起而产生的精神，团结是联合、配

---

① 习近平：《坚持依法治疆团结稳疆长期建疆　团结各族人民建设社会主义新疆》，《人民日报》2014 年 5 月 30 日。

合、协作、统一、合作。中华民族历来重视团结，将集体主义视为珍宝，呼吁对集体要忠诚。中国的集体主义文化既是价值观念，也是行为方式，它有着两千多年的历史。陈桐生《中国集体主义的历史与现状》（1999）一文指出，集体主义是中国文化区别于西方文化的一个重要标志。[①] 中国人重视集体力量和集体利益，追求亲密无间的关系，崇尚互帮互助，这些都是团结精神和集体主义文化的主要特点。[②] 在第十三届全国人民代表大会第一次会议上的重要讲话中，习近平总书记将中国人民伟大民族精神概括为伟大创造精神、伟大奋斗精神、伟大团结精神和伟大梦想精神。在四个“伟大精神”的全新概括中，团结精神是伟大民族精神的存在形态，是创造精神和奋斗精神的实现条件和保证。[③]

一个人不能单单凭自身就轻易取得成功，要尽可能地争取他人的力量来帮助自己，当然在别人需要的时候，自己也要提供一己之力，相互配合、相互奉献才能众志成城。汉族谚语“和睦石成玉，合作土变金”“一肩难挑千斤担，众人可动万座山”阐述了团结可以“聚沙成塔”，解决问题时可以事半功倍的道理；“龙多不治水，鸡多不下蛋”“船载千斤，掌舵一人”“两人一心能买金，一人两心难买针”等从反面说明了不团结难成大事。

“维吾尔”是维吾尔族的自称，意为“团结”“联合”。维吾尔族是由汉人、突厥人、吐蕃人、契丹人、蒙古人等长期相处后繁衍而成的民族，各个民族生活方式不同，接受的文化不同，只有团结在一起才能保证民族的兴盛。所以，维吾尔族的先民早早就意识到了团结的重要性。谚语“不和睦成不了国家，不团结形不成力量”就展示了维

① 温洪玉：《百姓谚语说核心价值观》，中国言实出版社 2016 年版，第 124 页。

② 任洪舜：《关于集体主义的中华民族优秀传统文化研究》，《牡丹江大学学报》2009 年第 1 期。

③ 赵静：《论“四个伟大”精神的历史内涵与实践价值》，《思想理论教育导刊》2019 年第 3 期，第 70 页。

吾尔族对于团结的重视。

以游猎为生的鄂伦春族人民在长期的共同劳作中，很早就意识到了团结互助精神的重要性。团结原则反映在鄂伦春族谚语中，颇具游猎民族特色，如“好汉一人打猎少，众人围猎收获多”“一根马尾打不成绳，一根杆子搭不成仙人柱”“四只蹄子踩不倒青草，四十只蹄子能压出茅道”，这些谚语生动形象地说明了应该团结起来共同努力的道理。他们深知“人多力量大”的意义，谚语“一个人的智慧有限，两个人的智慧无限”“一个人不敢涉过小河，三个人能渡过宽阔的江河”“树大，枝叶繁茂；人多，力量强大”等皆反映了团结合作的强大力量。共同劳作就意味着共同分配：“有肉大家吃，有皮匀着穿”，懂得团结共享的鄂伦春族人民把它作为一种分配的原则保存下来。

中华谚语中，以团结协作为主题的谚语数量众多，展示了广大人民群众在生产实践中的情感聚集，例如：

芦柴成把硬，大家拾柴火焰高。（汉族）

猛兽不如群狐。（汉族）

单丝不成线，孤木不成林。（汉族）

杂草多的地方牛羊壮，群众多的地方智慧广。（蒙古族）

众人一起抬，大梁轻如椽。（藏族）

三人商量好，能树大铁桩。（藏族）

兔子结成伙，独狮敌不过。（藏族）

众人拾柴，柴火多，柴火多了，火越燃烧。（藏族）

树多能挡风，人多能成事。（藏族）

内部将士阵脚不乱，外部何惧格萨尔兵马。（藏族）

众人心一致，弱小成大事。（藏族）

团结友爱高于一切。（哈萨克族）

全村团结力量大，创造什么得什么。（壮族）

以上谚语均从团结的正面结果这一角度强调了集体力量的重要性。也有一部分谚语从反面或全面的角度阐述分裂的不良影响，比如，维吾尔族谚语“团结汇聚成河流，不团结分散成小米”“团结的兴盛，不团结的枯萎”，以及哈萨克族谚语“团结是福，分裂是祸”“不劳动，男儿一事无成，不团结，民族不会繁荣”，它们都说明，一个民族内部出现不团结的因素，其结果往往是灾难性、毁灭性的。

此外，很多团结谚语还具有多样性和地域性特色，如北方用森林、草原、牛羊等意象，南方用竹子、竹楼类比团结：

不合群的马套杆多，不团结的人困难多。（蒙古族）

羊群若分散，豺狼逞凶；群众若不团结，敌人逞凶。（维吾尔族）

一根柱子撑不起一栋竹楼，千万根柱子能够搭起通天云梯。（傣族）

有酒大家喝才香，有话当面说才亲。（景颇族）

由此可见，在各民族交融相合的过程中，团结互助早已作为共识，对彼此的生活方式产生了深远的影响。

二、合作共事，集智聚力

团结精神作为人类的一种优秀思想品德，在中华谚语中是生命与力量的象征，也是希望和胜利的代名词。可以说，中华谚语强调的团结精神，是为了让各族人民共同抵御困难。因此，所谓“团结”，即要志同道合，互帮互助。谚语“二人同心，其利断金”说的就是团结互助的精神。纵观古今，合作共赢是大势所趋，而内斗必然导致失败。因此，只有合作共事、集智聚力，才能实现目标，走向胜利。

（一）人心所向，大势所趋

人是群居性动物，一个民族的形成往往受其地理环境的影响，人群逐渐聚集形成部落，最开始的家族式部落聚居到后来成为部落联合，这符合人类群居文化的发展规律。当人群达到一定规模的时候，需求也会发生较大的改变，由单一的、基本的需要逐渐转变为多元的、物质的享受型需要。故落后民族会向先进民族学习技术和经验，以满足内在发展的需要，这是人类的天赋和本能，团结正是相互学习不可或缺的前提，久而久之，民族团结的意识逐渐产生，随着学习的不断深入，这种意识会逐渐生根发芽，发展壮大。

中华谚语充分展现了这种团结意识，比如“一人拾柴火不旺，众人拾柴火焰高”“一人难挑千斤担，众人能移万座山”“不怕虎生两翼，就怕人起二心”都表述了人多力量大的道理，体现人们的团结协作精神。

团结精神深深地印在每个中国人的民族意识中，扎根于每个中华子孙的心灵之中。蒙古族谚语“汇聚一起成伙伴，团结一起有力量”“团结则成功，分裂则溃败”“杂草多的地方牛羊壮，群众多的地方智慧广”都体现出团结与否、力量大小和成败的强相关性。

其他民族也有类似表述的谚语：

百根柳条能扎笤帚，五个指头能握拳头。（藏族）
事成于和睦，力生于团结。（维吾尔族）
团结的可贵，在敌人面前才会深知。（哈萨克族）
箭装满袋大象踩不断，团结起来的力量胜过大象。（傣族）
两个协调的力量，可以分十个人的力量。（赫哲族）

由此可见，团结意识的形成是各族人民在生产生活实践中积累总结出来的宝贵经验。壮族是我国岭南的土著民族，因早期的生活条件恶劣，他们很早就认识到集体合作的重要性，形成了团结互助的良好风气，谚语“篝火能把严寒驱散，团结能把困难赶跑”说的就是这个道理。

纳西族也是一个重情义的民族，与朋友相处讲究真诚义气、肝胆相照，纳西族谚语处处闪现着纳西族人民精诚团结的意识，如“众人的智慧值千金，团结的力量可搬山”“石头下的蚂蚁，都在互相帮助；墙洞里的蜜蜂，都在互相团结”“兄弟团结仇敌遁，姊妹协力待客好”“竹器怕散边，兄弟怕分家”“人怕齐心，虎怕成群”“不怕浪头高，只怕桨不齐”“官绅齐心纠纷散，诵卜合力鬼魅逃，兄弟团结仇敌遁”“石榴心多皮薄，桃子一心肉厚”“石磨盘再大，主心骨一根；哪怕事再难，只要一条心”“是朋友就要相帮，是兄弟就要团结”等，用生动凝练的语言形象地说明了人多智慧多、团结力量大的哲理，这些谚语是纳西族人民生活经验的判断总结，是纳西族人民从实践中总结出来的宝贵经验。

不同的社会历史、自然环境、生产生活方式决定了一个民族独特的思维方式、心理素质及性格特征，形成了某一民族的文化品格。达斡尔族、鄂温克族、鄂伦春族的生产活动主要以渔猎、放排为主。其中，狩猎活动占据他们的生产生活重心，在早期“集体围猎”的狩猎方式中，由于当时社会生产力低下，人们征服自然的能力严重不足，仅凭一己之力很难获取到食物以求生存。因此，在长期劳动生活中，他们认识到团结协作的重要性，大量团结互助谚语由此产生。如鄂伦春族谚语“离群的鹿儿欢乐少，孤独的猎户处处难”，达斡尔族谚语“团结协作是放排人的命根子，舵手是放排人的主心骨”。

（二）集思广益，群策群力

中华谚语除强调团结的重要性外，还指出了团结的两大作用：集民智和聚人力。汉族谚语“集体是力量的源泉，众人是智慧的摇篮”“三个臭皮匠，顶个诸葛亮”“人多智谋广，柴多火焰高”都体现出集民智的巨大优势；“人多力量大”“人多能搬山，蚁多挖穿山”“只要人手多，牌楼搬过河”则体现出聚人力能够发挥出强大的集体力量。

在其他民族的谚语中反映团结重要作用的还有：

> 杂草多的地方牛羊壮，群众多的地方智慧广。（蒙古族）
>
> 黄金和沙子在一起，智者和群众在一起。（维吾尔族）
>
> 众人的力量抬得动山。（维吾尔族）
>
> 一个主意，三个参谋，大事小事办得牢。（白族）
>
> 树多不怕风，人多力量大。（彝族）
>
> 人多能打虎，狗多咬死狼。（瑶族）
>
> 细藤拧成绳，力可顶千斤。（壮族）

以上谚语皆指出集思广益、凝结集体的力量才能最大程度发挥每个人的潜能，帮助个人和集体共同跨过坎坷、渡过难关。

团结使分散的个体形成向心力和凝聚力，这种凝聚力反过来又构筑起“我为人人，人人为我”的社会风尚。

达斡尔族在早期的狩猎活动中逐步形成了“共同狩猎，共同消费”的精神文化，乌力楞的猎民们结交诤友，团结互助，直到近现代还保留着平均分配的习惯：“不仅是打了大的野兽，就是谁家打了一只野鸡，都要有几户分成几份。按乌力楞的户数，把鹿切成若干块，分给各户。去打灰鼠、貂、猞猁、鹿的人，把猎品在市场上卖掉，换回来的日用品也是一个劳动力一份，孤儿、寡妇、老人各得半份。谁不愿意帮助缺劳力的人，会被认为是没有道德的人。”[①] 强调合理分配获取猎物，对有困难的家庭施行帮助，这一社会伦理理念在达斡尔族谚语“猎物多时分给大伙，猎物少时大伙帮助”和鄂温克族谚语“猎物打多了，理应分给大伙；一家有难，理应十家帮助”中也得到体

① 宝力格：《草原文化研究资料选编》第 7 辑，内蒙古教育出版社 2012 年版，第 47—48 页。

现，被达斡尔族人、鄂温克族人奉为行为准则。

互相帮衬、相互扶持是中华各民族大力提倡的宝贵品质之一，《魏书》曾记载了一个脍炙人口的故事：“阿豺有子二十人，谓曰：‘汝等各奉吾一只箭，折之地下。’俄而命母弟慕利延曰：‘汝取一只箭折之。’慕利延折之，又曰：‘汝取十九只箭折之。’延不能折。阿豺曰：‘汝曹知否？单者易折，众则难摧，戮力一心，然后社稷可固。’言终而死。”这个故事就是谚语“单者易折，众则难摧”的出处。

其他各民族阐释凝聚力的重要作用，强调要“齐心”方面的谚语也有许多：

> 只要拧成一股绳，羊毛能捆住狮子。（藏族）
>
> 同船须共命，同路须共心。（壮族）
>
> 烂麻拧成绳，力量大千斤。（土家族）
>
> 一根筷子容易折，一把筷子折不断。（土家族）
>
> 围好篱笆墙，各种棍木齐用；耕好田和地，你我协作同心。（黎族）
>
> 只要人心齐，玉龙山能移。（纳西族）
>
> 协力石成玉，同心土变金。（布依族）
>
> 草鞋有六条纲，人要一条心。（瑶族）
>
> 枇杷三颗籽，芭蕉一条心。（仫佬族）
>
> 饭同吃，话同心。（侗族）

由此可见，勠力同心作为团结精神作用机制的核心组成部分，为各民族凝聚共识、协心合力开辟了一条坚实而宽广的道路，使得民族关系在团结友爱中更加融洽而密不可分。

（三）身先士卒，荣辱与共

践行团结互助精神绝非容易之事。日常生活中，人们要做到急他人所急，真诚关心和帮助他人、尊重爱护他人，将互帮互助理念落到实处。

往大了讲，要“土相扶为墙，人相扶为王”，互相帮衬铸就伟大事业；往小了讲，“一家窑货百家坯（汉族）”“有马要共同骑，有货要共同背（维吾尔族）”“树苗要大家植，果实要大家吃（佤族）”，这些谚语通过具体事例，强调在旁人落难时要懂得及时伸出援手。此外，藏族谚语“有福时并鲞齐鞍，有苦时共同承担”、维吾尔族谚语“共同工作，才有共同的快乐”、傣族谚语“一起吃才甜，一起抬才轻”，意在强调只有共同奋斗、同舟共济，方能收获。总之，在中华谚语中，团结互助、荣辱与共已升华为一种集体荣誉感，融入每个中华儿女的血液中。

中华民族崇尚团结，这种团结是通过国之大义、公之大道来连接的。自古以来，中国人就明辨个人与群体的关系，始终将集体利益置于个人利益之上，始终将小我融入大我之中。[①] 在中华传统文化中，个人应秉持“先天下之忧而忧，后天下之乐而乐”的利他主义观念，在集体协作中，要把自己当成团队的一分子，不做有损集体有损他人的事情。即使是足智多谋、骁勇善战之人也要重视集体，一旦离开集体，终将一事无成，如：

一人盖不起天王庙，一人做不起洛阳桥。（汉族）

离开了山，老虎无能为力；离开了水，鱼难以生存。（蒙古族）

一匹马再壮实也驮不了千斤，一个人再勇敢也打不败敌群。（藏族）

孤鸟常遭鹰猎，孤儿常受人欺。（维吾尔族）

一燕不成春，一鹊不成冬；一木不成林，一砖不成屏。（哈

① 李明泉、向荣、肖云：《中国精神：历史内涵与主体性建构》，《中华文化论坛》2012 年第 3 期。

萨克族）

独人不成将军。（朝鲜族）

一条泥鳅翻不起大浪，一只跳蚤顶不起被窝。（壮族）

一人搭棚累死人，众人搭棚不知累。（白族）

一根木柴难引火，一个巴掌拍不响。（土家族）

手掌难遮阳，独脚难过桥。（侗族）

一只手捉不到几只跳蚤，一棵树剥不下几层树皮。（布依族）

上述谚语强调一个人脱离了群体就会步履维艰。因此，民间把相互掣肘、影响集体团结的行为视为自私的表现，是影响内部和谐的潜在风险因素。所以，汉族谚语“一粒老鼠屎，坏了满锅汤”、哈萨克族谚语“一只畜粪蛋会使一桶子油变坏”、傈僳族谚语“团结，十个人不够；排斥，一个人嫌多”都谴责不团结、相互排斥的行为，认为这对个人的发展有百害无一利。

在集体中践行团结，光有理念还不够，谚语说“人无头不走，鸟无头不飞”，强大的集体还要有与之匹配的伟大领袖。领袖是集体发挥作用的核心力量，不可或缺，领袖在集体中应发挥什么作用，各民族谚语给予了充分的回答。

蒙古族谚语“羊群需要带头羊，人群需要领路人”以羊群和头羊的关系作比，壮族谚语“船载千斤，掌舵一人”以船只与船夫的关系作比，白族谚语“马帮看头骡，群众看领导”以马队和头骡的关系作比，这些谚语都突出强调了领袖在群体中的重要性。

那么，领袖应具有哪些素质和气度呢？藏族谚语“领导站先头，退却在最后”强调领袖应不惧危险，冲锋在前；维吾尔族谚语“熟知别人长处的人，他的身后追随着千百个群众”指出领袖要有知人善任的能耐；壮族谚语“干部敢上山，群众把山搬”要求领袖要身先士卒；白族谚语“人们赞赏森林中的树王，百姓赞誉有威望的首领”强调领袖要德高望重。

领袖与群众建立亲密的鱼水关系也是至关重要的，维吾尔族谚语“骏马是勇士的翅膀，百姓是勇士的眼睛”、彝族谚语“不能舍弃木头取板子，不能离开河水捕游鱼，不能丢掉姑娘办喜事，不能脱离群众称勇士”和白族谚语“群众不拥护，首领是个空葫芦白”说的都是这个道理。

第四节　求同存异、贵和持中的和谐天下精神

“天下”作为我国先人思想观念中的核心概念，是先人对自身存在的认知，也是其揣摩世界、理解社会的复杂思想体系。所谓“修身，齐家，治国，平天下”，天下和谐作为“和”文化的至高理想，体现了中华文明发展中个性与共性相统一的原则，描述了世间万事万物客观的利生状态。这种思想在中国源远流长，关乎道法自然、天人合一的哲理，也包孕求同存异、天下大同的愿景。因此，它并非单指表层静态的“集合”，而是从根本上有赖于人与自然、社会的动态平衡。

而这一“和合观”作为一个范畴，最早则见于《国语·郑语》：“商契能和合五教，以保于百姓者也。”《国语·郑语》还记述了“和”“同”的经典辩论，奠定了和合的致思取向和思想内涵，即“夫和实生物，同则不继。以他平他谓之和，故能丰长而物归之。若以同禅同，尽乃弃矣。故先王以土与金、木、水、火杂，以成百物”。后来，老子提出了阴阳和合而万物生的思想；孔子阐述了作为儒家思想核心的和合观，即“礼之用，和为贵”“君子和而不同，小人同而不和”；墨家提出“兼爱”“非攻”“和合”，以此处理国家间的关系。在后世儒佛道墨等各家思想中，“和合”逐渐成为传统文化最富活力的思想内涵和基本精神，天下和合也成为传统中国的普遍追求，并融入

中华民族的文化基因。

就上述内容而言，“和合观”首先讲究“求同存异”的天下观，强调不同事物要相互尊重彼此的差异，承认矛盾的存在并相辅相成、和谐共处；其次推崇人与自然和谐相处，强调“天人合一”的自然观，即尊重自然发展规律，顺应自然、善待自然和保护自然，不征服自然、不破坏自然，从而实现人与自然的和谐相处。

因此，“贵和持中”的和谐天下精神作为中华文化的基本内容，既是理解自然事物的价值观，也是调节国家社会乃至家庭和个人关系的原则和方法；既是统合人世间万事万物矛盾的独特思想观念，也是个体安身立命的基础。其深邃的思想和合和万物的精神原则不仅对国人置换视角重新估量和处置人际关系及社会矛盾有着重要的现实价值，而且在西方价值观念引导人类未来方向乏力的背景下对于平息国际竞争和实现大同社会具有深远的理论意义，进而为“人类命运共同体”的构建提供了有力的学理支撑。

一、相互尊重，协和万邦

从人与社会关系的维度来看，和谐作为人类共同发展的前提和基础，对内要求族群融合，对外提倡天下太平。所谓“大道之行也，天下为公”，推动建设人类命运共同体，解决人类共同难题的动力首先就源自中华文明历经沧桑而亘古不变的“天下”情怀。

（一）人人为公，天下大同

我国传统文化历来崇尚“求同存异”“以和为贵”，主张“协和万邦”“天下大同”。其中，“协和万邦”一词出自《尚书·尧典》，原是描绘传说中的圣人尧的政治理想的。正所谓“帝尧，曰放勋。钦明文思安安，允恭克让，光被四表，格于上下。克明俊德，以亲九族。九族既睦，平章百姓。百姓昭明，协和万邦。黎民于变时雍”。这段话中的“俊德”即美德，“钦”指敬，“明”指明察，“恭”指谨慎，

“让”指不骄，这些都是“俊德”的具体德目。而在这里，“明德”以求得世界的普遍和谐与和平，包括两个方面的意思：一是要求得内部的和谐与和平，即“亲睦九族”；二是要求得外部各国的和谐与和平，即“协和万邦”。由此可见，中国封建士大夫们不但有志于实现中华内部的和谐，还试图把国内社会秩序的和谐推行到整个世界，以谋求世界秩序的和平与稳定。

汉族谚语“国家和，则世界安；国家斗，则世界乱”就从国际关系的视角出发，阐明了国家间的友好往来之于天下和谐的重要性；“四海之内皆兄弟”又以一种超越国家和民族的人类意识表达了中华文化“天地万物一体之仁”的天下情怀。

此外，维吾尔族谚语则侧重于从国家安定为人民带来幸福这一角度反映国际关系稳定的重要性，如“只有国家安定，家乡才能安宁”“只有祖国繁荣昌盛，才有人民安居乐业”“只有祖国不受侵犯，人民方能笑容满面”“国家安定，市场繁荣；国家动乱，哀鸿遍地”等等。蒙古族谚语则以部族交流的经验教训为和谐天下注入动力，如“因小失大，碰坏和气”“千人齐心得千人之力，万人不和无一人有用”“同呼声大，同心力大”等等。

这些谚语从各个角度揭示出和谐之于天下同构的重要意义，为建构友好和睦的礼仪之邦、解决各类风险挑战贡献了具有独特韵味的东方智慧。

（二）以信接物，以义制利

“义，利也。”[①] 义和利之间，本身是不矛盾的。“义”是事物合理性、公平性划分的标准，在“义”的前提下，“利”的划分会更加合理。所以随着社会的发展，“义”的概念和范围逐渐扩大，并且上升到衡量人品质的高度。不论是墨子的义利合一，还是儒家的义在利先，

① 邵长婕:《墨子研究论丛》，齐鲁书社 2016 年版，第 153 页。

都被中华谚语所吸纳。二者都具有公平的、平等的存在维度和合理性。

汉民族经常讲“交易不成仁义在”“仁义值千金”“仁义之师，天下无敌”，这些谚语都体现了人们对于“义”的重视，当然也会有人说“仁义长，财义短”。这种思想又在一定程度上将义和利对立起来，甚至部分人还唯利至上。利虽然不能被摒弃，但是需要有“义”来及时纠正。由此也衍生出一系列谚语，其中包括对忘恩负义、贪图名利的批判。

> 恶人假借为别人谋利益，其实干些损人利己的事；聪明人自己不会去上当，恶人的诡计怎么能得逞？（藏族）
>
> 人若只围着自己转，就像马围着桩子跑。（藏族）
>
> 都为自己打算的人群里，不会出英雄。（哈萨克族）
>
> 枯干的呆树，妄想摘取大甜梨；图名利的人，妄想作出好成绩。（蒙古族）
>
> 只为个人利益打算盘的人，就像一把尘土，既肮脏又没有价值。（蒙古族）
>
> 别贪图眼前的钱财，要顾到往后的祸灾。（满族）
>
> 忘恩负义的人，谁敢做他朋友？没有收获的土地，哪一个农夫愿来耕耘？（门巴族）

以上谚语均体现出只注重个人利益是无法取得更大的成就的，从中我们可以得出结论，应该要将做人的原则，即“义”的部分提到与利益同等的位置，这也是“利益共同体”之于和谐天下构建的重要意义。

（三）相容并立，贵和尚中

中华文化既重视“和”，又重视“和而不同”。“和”不是凡事调和、折中，不讲原则，而是要正确地看待事物之间的共同点和差异性的关系，求同存异。“和”也不是无差别的完全统一，而是不同事物的有机结合，各种民族制度、风俗、宗教、文化在中国这块土地上竞相传播、相互吸收、相互融合，最后都成为博大精深的中华文化的有机组成，形成气象恢宏、博大包容的中华传统文化的独特景观。

“和而不同”原则的精神对消解当今国内群体矛盾、社会差别，推行民族区域自治制度，实行“一国两制”，有着现实的指导意义，对于正确对待不同的文化制度、宗教信仰、民俗传统，实现世界和平、全球一体化，具有明显的借鉴价值。在“和而不同”原则下各民族人民相互结成美好关系，既要强调民族间的共性，也不能忽视各民族的个性。因此，加强各民族间的交往交流交融、增进各民族间的相互了解与尊重是维护民族团结、促进共同繁荣的必由之路，最终达到各美其美、美美与共的境界。

这一点在各民族的谚语中也有充分而生动的体现，如：“要想民族繁荣，你们要互相亲睦友爱；要是宁愿民族衰微，你们就彼此当仇敌对待（哈萨克族）”“风调雨顺，花卉争艳盛开；大家团结，事业发达兴旺（蒙古族）”等。

强调和谐的同时也要重视差异性的存在。所谓“和实生物，同则不继”，体现的是以和谐为前提，不同事物之间相互促进的一种“共同”而不是“同一”发展的局面。这也表明，人类命运共同体本身具有两层含义：其一，在大的整体环境中，承认和允许个体之间的不同；其二，这些各具特色的个体又能够很好地做到彼此协调，最终实现良性互动，这也正是“共同体”所体现出的独有的包容观。实际上，人类命运共同体的包容观正是一种“接受”观，这种接受不仅体现出中国作为大国的接受力，也体现出中华文化的接受力。

藏族人民说“待人，肚量要大；骑马，缰绳要长”，意谓做人要有智慧、宽容大度。用聪明才智去战胜敌人，用忍让去克制冲动。哈萨克族谚语也有“大地承受不住的东西，胸怀可以容纳”；乌孜别克族有“忍耐后面有黄金”；维吾尔族人民也说“肚里能放一座山，才算英雄汉”“制服猛虎非英雄，抑住脾气真好汉”；其他各族的谚语还有“少说一句不输，多讲一句不赢”（侗族），“心胸狭窄的人不能做官”（黎族），“肚子只有碗口大，却能装下万担粮”（白族），“敢干是英雄，能忍是贤哲”（彝族），“鞋小了脚要受苦，心窄了人要受罪”（蒙古族），“树大成荫鸟来宿，虚怀若谷人来聚”（壮族），等等，这些谚语都体现出包容对于人与人之间相处的重要性，将其置于人类观之下，这种包容体现的更是一种魄力和境界，是实现人类命运共同体这一目标的智慧选择。

二、顺天应时，同类相感

自然是人类的生存之本，发展之基。大自然用每一缕和煦的暖阳，每一滴甘甜的清水滋润和涵养着人们的生活。早在西周时期，我国就有了保护环境的法令《伐崇令》。在民间，生态意识主要是通过智者、老者的口头传承，如汉族谚语“百业要兴，环保先行”用一种极朴素的方法，将具有权利义务的生态规范，以老百姓喜闻乐见的形式刻印在每个人心中，影响了一代又一代人。在少数民族地区，这些生态谚语甚至具有了近似于法的强烈效力，成为民间习惯法的重要组成部分。正如藏族人民谚语所言“斗争的武器，是技术的课本，行动的指南”。

中华谚语以习惯的力量传递着生态发展观和人民福祉观，它没有铭刻在大理石上，但却深深铭刻在每个华夏儿女心中。“不能猎杀身孕的野兽，不能捕杀幼小的猎物”（鄂温克族）、“近山不可枉烧柴，近水不可浪费水”（侗族）、“劝人莫打觅食鸟，子在巢中待母哺”（黎族）、“三年的鱼塘不捞鱼，一年的树木不能砍（傣族）”等谚语警示后人，不能在动植物的萌发、生长、生育期实施有害于自然生物的行为。凡此种种，都蕴含了人们对自然万物的尊重，蕴含了“山水林田湖草是生命共同体”的思想。中华谚语中蕴含着丰富的生态伦理思想，展现了各族人民对人与自然和谐共生问题的深层思考。

“和”的精神以天人之和为最高境界。儒者认为“人”与“天”具有相同的本性，能够互相感应、互相影响，因此，儒家学者倡导人与自然的合作与协同，提出“人”要与“天”保持一致，追求与“天道”的契合，这实际上就是要求人们顺应自然的规律行事，从而实现与自然乃至天地万物和谐相处的状态，即所谓“天人合一”。

华夏民族很早就认识到人与天地万物的紧密联系，战国时期农家在《吕氏春秋·审时》中说：“夫稼，为之者人也，生之者地也，养之者天也。”强调了农业生产必须达成天地人的和谐。大自然水土地形复杂，气候更是瞬息万变，相比之下，古代农业生产力水平低、劳动投入大、产量低。农人为了保证生产能顺利进行，就必须认识自然，把握自然的规律，按照自然规律开展生产，在与大自然的接触中对自然的价值和地位进行深刻思考。自然不是僵死和孤立的存在，而是由天、地、人和万物构成的生命关联系统，自然有其自身的运行规律，这些朴素的生态思想集中反映在中华谚语中。

汉族谚语“牛是农家宝，庄稼人不可少，保护耕畜最重要”，阐明了牛对于庄稼人的重要性，也暗示要保护动物，与耕畜和谐相处，而不能过分驱使；“栽树种树，需要保护，如不保护，真白忙乎”，直接表明了民族的生态观。类似的谚语还有很多，如“前人栽树，后人乘凉；前人伐树，后人遭殃”“天不言而四时行，地不语而百物生”等。

藏族谚语“雪狮要雪峰来保护，猛虎靠森林来隐藏”，表达了自然界中的事物相互依存的关系。哈萨克族谚语“夏天保护密林，冬天储存枯枝”，教导人类要保护森林资源。这些谚语都表达了人与自然和谐共处的理念。

相关的谚语还有：

枝繁叶茂的树装点了山岳，漂亮的姑娘装点了蒙古包。（蒙

古族）

湖干则蛙死，河枯则鱼亡。（蒙古族）

山顶若无皑皑白雪，山下哪来蓝蓝湖水？（藏族）

人的打扮靠衣服，地的装点靠树木。（维吾尔族）

根深之树不被风折，泉深之水不会涸竭。（维吾尔族）

泉水浑浊，泉尾不清。（哈萨克族）

砍光一山树，涸了一条河。（傣族）

砍倒一棵树，失掉一股泉。（傣族）

路好走是人踩的，树遮阴是人栽的。众人种树树成林，大家栽花花更香。（景颇族）

爱竹生成林，爱果果满园。（布朗族）

山上有树，山泉不涸。（哈尼族）

经常使用的钥匙，总是光闪闪的；经常流淌的泉水，总是清亮亮的。（哈尼族）

可见，人作为“万物之灵”，不仅可以同类相感，而且还能在仰观俯察中“与天地参”“与万物感”，体悟和洞悉天、地、人的关系，达至“天人合一”的境界，并于实践中表露出强烈的自然和谐精神，尊重自然、顺应自然、保护自然，推动形成人与自然和谐共生的新格局，建立起对生命共性的肯认，为和谐天下建设熔铸中华文化最富气象的智慧结晶。

综上所述，“贵和持中”的和谐天下精神深深根植于中国哲学社会科学体系，是中华民族屹立于世界的精神源泉，在当今社会，依旧发挥着精神支撑、理论指导和文化奠基的重要作用。因此，在面对自身之外的自然或民族时，我们应当在实践中充分认识其内涵精髓，积极传承和弘扬中华传统“和合”文化，知常明变、守正创新，为建设美好生态与加强交流互鉴贡献力量。

第五章　中华谚语中的探索创新精神

作为中华民族精神之一，探索创新精神是中华民族、中华文明几千年以来生生不息、历久弥新的根源所在，是推动中华民族不断向前发展进步的精神动力。这种创造性和创造精神深深植根于中华传统文化的精髓之中。

何谓“探索”？探索的内涵是丰富的，是对知识孜孜不倦的追求，是一种不断深入探究、追问真理的精神，是一种不达目的不罢休的执着，是一种大胆追求的勇气，是一个漫长而艰辛的过程。但探索也是人类真知的来源，是社会不断进步的动力，是个人、民族和国家都不可或缺的重要精神品质。先秦时屈原有言“路漫漫其修远兮，吾将上下而求索”，表明自己不遗余力、百折不挠的求索精神。汉代王充认为“涉浅水者见虾，其颇深者察鱼鳖，其尤甚者观蛟龙。”王充把涉水分为“浅水”“颇深”“尤甚”三个层次，而所见之物愈深愈奇，并说明缘由：“足行踩殊，故所见之物异也。”从而得出结论：“入道弥深，所见弥大。”即探索越深，收获越大，视野越广。自古以来，中华民族始终孜孜不倦上下求索，推动中华文明不断发展进步。何谓“创新”？创新是一个翻越固有的思想藩篱，突破成长的“天花板”，跳出止步不前的“舒适圈”，拓展能力的“边界线”的过程，让我们在旧思想、旧方法行不通的时候产生新的思想火花。几千年来，伟大的创新精神立新义、开新篇、闯新路，让中华民族创造出灿烂文明、壮丽现实。创新精神是中华民族的鲜明禀赋，指引我们不断前进。

从“嫦娥奔月”到“万户飞天”，古时中华民族对太空探索了数千年，到如今真正实现载人飞船上天，探索创新精神使得中华民族实现了从梦想到现实的伟大飞跃。发展的过程就是一个不断探索创新的过程，任何一项科学技术、任何一个思想理论的诞生都离不开探索创新精神，这一精神共同引领中华民族昂首阔步地向前进，为国家之强大不断求真、求索、求进；为民族之复兴不断探路、探险、探难。探索与创新二者相辅相成、相得益彰。中华谚语中体现出的探索创新精神具体来讲包括学贵知疑、上下求索的探索精神，革故鼎新、求变求新的创新精神和精益求精、一丝不苟的工匠精神这三个方面。探索是创新的基础，敢于探索、善于探索才能不断创新、不竭发展，工匠精神则是探索、创新精神的完美结合和有机统一。中华谚语充分展现了探索、创新精神内涵的丰富性，给予人们无限的启迪和智慧。

第一节　学贵知疑、上下求索的探索精神

明代陈献章的《与张廷实主事》中有言“学贵知疑，小疑则小进，大疑则大进”。陈献章认为心存疑问是一切领悟的机会，一番领悟就会有一番长进。强烈的探索精神是开拓创新的前提和基础，凡事要有打破砂锅问到底的劲头，敢于质疑，勤钻好问才能有所长进。

古人认为“学起于思，思源于疑”。无论是孔子的“学而不思则罔，思而不学则殆”，还是孟子的“尽信书，则不如无书”，汉代王充的“苟有不晓解之问，迢（追）难孔子，何伤于义？诚有传圣业之知，伐孔子之说，何逆于理？”以及南宋哲学家陆九渊的“为学患无疑，疑则有进”等等，无一不在强调存疑对于增进学问的重要性。吸收了解知识固然重要，而更重要的是保持独立思考的能力和存疑批判精神。孔子主张“启发教育”，所谓“不愤不启，不悱不发”，最佳的

教育时机，就是求学者百般思索而不得，进而陷入困顿时。《周易》有言“匪我求童蒙，童蒙求我”，即老师不要追着学生教，而是要在学生来求学的时候教；学生也不要等着老师来教，而是应该主动思考，进而有困惑去求教。这才是理想的师生关系，理想的教与学，这样才有实实在在的教育效果。尊师重道是我国从古至今的优良传统，老师往往是知识的代表、真理的化身，甚至权威的象征，在知识信息流通不发达的古代更是如此，但学习恰恰不能迷信权威，囿于条条框框的约束，而应勇于突破常规，敢于“疑”、敢于“问”、敢为人先。

作为人民大众在生产斗争和社会生活中的经验总结和智慧结晶，中华谚语用最通俗易懂的语言生动地诠释了中华民族“究天人之际”的学习钻研精神，并且一代一代地传给了后人，经久不衰，历久弥新。

一、志学勤笃，然后知之

《礼记·学记》云：“玉不琢，不成器，人不学，不知道”，人非生而知之，而是学而知之，既然学习是成就事业以及实现人生理想抱负的必经之路，知识是每个人成才的基石，因此，首先要立志于学。在学习阶段一定要把基石打深、打牢。学习必须求真理、悟道理、明事理，要通过学习知识，掌握事物发展规律，通晓天下道理，丰富学识，增长见识。人的潜力是无限的，只有在不断学习、不断实践中才能充分发掘出来。“业精于勤，荒于嬉；行成于思，毁于随。”[①] 早在千年之前，韩愈在《进学解》一文中就作出了这样的论断。可见，勤学的过程就是一个寻求真理、探索真理的过程，是人成长成才的关键所在，是创新、发展的前提和基础。

① 吴楚材等:《古文观止》，崇文书局 2010 年版，第 307 页。

（一）勤奋学习，追求真理

中华谚语首先聚焦于勤学这一品格，学习是认识了解，进而探索钻研的基础，学而有疑，学而解惑，学习贯穿探索创新的全部过程。自古以来，各民族都大力提倡、号召人们勤奋学习。

汉族谚语中有大量劝人学习、发人奋进的内容。如“黑发不知勤学习，白发方悔读书迟”“学海无涯勤是岸，云程有路志是梯”“学习是知识的种子，知识是幸福的种子”“三更灯火五更鸡，正是男儿读书时”等，意在强调勤学的重要性，劝诫人们勤奋学习，用知识武装自己，对自己的人生负责。学海无涯，真理无尽，但正如胡适所言“怕什么真理无穷，进一寸有一寸的欢喜。”强调“蚂蚁爬树不怕高，有心学习不怕老”“学习不怕根底浅，只要迈步总不迟”“活到老，学到老，九十九岁还学巧”，只要迈开脚步走在求学的路上，一直前进，就不怕人寿有限而真理无穷，也不怕基础薄弱而知识深奥，只要意志坚定并付诸行动，就会有所进步。但学习的过程并不总是轻松愉悦的，而是一个“苦其心志，劳其筋骨”的艰难过程，我们须知“学问之根苦，学问之果甜”“没有苦中苦，哪来甜中甜”，学习是一个先苦后甜的过程，吃得了学习的苦，才能享得了学习的甜，唯有意志坚定方能迎难而上，寻得真理。

蒙古族也十分重视学习，比如“锣鼓再大，不敲不响；人虽聪明，不学不知”。强调了唯有学习才能收获知识，再聪明的人不学习也会泯然众人。“应以学习当作饭，应以研究当作水”将学习看作食物和水，表现出学习对人成长成才的重要性。“丝线越摇越结实，科学越钻越精深”强调不光要大致了解，还要钻研深挖，追求学问日益精进。藏族谚语“只要勤学，无事不成”表明对知识的崇尚与追求。

哈萨克族人民自古以来就十分重视知识，无知便无远见，认为一切有作为的人都是通晓知识的。[①]常常把“智慧是穿不烂的皮裤，知识是取不尽的矿藏”“福分来源于知识，知识来源于学习”“不读书，不会有知识；没有知识，过不好日子”“读书是知识的源泉，知识是生命的烛焰”“从摇床到墓穴，求知别停歇”等谚语挂在嘴边，用以劝民于学，训诫晚辈追求知识与完善人格。“劳动是成就的钥匙，志向是知识的钥匙”“人无志向，定无指望”则强调了坚定的志向在求学过程中的重要意义。

朝鲜族谚语强调“知识越是丰富，越是感到不足”“米粉越磨越精，学问越学越深”，达斡尔族也有类似的谚语“不学以为满足，越学越知不足”。傣族也强调“想手艺好，从小学到老”。这些谚语都告诫人们虚心学习，潜心钻研，学无止境，学习要持之以恒，奋进不息。侗族人民也非常重视学习文化知识，常常以这类谚语来教育后代知识改变命运的道理，如“发家立业，全靠学问”“灯里有油灯才亮，肚里有墨语成章”等等。塔吉克族认为“不耕种，耽误一年，不学习，耽误百年”，将学习作为百年大计，可见其重视程度。这些劝人学习奋进的谚语言简意赅，言近旨远，生动形象，使人容易理解、印象深刻。

（二）学思结合，治学有道

学习中要有自己的思考，不能死记硬背、枉曲直凑。孔子说：“吾尝终日不食，终夜不寝，以思，无益，不为学也。”学习与思考是人们在获取知识过程中，两个相辅相成、密不可分的思维活动，学思并重、学思践悟才能有所进步。仅埋头苦读而不会思考就会迷惘，所以要勤于善于思考，治学有道者皆善思索。历代名人劝学，都注重“学思结合”，北宋关学创始者张载认为“学贵心悟，守旧无功”，只有“心悟”，才算提高了学问层次，“学者观书，每见每知新意，则学

① 成世勋：《哈萨克谚语浅析》，《伊犁师范学院学报》（社会科学版）1994 年第 1 期。

进矣”，创新是治学的目标，学问是否有进步，学业是否更上一层楼，就看能否“心悟”，能否提出自己思考过后的新见解。郑板桥诫子要“熟读精思”，朱熹在《训学斋规》中讲：“余尝谓，读书有三到，谓心到、眼到、口到，心不在此，则眼不看仔细。心既到矣，眼口岂不到乎？”“心到”为三到之根本。清末政治家左宗棠劝子思学说：“经传精义奥旨，初学固不能通，至于大略粗解，原易明白，稍肯用心体会，一字求一字下落，一句求一句道理，一事求一事原委。”总要将此心运在字里行间，时复思绎，曾国藩在大量的家书中屡屡劝导弟子勤学善思。可以说学思结合、勤学善思乃为古代学子的修业要诀。人们最忌讳在学习中不动脑，眼中了了，心下匆匆，方寸无多，往来应接不暇，如看场中美色，一眼即过，与我何与也。[①]

所以汉族谚语中有“船的力量在于帆桨，人的力量在于思考”，一个真正有智慧的人一定是善于思考的人。“强记不如善悟”，意谓越是理解得透彻越是记忆得深刻，要求人们有独立思考能力，在学习上不能一味被动接受。学习与思考就好比人体消化食物，只学不思，即为囫囵吞枣，随之举一而不能反三，不经过消化吸收，怎么将知识占为己有？无思之学不仅无益，而且有害。蒙古族谚语“骑马需要嚼子，学习需要脑子”、壮族谚语“读书不读懂，好比嚼树皮”都说明了思考的重要性。学中有思，思中有学，这才是学习之奥妙。

（三）不知则问，问则长进

除上述外，学习中很重要的一点就是善于发疑，所谓“学贵知疑”。在这方面，中华各民族提供了丰富多样的谚语。汉族谚语“敏而好学，不耻下问”“学问学问，不懂就问”“不学问者，学必不进”“不知则问，不能则学”“勤学又勤问，不愁无学问”“学问学问，要学要问。边学边问，才有学问”等等，这里强调的是，在学习中善

① 吴毅、朱世广、刘治立：《中华人文精神论纲》，人民出版社 2011 年版，第 367 页。

于发现并提出问题是至关重要的，这是探索精神的表现，也是对思维方式的锻炼。

少数民族也十分重视发问发疑，强调有所疑惑才能有所长进。比如蒙古族谚语有“善于发问的人，知识丰富”，善于发问并寻求请教方能以他人之长处补自己之不足，日积月累，积少成多，定会逐渐成为一个知识和经验丰富的人。蒙古族人民也同样认识到向谁请教并不取决于年龄的大小，如其谚语所说的“既有八岁的老师，就有八旬的学生”，所谓“三人行，必有我师焉”，“道之所存，师之所存也”，寻求真理就要不耻下问，小孩子也可以成为老师。

藏族谚语“不懂也不问，百年无长进”“不懂问老汉，不见高处站”“勤问善打听，不会走错路”“空着脑壳去，请人灌脑浆”等，都鼓励人们不懂就问，虚心求教。哈萨克族也有类似的谚语，如“肯问就能获得知识，害羞就要落在后面”“自己不知，要向别人请教，没有大人，就向小孩请教”。

维吾尔族谚语“不耻下问地获得知识，腼腆怕羞地落在人后”从正反两方面对比来告诫人们学习不能腼腆害羞、不懂装懂，而要有追根究底的勇气。

“欲求知识广，一日拜三师”“不会渡河去问水手，不会爬山去问猎人”，傣族也十分注重发问，常常以此来劝诫后辈。

此外，鄂伦春族的“好学好问聪明人，不学不问是傻瓜”、纳西族的“不会要勤学，不知要好问”“勤走先到，勤问先知”等都说明了敢于发疑的重要性。

勤学好问、勇于探索是中华民族几千年来不变的追求。这些谚语往往都用最凝练、最实用、最具民族化的表达形式，概括出了人民群众对自然和社会现象的深刻认识，反映了人们世代积累的经验和形成的价值观，展现出中华民族学贵知疑、敢为人先的探索精神。

二、征途漫漫，上下求索

“遂古之初，谁传道之？上下未形，何由考之？”2300多年前，伟大的爱国诗人屈原发出了著名的“天问”。屈原的一生，自觉追求真理、不懈追求理想。他的爱国精神、进取精神、探索精神，是中华优秀传统文化的根和魂之所系。这样的求索进取精神，从古绵延至今，古人精神与当下需求衔接起来，溯民族精神之源流、辟与时俱进之路径，以这样的求索进取精神为生民“塑心”，为实践“立行”。屈原的求索，是哲人的“终极之问”。如今中国人民的探索，是坚韧不拔、锲而不舍的改革创新，是为实现人民对美好生活向往的不懈奋斗。千百年来，中华各民族在中华大地上不断向制度革变进发、不断向创新创造进军、不断向困难挑战进击。“逢山开路、遇河架桥”成为人们前行的姿态，“敢为人先”“百折不挠”砥砺了中华儿女的优良品格。

（一）披荆斩棘，栉风沐雨

中华谚语将中华各民族的生动实践展现在我们面前，并时时激励我们前路漫漫，需继续上下求索。中华谚语首先聚焦于求索过程中的砥砺奋进、筚路蓝缕精神，一代又一代中国人披荆斩棘、栉风沐雨，才创造出如今的美好生活，这样宝贵的精神财富通过口耳相传的民间谚语薪火相传，永不熄灭。

汉族谚语强调“苦练出精兵，苦求出真理”“山路是走出来的，真理是探索来的”。求索真理要克服心浮气躁、浅尝辄止的心态和作风，葆有迎难而上、百折不挠的勇气和魄力。“幸福从劳动中来，真理从实践中来”说明求索真知真理需要亲自实践。

类似的谚语还有“事不经不懂，路不走不平”“不入虎穴难得虎子，不下大海难得明珠”“不入深谷不知地厚，不上高山不见平川”等，要想有所挖掘，就得亲身经历尝试，别人说一千道一万都不如自己试一次。有了理想和目标，还要有将理想变为现实的志气与决心，有追寻理想的实际行动。“不管理想多美好，总得扎根在现实”“缺乏苦干的理想，无异于瞬间即逝的彩虹”“只有去追求，理想的蓓蕾才会怒放。只有去追求，青春才会在心中闪光。”所谓“光说不做假把式”，汉族人民以此来劝诫后辈永葆不断求索的精神，不能躺在前辈的功劳簿上沾沾自喜，也不能在安逸的环境中迷失方向。

在长期的游牧生活中，蒙古族磨炼出了不避风暴、不畏严寒酷暑、强悍、刚毅、勇敢善战等民族特点和开拓进取的民族精神。在求索真理真知过程中，蒙古族人民推崇勇敢坚强，磨砺勇气意志，追求奋斗不息。如“遇艰难，才可考验人的意志”“烈火试真金，困苦炼壮士”等。

与蒙古族类似，由于青藏高原独特的自然环境，常年生活在这里的藏民并没有因为艰苦的生存环境而怨天尤人、自暴自弃，他们从未放弃对美好生活的憧憬和追求，崇尚并倡导勇敢、实干、勤奋、顽强等品质，这也就形成了藏民坚韧豪迈、朴实真诚、豁达乐观和勤劳善良的民族精神，那些闪烁着智慧之光的谚语诠释着这一切。如“男儿志坚，岩石可穿”“要想挤得狮子奶，要有伏狮真胆略”等，从这些谚语中，我们可以感受到藏民对于美好生活的不懈追求以及顽强坚毅的品格。

各族先民胼手胝足、披荆斩棘，共同建设了祖国的锦绣河山，创造了如今的美好生活，这样的求索精神激励着中华民族接续奋斗，不断创新创造，继往开来。

（二）初心赤诚，锐意进取

《楚辞·渔父》有载：“吾闻之，新沐者必弹冠，新浴者必捣衣；安能以身之察察，受物之汶汶者乎？”屈原一生坚守高洁品行，不同流合污，不趋名逐利，忠诚至尽，给后人以很好的学习榜样。顾炎武提出治学要养其“器识”，要以“器识”为追求的目标。养器识就是要打好知识基础，作有用于世的学问，而不能曲学阿世；要有独立的学者人格，有不屈从于权力的精神品格和担当振兴世风的气概，要心骛八极，思想自由翱翔于天空海阔之中，而“不登权门，不涉利路”。他主张学者应力求学术的独立性和纯洁性，应当耐得住寂寞，进行孤独的探求，而不能同流合污，为利路所牵。[①]探索之路漫漫，求学如此，求索其他任何事亦如此，除了需要克服艰难困苦之外，还要永葆初心和高洁的修身立德之秉性。既要有“心不动于微利之诱，目不眩于五色之惑”的定力，又要有“举世皆浊我独清，众人皆醉我独醒”的毅力，更要有“宁为玉碎，不为瓦全”的伟力，不因“浊流”而自纵，不因“尘埃”而轻沾。做到品塑高洁“不偏样”，初心赤诚“不偏航”，砥砺奋斗“不偏向”。[②]中华谚语对于这一点也有所体现。

汉族谚语“青酒红人面，财帛动人心”“人为财死，鸟为食亡”“赚了金钱，损了德行”“钱财如粪土，仁义值千金”“钱多能帮人，钱也能害人”“一心向钱看，大祸在眼前”等都劝诫人们在求索之路上不可为金钱利益所羁绊，要永葆自己的初心和德行。“一失足成千古恨，再想回头是百年”，求索之心不可被欲念贪意污杂，一旦被名利所牵，便没有回头的余地了。“高飞之鸟，死于美食。深泉之鱼，死于芳饵”，要想走得远，实现远大目标，就不能被路上纷繁复杂的事物诱惑，而应一心向前，不要因为走得太远，就忘了为什么出发。汉族谚语选取了最能代表气节和傲骨的事物，诸如玉石、松竹、寒雪、磐石等意象，表达对那些立身于天地之间浩然正气的品格的歆慕和赞美，如“宁可直中取，不向曲中求”“不学杨柳随风摆，要学青松立山岗”“玉碎不改白，竹焚不毁节”“桑木扁担，宁折不弯”“岩石可裂木可弯，钢刀能断不能卷”等。

蒙古族谚语也重视劝诫人们要不畏困苦，保持自身的尊严和节气，不受利益的驱使和奴役，像鸟儿珍爱自己的羽毛一样看重和珍惜

① 吴毅、朱世广、刘治立：《中华人文精神论纲》，人民出版社2011年版，第368页。
② 陈超：《传承“屈原精神”抒写“青春之诗”》，共产党网，2022年5月31日。

自己的节气和品德，如“淫威面前不屈服，困难面前不低头”“虎瘦雄心在，人穷志尚存”“与其为金钱而活，不如为民众而死”“宁在自己的家园里种菜吃，不在他人的屋檐下讨肉嚼”“宁喝朋友赠送的白水，不吃敌人赏赐的黄油”“在强暴面前不要屈服，在困难面前不要弯腰”等。蒙古族崇尚坚贞不屈的品格和铮铮傲骨的气节，这是民族内在的文化性格。风沙、酷暑、严寒、贫瘠的土壤、匮乏的食物……这些外部条件塑造了、锤炼了这个坚韧不拔、勤劳勇敢的民族，把节气傲骨的秉性深植在代代传承的文化谚语中，不断地教化着蒙古族的人们。①

藏族谚语有“决心似石头，意志如钢铁”，哈萨克族谚语有“路途虽然遥远，越走就会越近”，维吾尔族谚语指出“莫见了美餐，就放弃理想。莫见了小利，就背叛信仰”，这些都强调探索求索过程中对高洁气节的坚守，对理想初心的坚定，如此，方能求得真理真知。

三、博观约取，厚积薄发

“博观而约取，厚积而薄发”出自苏轼《稼说送张琥》。博观就是一个通过学习广泛积累的过程，约取则是在博观中取其精华、弃其糟粕的过程。博观，强调的是广度，日常读书中我们可以博览群书，多涉猎些学科门类，但人的时间和精力有限，如果都想吸收是不可能的，那就一定要吸取其中的精华，所以，约取的“约”字是简约萃取的意思。

厚积，强调的是深度。学科门类众多，很多知识不可能全部掌握，但如果是跟我们工作、生活等密切相关的重要知识学问，我们就要深入钻研，深入的意义就在于积累厚度。“厚积”的真正的目的就在于“薄发”。厚积的过程是大量地、充分地积蓄，薄发则是少量地、

---

① 王枫、陶真:《蒙汉谚语中的品德观》,《内蒙古师范大学学报》(哲学社会科学版)2018 年第 2 期。

慢慢地释放。

做人、做事、做学问都应当“博观而约取，厚积而薄发”。做人之博观，在于纵观古今中外做人、为人之成败得失，近观当今芸芸众生之人生百态，何可赞？何可贬？何可学？何可弃？学要学其精华，取要取其精华。做事之博观，在于做任何一件事之前，都应当通过广泛的知识了解前人在这件事上都做了些什么，做到哪种程度，用了些什么样的方法，哪些可取，哪些不可取。然后，在这个基础上，再决定做不做、怎样做。只有这样，我们做的事才会有价值。[①] 做学问亦然，博览群书而取其精华，深度积累而充分准备，方能为进一步的实践打好基础。中华谚语也有类似的说法。

汉族谚语“晴天砍好雨天柴，闲时凑来急时用”“箭搭上之后再拉弓，事准备好了再发令”“开口之前，要有考虑；着手之前，要有准备”都表明未雨绸缪、做好充分准备，即所谓“厚积”。“跟着好人学好人，跟着老虎学咬人，跟着坏人瞎胡混”“看好样，学好样”则说明“约取”的重要性。

哈萨克族也有类似谚语，如“不能赤手空拳去迎敌，没准备好武器，会措手不及”，也强调平时积累准备的重要性。壮族谚语“智慧要从年幼时积累，骏马要打马驹时练就”，藏族谚语“要煮雌雄野牛肉，煮熟晾凉需时间”，都强调早做准备和积累。藏族谚语“善射才买弓，懂医方备药”“不知是遇敌还是遇友，钢刀木碗一起带走”则认为要作万全准备再行动，不打无准备之仗。“想出行用料喂马，想有学问学五明”“交良友，学识自然增进；交恶友，行为随之变坏”说明藏族人民对于学习好榜样的重视，劝诫人们要交良友，学榜样，读书要学会判断辨别，取精华而弃糟粕，不能好坏兼收。

丰富的知识储备和孜孜以求的探索精神是开拓创新的源泉和动

① 曾枣庄：《博观而约取　厚积而薄发》，《光明日报》2016 年 12 月 6 日。

力，创新需要有存疑、究底、虚心学习、勇于探索的精神，同时还要讲求一定的方式方法，如此，新的思想便会孕育，进而实现创造和发展。

第二节　革故鼎新、求变求新的创新精神

“革故鼎新”“求变求新”思维是我国古代政治制度、经济体制、文化机制、社会治理等方面发展创新的重要动力，自古以来广受中华民族提倡和推崇，它所包含的勇于抛弃旧思想旧事物、创立新思想新事物的内涵也是中华民族文明的重要组成部分。

在中华民族绵延千年的历史长河中，创新的脚步从未停止。春秋战国时期受大变革、大动荡的时代和社会影响，人们提出了顺应潮流变革社会制度的要求。如荀子主张在借鉴“先王”有益之处的同时“法后王”，强调与时俱进，而非抱残守缺。战国末期杂家的代表作《吕氏春秋》中有言：“察己则可以知人，察今则可以知古。”主张因时变法，察明当前形势，不应死守古法。法家著名代表商鞅践行变法，为秦朝灭六国、统一天下奠定了坚实基础。

北魏孝文帝移风易俗，推行汉化政策，促进了民族融合以及社会经济的恢复和发展。到了北宋，积贫积弱的现状使得学者们纷纷主张变革时弊，提出了自己的见解与看法。宋祁提出“去三冗”的变革主张；欧阳修在上书中痛陈“天下之势岁危于一岁”的实际，要求统治者“革去旧弊”；王安石提出著名的“三不足”思想，即天变不足畏、祖宗不足法、人言不足恤，认为只有变更天下之弊法，才可以出现“治世”。有了这些思想基础，“庆历新政”和王安石变法才得以推行。明清时期科举制度已经失去了原来选拔人才的作用，黄宗羲、顾炎武等人提出了尖锐的批评，要求改革科举制度和社会政治弊端，提出了一系列思想主张。

近代以来封建地主阶级、农民阶级、资产阶级展开了一系列救亡图存的探索，中国共产党领导的新民主主义革命时期、社会主义革命与建设时期、改革开放时期和新时代以来的探索与实践无一不践行着与时偕行、因时而变的创新精神。中国历代学者以革故鼎新为怀，匡世救时提出许多有价值的见解，并在力所能及的范围内付诸实践。进步思想家和仁人志士站在时代的前列，顺应历史发展的潮流，变革社会，针砭时弊，推动了中国历史的进步。[①]

中华谚语是一个中国多民族语言的宝库，其中汇聚了 56 个民族关于革故鼎新、求变求新的深刻内涵，强调创新，反对因循守旧，要求社会不断变革图强，要求为政者不断提高道德修养，更新思想观念。它以简洁隽永的风格记录了中华各民族关于创新发展思想和经验。散发着独特的民族魅力，感染激励着各族人民。

一、因时而变，随事而制

中华谚语体现出的创新精神首先聚焦在为什么要创新这个层面。《孙子兵法》的“军无常势，水无常形”揭示出事物的变化发展，《列子·说符篇》曰：“天下理无常是，事无常非。先日所用，今或弃之；今之所弃，后或用之。”天下没有永远正确的道理，也没有永远错误的事情。中华谚语也体现出人们对万事万物变化的认识。

汉族谚语“北风也有转南时”说明事无常势，万物皆变。藏族谚语“治国有兴衰，日月有圆缺，石山有分裂，四季有变化”“日月再高也会被天狗吃掉，井水再低也能用绳子提起”比喻事物不是一成不变的。“高山直腰走，原野低头走，险峡靠山走”说明了要具体情况具体分析，不能不知变通。达斡尔族谚语有“青草不能常绿，朝代不能永存”“时代变化，蝙蝠也能抓鸡”“畜群跟草原，人随环境”，意

---

① 吴毅、朱世广、刘治立：《中华人文精神论纲》，人民出版社 2011 年版，第 172 页。

在说明万物皆变，既然周围的环境都在不断变化发展，人又怎么能故步自封呢？

各民族谚语都鼓励人因时而变、勇敢创造，也从反面讽刺了不知变通、固执己见的行为，教导后代引以为戒。比如汉族谚语有“做事不用脑，费力不讨好”“只踏着别人的脚印走，永远不能发现新的路”“板板六十四”等。蒙古族也批判“穿新鞋，走老路”“依样画葫芦”的行为，告诫后代“吃别人嚼过的馍没味道”“腐朽的树木难长叶，腐朽的思想难进步”。侗族也有类似的说法，如“别人吃剩莫再啃，步人后尘灰一身”，唯有变革与创新方能成就生生不息的发展。藏族人民用“百曲一个调，百病一味药”来批判千篇一律、毫无新意的事物。老年人容易固守旧有经验，不愿意接受新鲜未知事物，求稳求妥；年轻人有时会受旧习惯旧经验的影响而放不开手脚，不敢去闯，不敢去干，因此哈萨克族谚语中有“保守固执的老年人，阻止青年人前进”的说法。

“明者因时而变，知者随事而制。”善于识变，才能在变化中抓住机遇，不至于迷失方向，所谓“观乎天文，以察时变；观乎人文，以化成天下”；善于求变，才能在适应中占据先机，在挑战中成长，所谓“所当乘者势也，不可失者时也”；善于应变，才能在改革中开拓进取，所谓“惟改革者进，惟创新者强，惟改革创新者胜”。识变能把握方向，求变应变能改变现状，如此，方可行稳致远。

二、躬身实践，知行合一

《礼记·杂记》说：“君子有三患：未之闻，患弗得闻也，既闻之，患弗得学也；既学之，患弗能行也。”在孔子看来，知与行是如影随形、亦步亦趋地联结在一起，“儒有博学者而不穷，笃行而不倦”，学习书本知识要博学没有穷尽，实践也要没有倦怠。荀子认为行是知的来源和基础，他在《荀子·儒效》中讲“不闻不若闻之，闻之不若见之，见之不若知之，知之不若行之，学至于行之而止矣”。行不仅来源于知，且行高于知，学问的目的在于“行”。[①] 古时十分注重游学，所谓“读万卷书，行万里路”，从而实现知行兼备。司马迁“二十而南游江、淮，上会稽，探禹穴；窥九疑，浮于沅、湘；北涉汶、泗，讲业齐、鲁之都，观孔子之遗风。行射邹、峄，戹困鄱、薛、彭城，过梁、楚以归……奉使西征巴、蜀以南，南略邛、笮、昆明”，正是这些丰富的游学经历，为他写下《史记》奠定了坚实的基础。医学家孙思邈、李时珍，地理学家郦道元、徐霞客的学术成就更是游学的辉煌产物。玄奘西域取经，为求“真经”遍游天竺国，历时十九年，不仅取回原本经书，且著成《大唐西域记》。

时至今日，躬身实践、知行合一精神仍是我们做事、做学问不可或缺的重要品质。习近平总书记在与北京大学师生座谈时指出，“学到的东西，不能停留在书本上，不能只装在脑袋里，而应该落实到行动上，做到知行合一、以知促行、以行求知，正所谓‘知者行之始，行者知之成’。每一项事业，不论大小，都是靠脚踏实地、一点一滴干出来的。”要想有所发现，有所创新，更应该到实践中去，在实践中发现新问题，在实践中寻求解决之道。

中华谚语也强调实践的重要性。如汉族谚语“行动比语言更响亮”“看看简单，做做烦难”“说过千遍，不如手过一遍”“擒龙要下海，打虎要上山”“亲身下海知深浅，亲口尝杏知酸甜”“遭一蹶得一训，经一事长一智”“动手去干，果实多多。光说空话，一无所获”等等，无论是从认识来源于实践的角度，还是从在实践中发现问题的角度，实践在任何一个层面都显得尤为重要、不可缺失。

蒙古族也是一个十分注重实干的民族，有大量与实践相关的谚语。如“嘴上空话连篇，不如劳动实践”“不出门不知路远，不经实

---

① 吴毅、朱世广、刘治立：《中华人文精神论纲》，人民出版社 2011 年版，第 370 页。

践不辨真理”“话语用道理衡量，行为以实践检验”“帽子的好坏，在寒冬一戴就知道；东西的真假，在实践中一检验就知道”等，这些谚语都凝结着蒙古族人民从实际生产生活中总结出的宝贵经验，证明了实践出真知的道理。

哈萨克族谚语强调“聪明的人：听到一次，思考十次；看到一次，实践十次”“要从书本中学，也要从实践中学”，说明学习不能拘泥于书本和课堂，更应到生活实践中学习，做到知行合一。维吾尔族常把“没有实践经验的学者，犹如不下蛋的母鸡”“百闻不如一见，一见不如实践”挂在嘴边，鼓励人们躬身实践、脚踏实地。

三、推陈出新，破而后立

江河奔流入海势不可当，与其临水长叹其一去不回，不如泛舟而下一日千里，更有聪慧者改道易渠，灌溉大疆原野，收获万顷良田。这正是察势者智，顺势者赢，驭势者独步天下。治水如此，处世如此，治国亦如此。“终日乾乾，与时偕行。”中华民族意识到唯有因人而异，因事而异，因势而变，适时创新才能不受制于人，不被别人“卡脖子”，才能不断发展进步。汉族谚语“创新是人类前进的动力”“自有自便，自创自立”等，都意在说明创新的必要性。藏族谚语有“山中无路去筑路，河上无桥新架桥”。维吾尔族人民意识到“与其恳求顾客，不如改良畜种”的重要性。哈萨克族谚语有“手艺匠的财富在双手中，勤奋者的成就在开拓中”等。创新而自立，创新而发展，面对不断变化发展的环境，唯有创新才能顺应历史潮流，与时偕行。

有了创新意识还不够，重要的是敢于创新，敢于去走他人没有走过的路，敢于开辟一条新的道路。创新之路荆棘丛生，困难重重，还要面对失败的风险。但自强不息的中华民族不会被苦难吓倒，宁可迎难而上，也绝不因循守旧、抱残守缺。

如汉族谚语“别因河深不渡河”“不仅要敢闯，而且要敢创”“墨守成规只能跟着转圈，勇于创造才能力争上游”，藏族谚语“不干不闯，不知英雄的本事”激励人们勇敢创造、勇攀高峰。

维吾尔族人民坚信“没有登不上的山，没有蹚不过的河”“坚持飞翔的雄鹰终会落峰顶”的道理，在面对自然灾害和物种退化时，维吾尔族人无论从事牧业、农业还是园艺业，始终做到不退缩、不畏惧，坚持不懈改良品种，提升灌溉技术，造就了坎儿井等水利灌溉系统，让沙漠变成绿洲。

“千军易得，一将难求”。创新的根本在于人，人的主观能动性和智慧才能是创新活动中最不可或缺的。不仅要敢于创新，还要善于创新，讲求一定的方式方法。如汉族谚语“打枪要扣扳机，攻关要攻难点”，维吾尔族谚语“做事靠窍门，抡坎土曼凭把手”，藏族谚语“胡须不能搓绳，茅草不能做箭”等都强调在创新活动中要讲求方式方法，善于抓住重点难点。

善于创新的人对世界充满好奇，不随波逐流，有着丰富的想象力和创造性。面对一潭死水，闻一多先生能发现新意，写出“也许铜的要绿成翡翠，铁罐上绣出几瓣桃花；再让油腻织一层罗绮，霉菌给他蒸出些云霞”这样美的诗句来。达斡尔族谚语“放猎鹰，猎物越多越要冷静；丢猎鹰，越找不到越要耐心”充分说明了专心和耐心的重要性，这是创新创造过程中必备的品质。

第三节　精益求精、一丝不苟的工匠精神

水墨丹青里的江山如碧，金丝锦绣下的繁花如缀，浴火新淬后的玉瓷青花，这些无不凝聚着传统工匠精神的缩影。匠人们以严谨认真、精益求精的态度，扎实过硬的技能，用自己的双手创造出匠心独运、完美无缺的作品，演绎着工匠精神。他们锲而不舍地追求卓越的精神品格，不仅成为宝贵的个人品格，更熔炼为中华优秀传统文化的

重要内容，时至今日，仍有着不可磨灭的意义。

我国自古就有尊崇和弘扬工匠精神的优良传统，所谓“器以载道”，“器以藏礼”。《庄子》讲庖丁解牛游刃有余，“道也，进乎技矣。”《诗经》中的“如切如磋，如琢如磨”反映的就是古代工匠在切割、打磨、雕刻玉器时精益求精、反复琢磨的工作态度。后来，孙中山将它扩展到近代工业，并概括提炼出“精益求精”精神，使萌芽于《诗经》的切磋琢磨的工匠精神最终提升概括为技术道德的重要规范。

可以说，我国自古以来就非常注重工匠精神，形成了“尚巧工”的社会氛围。正是在这样的社会氛围下，能工巧匠层出不穷，在中国的古代典籍中，我们记住了一个个闪亮的名字，“工匠祖师”鲁班、“中华科圣”墨子、“造车鼻祖”奚仲等等，他们巧夺天工、专注执着、精益求精，止于至善，不断创新。他们汇聚成一个独特的群体——工匠。他们以其匠心匠德及不断的实践，发展出中华民族独特的工匠文化。得益于这样的文化土壤，工匠精神不断创新发展。[①]各种独特、精湛、细腻、完美的艺术品让世界惊叹。如中国精美绝伦的古代八大金工艺：鎏金、花丝镶嵌、锤鍱、金银错、掐丝、炸珠、錾花、累丝，又如别具匠心的瓷器艺术品：越窑青瓷、邢窑白瓷、官窑的釉下彩瓷等等。在悠长的历史文化长河中，匠人们以精湛的技艺和“至善、诚敬、创新”的智慧和人格光芒，孕育发展了中华工匠文化。这种工匠文化成就了昔日手工业的辉煌，成为中华文明发展的动力之源，并以其强韧的生命力，流传至今，成为“工匠精神”的文化之源。

工匠精神追求的不仅仅是精湛高超的技术，更是一种追求将技术与人格融为一体的“善美境界”。这种精神表现为一丝不苟的敬业精神、追求卓越、敢于创新的探索精神和“利用厚生”的经世致用、为国为民精神，体现了中国工匠精神人格化的特点，也体现了中华民族

---

① 陶晓莺：《文化自信视域下工匠精神的当代价值》，《对外经贸》2021 年第 10 期。

的传统道德观。[①] 正如清代魏源所言“技可进乎道，艺可通乎神”。

一、以德为先，进德修业

中华传统文化一直强调道德修养的重要性。《周易》中多次提到“崇德广业”“进德修业”。《左传・襄公二十四年》：“‘太上有立德，其次有立功，其次有立言’，虽久不废，此之谓三不朽。”把树德立行作为“三不朽”的头等大事。《论语・述而》：“志于道，据于德，依于仁，游于艺。”君子要追求真理大道，行为处事依据道德，内心具有仁爱情怀，游习六艺陶冶情操。唐代诗人刘禹锡《陋室铭》：“斯是陋室，惟吾德馨。”体现了作者以德自励的思想，是历代中国文人追求的精神境界。

中国古代传统工匠也讲求“艺无德不立”，这与“以德为先”的中华传统文化道德标准不谋而合。传统工匠首先要遵循社会的基本道德规范，仁义忠孝、与人为善、谦和礼让、勤劳节俭、诚实守信，此外还要恪守行业要求，义利并举。我国传统社会对人的评价首先关注品德，所谓“艺如人品”“艺高不如德高”，一个道德品行高尚的工匠，其技艺会受到推崇；如若品质败坏，技艺再精妙绝伦，也会为人所不齿。因此工匠在学习及运用技艺的过程中都注重道德品行的修养和自我形象的维护，在追求财富的同时，更加注重道义。[②]

（一）敬业乐群，忠于职守

敬业是从业者基于对职业的敬畏和热爱而产生的一种全身心投入的认认真真、尽职尽责的职业精神状态。中华民族历来有“敬业乐群”“忠于职守”的传统，敬业是中国人的传统美德，也是当今社会主义核心价值观的基本要求之一。早在春秋时期，孔子就主张人在一生中始终要“执事敬”“事思敬”“修己以敬”。“执事敬”，是指行事

① 陶晓莺：《文化自信视域下工匠精神的当代价值》，《对外经贸》2021 年第 10 期。
② 庞娟：《汉语传统工匠类谚语研究》，内蒙古大学硕士学位论文，2017 年，第 29 页。

要严肃认真不怠慢；“事思敬”，是指临事要专心致志不懈怠；“修己以敬”，是指加强自身修养保持恭敬谦逊的态度。宋代大思想家朱熹将敬业解释为“专心致志，以事其业”。

汉族谚语“娇子不能立业，娇妻不能兴家”“一分精神，一分事业”“欲求伟业成，须下死功夫”“专靠挥舞拳头，成不了事业”都说明做好一份事业的不易，需要下苦功夫、尽心尽力。“居家不得不俭，创业不得不勤”“克勤克俭，成家立业”都强调“勤”对于立业的重要性。哈萨克族谚语有“别忘了祖宗事业，别扔掉旧皮窝子”“人有干劲，事业突飞猛进”“好汉子一心为事业，孬汉子只知为肚皮”，强调坚守事业、忠于职守。维吾尔族强调“敬业乐己，纵欲伤身”。可见，中华各民族都十分重视敬业的道德品格，也赞美为事业不懈奋斗的实干精神。

（二）戒骄戒躁，虚怀若谷

传统工匠谚语“学不知谦，艺必有限”，说的是在学习的过程中如果不懂得谦逊，那么就很难获得高超的技艺。初出茅庐的学艺者要尊师重道，专心跟随师傅学习；能够独当一面的工匠，不得骄傲自满，需避免“才高必狂，艺高必傲”的现象发生，学无止境，不断总结自己技术上的弱点，向比自己技艺高超的匠人虚心求教，即便遇到经验不足却有过人之处的小匠，也要不耻下问，才能使技艺不断精进；技艺高超的能工巧匠则需坚定“德高乎众望，艺高不压人”的理念，虚怀若谷，树立自己在行业内的威信。①

中华传统文化向来要求凡事不可“满”，提倡谦卑谨慎、严于律己。如汉族谚语“志不可满，傲不可长”“弓太满则折，人太满易败”“慢步跌不倒，虚心错不了”“成事者不露，败事者自夸”“竹能虚心百竿长，人能虚心常进步”等等，都旨在劝诫人们戒骄戒躁、虚

---

① 庞娟：《汉语传统工匠类谚语研究》，内蒙古大学硕士学位论文，2017 年，第 12 页。

心求教。清代金缨的《格言联璧》有言“有真才者，必不矜才；有实学者，必不夸学”。不论学艺还是做人都应葆有一颗谦逊沉稳的心，不断学习，不断进步。

蒙古族谚语中有许多关于谦卑谨慎的谚语，这些谚语体现出了蒙古族人民共同的道德追求和律己观念。如“骄傲的人会跌倒在门槛上，谦虚的人可以走遍天下”“宽阔的河流平静，有教养的人谦虚”“不会喝酒的人，稍喝点酒就感到天旋地转；不知谦虚的人，稍一表扬就不知天高地厚”“聪明者谦虚，愚昧者骄傲”“谦虚的人学十当一，骄傲的人学一当十”“谦虚的人将成绩看成向上的台梯，骄傲的人把成绩变成下降的滑梯”“上进的人，谦虚；高傲的人，神气”“水深的江河，水流缓寂；博学的智者，谨慎谦虚”“知识渊博的人不卖弄，心灵手巧的人不做作”等，蒙古族人民总是将谦逊者和自大者作比较，以劝告人们虚心添智，审视自己的不足，以谦卑处世，切忌骄傲自满。维吾尔族也有类似的谚语如“谦虚使人长进，骄傲会栽跟头”“骄傲的首昂天，谦虚的眼瞅地”等，彝族谚语有“能干的人说话谦虚，人人暗暗佩服”等。谦逊作为中华民族的民族品格，推动着中华民族不断前进、不断突破。

（三）兴利除害，为国为民

古代工匠没有将目光局限在个人、家庭利益上，更将目光投射于国家和人民利益，为国为民，忠于职守，有着崇高的道德修养。中国第一个工匠团体墨家在这方面很突出。墨子以培养“必兴天下之利，除天下之害”的“兼士”为教育目标，其目的是把“农与工肆之人”培养成掌握实用技术的“兼士”，“兴利除害”便是道德行为和道德评价的根本尺度。《墨子・尚贤上》记载“兼士”必须符合三条标准，即“厚乎德行”“辩乎言谈”“博乎道术”，要做到“有力者疾以助人，有财者勉以分人，有道者劝以教人”“利人乎即为，不利人乎即止”，这是评价职业行为是否道德的最高标准。这种道德价值观，得到后世工匠的认同。[①]

李冰作为地方官员，没有致力于官场上八面玲珑，而是着眼于关系民生的实际问题。作为水利专家，他深入了解当地的地理环境，大量翻阅相关资料，秉持“治蜀的关键在于治水”的理念，李冰通过精心规划、科学部署，主持修筑了都江堰水利枢纽工程。治水真言，浓缩了千万个日夜；精巧工程，倾注了无数的心血。若非有这一份纯粹与坚守，他又怎能令石人奏效、堰坝屹立？据《元史·许衡传》记载，许衡不但自身发明创造极为突出，创制了简仪、仰仪、圭表、景符等天文仪器，修建27所观测台并制定了《授时历》，完成我国历法史上第四次重大改革，同时还提出了著名的“治生说”，强调“言为学者，治生最为重要”，他心系国民，成为元代杰出的政治家且在教育等领域也作出了突出贡献。这些人将自己的专业技能、一腔热血挥洒在国家广袤的土地上，兴利除害，造福国家和人民，可谓匠人之最高境界。

汉族谚语“对祖国不要吝啬你的本领”，强调将习得的本领回馈国家和人民，造福社会。“国泰民安，国富家兴”说明家国一体，国家兴盛，家庭才能安定。“国家大事，人人献策”，“为人正直为国忠，为国为民献青春”等，都鼓励人们为祖国和人民贡献自己的力量，尤其是青年人要将宝贵的青春年华、最美的青春时光献给祖国和人民，为民族复兴注入青春力量。

蒙古族谚语“坐卧常思国事，吃用常念天恩”“为民族谋利到头白，为国家奋斗到盖棺”强调为国家民族不懈奋斗，报效祖国。“高山的装饰是森林，国家的瑰宝是人才”，各行各业的匠人们就是国家的宝贵人才，他们的精湛手艺本领，若为国所用，必能大放异彩。劝诫匠人们要心怀天下，为国家发展、人民福祉接续奋斗。

---

① 薛栋：《论中国古代工匠精神的价值意蕴》，《职教论坛》2013年第34期。

二、精于专工，苦练本领

中华谚语体现出的工匠精神首先聚焦于精于专工，强调精湛手艺背后的扎实苦干、精益求精。如汉族谚语“学木匠先凿空，学铁匠先打钉”强调任何精湛的手艺都是从最简单、最基础的部分学起，练就扎实的基本功，所谓“打铁先得本身硬”，具备了强壮的体魄、超凡的身体素质才能胜任这份工作，“走遍天下都一理，铁匠的胳膊没人比”说的就是铁匠的职业特征。“勤生巧，巧变精”说的也是熟能生巧，巧能生精的道理。

少数民族也十分注重脚踏实地学习积累技艺。如蒙古族谚语有“滴水穿石由于工夫长，学问渊博由于勤奋学”，说明学习不是一蹴而就的，需要长期的积累。藏族谚语“不经盘驼路，难朝杂日山”表明要想做成一件事，就一定要克服前进道路上的困苦，不畏艰难，勇往直前。类似的谚语还有“最好的骏马，都是骑出来的；最好的能人，都是练出来的”等等。鄂伦春族谚语“骑马上坡容易下坡难，学箭射出容易射中难”也表明精湛技艺并非一日而成，而是凭借日复一日、年复一年的努力积累而成的。景颇族谚语“暴躁的动物会把犬牙碰断，急着烧菜会把竹筒捅破”指的是景颇族有时用青竹筒烧菜，即把调好作料的生菜装进竹筒放在火灰中烧。烧时不能性急，只能让它慢慢烧。如果性急，把竹筒捅进火里，就会把竹筒烧通，从反面告诫人们做事不能性急，要脚踏实地，耐得住寂寞，守得住繁华。

（一）钻研工艺，务实求富

在“以农为本”的社会环境下，掌握手艺的传统工匠能够以手艺谋生。如汉族谚语中所说的“只要手艺精，就有生意经”“手艺是活宝，走遍天下饿不倒”“薄技在身，胜握千金”“不学辛苦艺，难近世间财”“学得一门手艺成，便有三分财主命”“人有一技之长，不愁家里无粮”“手艺在身，怀中揣金”等，精湛的手艺能为自己创造财富，同时实现自身的独特价值。“求富”理念刺激了传统工匠的创造性，整体上有利于产品和技术的创新；工匠为了维持技艺的竞争力，不断精进工艺、创造出各式各样匠心独运的产品，推动我国手工业和商业的繁荣。“学艺终身福，艺高不亏人”“手有绝招，能揽难活”“艺高身价贵”等，都体现出精湛手艺给人带来的经济效益，是人安身立命的需要。维吾尔族谚语也有“靴要钉靴掌，人要手艺强”，说明精通一门手艺的重要性。

过去农民“靠天吃饭”，生活极其不稳定，一旦遭遇天灾或战争，基本生活就得不到保障。在荒年或战争等艰苦的环境中，手艺人却能够凭借掌握的技能维持生计，正所谓“荒年饿不死手艺人”“手艺是活宝，走遍天下饿不倒”等。为了增加生活的稳定性，创造更多的物质财富，过去有些农民也致力于学习一门手艺，所谓“良田千顷，不如薄艺随身”。他们坚持“忙在地里多干，闲学手艺少转”，合理分配时间，农忙时务农，农闲时学习手艺。可见，勤劳能干的中国人绝不坐以待毙，而是不断学习进步，用自己的双手创造财富，为美好生活而积极奋斗。

（二）百业平等，各放异彩

正如汉族谚语所说的“三百六十行，行行出状元”“职业没贵贱，志气有高低”“士农工商都是正业”，各行各业都有杰出的人才，无论从事什么行业，只要热爱本职工作、勤奋努力干事，都能作出优异的成绩，在自己的岗位上发光发热。所谓“行行出状元，事事在人为”，只要用心，在任何岗位上都可成就一番事业，切忌眼高手低、挑三拣四。“干一行，爱一行，专一行，通一行。”各少数民族也十分尊重各项技艺和各行各业的匠人们。如哈萨克族谚语有“山有泉水才美，人有技艺才好”，达斡尔族谚语有“老虎凭的是威风，好汉凭的是技艺”，乌孜别克族有“没有无刺的蔷薇，没有不费力的技艺”等。只要手艺精湛，能力突出，在任何行业都能有一番作为。新时代要求我们树立职业平等观，尊重每一个行业，尊重每一个在自己岗位发光发热的劳动者。

三、一丝不苟，精益求精

匠人不仅仅把技艺的磨炼、传承、创新视为安身立命的需要，更内化为社会的责任和自我的职业担当和追求。执着专注，一丝不苟是工匠精神的重要组成部分，中华谚语也体现出了这一点。

如藏族谚语“四四方方小补丁，千针万线密密缝”“集中凿子尖儿”“心胸虽比大地广阔，做事须似粉尘细致”“要成人须从小，要成骏马须从驹”等都体现出藏族人民对待生产工作的一丝不苟、专心细致的态度。维吾尔族谚语“果园精心打理，果油汩汩而来”“精心植树变果园”，壮族谚语“路越走越熟，事越办越精”，哈萨克族谚语“走马观花收获少，细心仔细收获多”“烤的得法，扦子烤不焦胸，岔肉也烤不煳；小心从事，敏锐的思想会把你引向光明前途”等强调做事需谨慎小心、注重细节、精益求精。正所谓“天下难事，必作于易；天下大事，必作于细”。匠人们心心在一艺，心心在一职，以数年如一日的匠心坚守和一点一滴追求极致的精进，把“敬业”上升为“精业”，将工匠精神内化为国民品性，推动中华文明的复兴，这样的宝贵精神可赞可叹。

工匠精神是我们宝贵的精神财富，是新时代的精神指引，当今世界，大力弘扬和发展工匠精神对于提高综合国力有着深远意义。这些年来，中国制造、中国创造、中国建造共同发力，不断改变着中国的面貌。从“嫦娥”奔月到“祝融”探火，从“北斗”组网到“奋斗者”深潜，从港珠澳大桥飞架三地到北京大兴国际机场凤凰展翅……这些科技成就、大国重器、超级工程都离不开大国工匠执着专注、精益求精的实干，刻印着能工巧匠一丝不苟、追求卓越的身影。

中华谚语体现出的探索创新精神内涵丰富，不仅强调了勤学好问、学思结合、厚积薄发等学习探索精神的重要性，而且教导我们创新需要有因时而变的识变能力，也要有敢闯敢拼、推陈出新的求变应变能力，同时学习匠人们精益求精的细致和严谨，并将探索创新精神融入日常的生产生活中，在为国为民的奉献中践行，给人们以创新之启迪、创新之鼓励。

第六章　中华谚语中的守信重义精神

守信重义精神是儒家文化的重要组成部分，也是中华礼仪之邦的文化象征，更是千百年来为中华民族所遵守的行为准则。早在西汉时期，董仲舒就提出："夫仁谊礼智信，五常之道，王者所当修饬也。"他在吸收孔孟思想的基础上进一步发展儒家学说，最终形成了儒家五常之道"仁、义、礼、智、信"，即传统的道德体系。具体来看，守信重义主要包括诚信、践诺、重义三部分内容，归根到底为"信""义"二字：信者，人言也。李觏诠释信："固守而不变者，命之曰信。"由此看来，信即诚实守信，言行一致；《中庸》曰："义者，宜也。"义也可以理解为"正义、理义"等，我们所讲的"义"即忠义、仁义，这就要求人们有情义、讲义气。"信"与"义"二者同作为儒家伦理纲常，具有相通之处，诚在于仁，信近乎义，诚信离开了仁义，就失去了价值，故而二者是密不可分的，不能完全剥离，并且共同作为对人的思想道德层面的基本要求。一定程度上讲，"信"需要"义"来加强，即"信近于义，言可复也"[1]，这就表明了"信"与"义"内在的有机联系，二者相辅相成形成了中华民族"守信重义"的精神内涵。

守信重义精神的重要性体现在生活中的方方面面，它一直是中华

① 杨伯峻：《论语译注 · 学而》，中华书局 1980 年版，第 8 页。

文化中活跃的因子，它是立身的根本，更是被君子奉为圭臬。首先，人的本质属性是社会性，这就决定了处于社会网络中的人需与他人进行交往联系才能确定自身的存在，实现自身的价值，而与人交往需具备的首要品质就是诚信，诚信是取得他人和社会信任的基础，是与人交往、成就事业、实现理想的保证。其次，在社会活动中，诚信是必要的保障，经济活动中，诚信是交换关系的基础和市场经济中无形的手。缺乏诚信，合同就会成为一纸空文，就势必尔虞我诈、钩心斗角、唯利是图、不择手段，其结果不仅是个体会被市场规律的浪涛所吞没，而且也会造成社会无序和道德的普遍沉沦[①]。在政治活动中，如果政策朝令夕改，官员言而无信，那么就会造成国家秩序的紊乱，失去民众的信任与拥护。对于国家与国家之间的关系而言，诚信也尤为重要，如果在国际舞台上缺乏诚信，就会因失去国际间的信任而陷入孤立，所以遵守国际间的约定，秉持仁义精神，构建合作、开放、互利共赢的人类命运共同体才是搭建良好国际秩序的根本。

总而言之，“守信重义”精神从古至今都贯穿于社会的各个层面。守信重义精神具体表现为忠贞守信、忠信修业的诚信精神，言行一致、表里如一的践诺精神，求仁求道、见利思义的重义精神。中华谚语对这一内涵有着丰富的阐释。

第一节　忠贞守信、忠信修业的诚信精神

起初在文献中，“诚”与“信”是单独使用的，但是在《说文解字》中，诚信二字互训互释：“诚，信也”“信，诚也”。孟子将“诚”提升为道德的本体，《礼记·大学》又将“诚意”列为八目之一。“信”字最早见于《尚书·汤誓》：“尔无不信，朕不食言。”“信”起初是指人们对于鬼神的虔诚，诚实无欺，具有较为浓厚的宗教色彩。

① 吴毅、朱世广、刘治立：《中华人文精神论纲》，人民出版社 2011 年版，第 280 页。

孔子也极为重视“信”，将其列为“四教”（文、行、忠、信）和“五德”（恭、宽、信、敏、惠）之一，从而确立了“信”在道德体系中的地位与价值。

最早将“诚”“信”连用的是《逸周书》：“成年不尝，信诚匡助，以辅殖才。”这里的“信诚”就是“诚信”的意思。“诚”与“信”意思相近，但却有细微的差别，“诚”指真实的内心态度和品质，即“内诚于心”，体现一种自我内心的道德修养；“信”侧重于“外信于人”，体现他人对自己的态度。“诚是自然底实，信是人做底实”，自古我国就以诚信作为为人处世的基本要求，所谓人无信不立，政无信不威，孔子就曾多次谈到诚信的重要性，他说：“人而无信，不知其可也。”（《论语 · 为政》）又言：“言忠信，行笃敬，虽蛮貊之邦，行矣。言不忠信，行不笃敬，虽州里，行乎哉？”（《论语 · 卫灵公》）。

谚语中也不乏有以“诚信”作为个人修养以及人际交往准则的内容，比如汉族谚语“说话要诚实，办事要公道”“民保于信”“民无信不立”，壮族谚语“诚实是立身之本，轻浮是败事之根”，维吾尔族谚语“数目上需要细致和精确，朋友间需要热情和诚挚”等，这些谚语都将诚信视为重要的文化价值观，将恪守“信义”作为检验一个人品行的重要尺度，体现出中华各民族文化之间的相通之处。

一、修身洁行，内省不疚

在传统道德伦理中，诚信一直居于重要地位，这种道德原则的确立和人类文明规则的建立有很大关系，是人类理性与人类的本性、本能之间漫长的斗争以及实现人类本能不断妥协和理性胜利的最终结果。忠贞守信、忠信修业首先是对个人的要求，一个人注重内在的修养，能够修身养性，才能进一步发展，也就是“修身、齐家、治国、平天下”。

在古代，“诚信”一直都作为衡量一个人是否为真君子的重要标准，唐代史学家吴兢在《贞观政要・诚信》中援引魏征的总结指出："君子所保，唯在诚信。诚信立则下无二心，德礼行则远人斯格，然则德礼诚信，国之大纲，在于君臣父子，不可斯须而废也。"[①] 成为君子的根本就在于诚信，君子所需要保持的品性也包括诚信；这里除了将诚信视为"君子所保"，更将诚信列为"国之大纲"，诚信树立起来，人民就没有二心，国家才能兴旺发达。对当今中华民族价值观念、道德准则进行高度凝练的社会主义核心价值观中的个人层面同样提到了"诚信"，诚信观念源远流长，中华民族优秀传统文化的相对稳定性表明诚信从古至今都是个人道德层面的必需品。

中华民族有不少谚语便反映出将诚信视为修身之本，比如汉族谚语"人靠心好，树靠根牢""人是实的好，姜是老的辣"，纳西族谚语"竹要空心，人要实心"都是结合了日常生活经验，与人们平时所能接触到的事物进行类比，强调了人要"心好""实心"，浅显易懂，使诚信品质具体可感，具有说服力，从而表明了诚信、诚实的重要性，这在《诚信歌》中体现得尤为直观："古称言必信，徙木立商君。诚实当为本，不欺方是真。一言如九鼎，驷马枉追寻。失信非君子，食言即小人。"

曾子曰："吾日三省吾身，为人谋而不忠乎？与朋友交而不信乎？传不习乎？"除了要明确诚信是修身之本，我们还需时时反省，检验我们的言行举止是否符合诚信的内涵，由此也衍生出许多警示性的谚语，以此来警惕人们时刻遵守诚信的道德要求，即要做到"日勤三省，夜惕四知"，也就是时时要"内省"。像汉族谚语"宁可认错，不可说谎"表明不要因为想逃避错误就不诚实，"是好说不坏，是坏说不好"意为不要违背事实，它并不会因谁的说辞而改变；壮族谚语"诚实是立身之本，轻浮是败事之根"，藏族谚语"花言巧语并非

① 门岿：《二十六史精粹今译》，人民日报出版社 1991 年版，第 1294 页。

智慧，真诚耿直才是高尚”，还有汉族谚语“患于诺言是君子，不讲信用是小人”通过善恶对比来体现出该民族的诚信观，从主观思维出发，体现了对自我的审视与反思，并且由此总结出了丰富经验。

“诚信”无疑是各民族都重视的一种品德，其谚语内容便有所体现，弘扬诚信的相关谚语还有：

真诚的人，即使坐牛车也能撵上兔子。（蒙古族）

人好在诚实，马好在善跑。（蒙古族）

心口要诚实，身手要干净。（藏族）

莫以雨水洗脸，莫以谎言骗人。（达斡尔族）

别用三角嘴巴说谎话，别用十根手指偷东西。（藏族）

至诚石上生青草。（朝鲜族）

以上谚语都体现了“诚信”的重要性，中华各民族都宣扬“诚”的价值观念，少数民族谚语还体现出了民族特色，以朴素的语言、易懂的道理对人们的行为起到约束、警示的作用，将“诚信”精神展现出来。

二、以诚立身，以信立业

“信”与“业”有何联系?《周易・乾卦》中孔子在解卦时有言：“君子进德修业，忠信，所以进德也；修辞立其诚，所以居业也。知至至之，可与几也；知终终之，可与存义也。是故居上位而不骄，在下位而不忧。故乾乾因其时而惕，虽危无咎矣。”意为君子因为忠信，故能进德，是为忠信修业。诚信是修业的基础，首先应具备忠贞守信的品质然后才能成就一番事业，这样即使身陷险境最终也不会有灾难。故而，忠贞守信是人际交往中对个人的基本要求，而当个人满足了诚信的基本道德标准后才能够进一步达到“修业”的要求。由此可见“诚信”作为一种道德规范，是人们在立身处世、修业为政、交友来往中所必须遵守的一种道德法则。

“知之为知之，不知为不知”求学的过程也需要“诚”，诚实地面对自己的不足，及时弥补而非欲盖弥彰，只有这样，才能日益精进，这才是求学的大智慧。所谓“学者不可以不诚，不诚无以为善，不诚无以为君子，修学不以诚，则学杂；为事不以诚，则事败；自谋不以诚，则是欺其心而自弃其忠；与人不以诚，则是丧其德而增人之怨”，就是在讲如果学者不讲诚信，那么就不能成为君子，在修学、为事、自谋、与人交往时不讲“诚”，最终便会一事无成，这也表明立业先立身，立身便须诚的道理。谚语中体现出的诚信与立业的关系主要集中在诚信能够帮助人们建立良好的人际交往，只有诚信做人才能够与他人结交下深厚的情谊，并且会得到上天的眷顾。汉族谚语“能信不为人下”，纳西族谚语“天给厚道人吃饭”都表明诚信是做事、做学问的基础，如果缺少此品质便会寸步难行，与此内容类似的谚语还有：

人无信用难立，商无信用难存。（汉族）

卖得三分假，卖不得一分真。（汉族）

性格是忠诚的好，牛羊是肥壮的好。（蒙古族）

与其腰缠万贯，不如德高望重。（蒙古族）

不怕学不成，就怕心不诚。（藏族）

正直诚实会赢得荣誉，卑鄙奸诈必遭到唾弃。（哈萨克族）

千里马，人人喜欢；诚实人，人人尊重。（哈萨克族）

无真心，映山红也会凋谢；有诚意，枯竹也会生笋。（水族）

上述谚语都体现了诚实、诚信、德行的基础性作用，一个人首先需要达到诚信的要求，具备了德行才能够与人交好，建立良性的社交脉络，才能够进一步发展学业、事业。

以诚立业最直观体现在商业领域，商人需要依靠诚信来立稳根基，正如邱绍雄所言：“诚信是商人健康成长最重要的营养。”①这里的诚信就是指遵守合约、童叟无欺、货真价实，这是商人必备的素质之一，也是取得成功的关键。“诚信是生存之本”“诚信是生财之道”“诚信就是金钱，信用就是资本”“诚招天下客，信引四方财”等谚语就表明诚信是商人的一种无形资产，可以间接为商人创造财富。“创誉好比燕衔泥，毁誉好比蚁决堤”“惜衣要从新时起，惜誉要靠平时做”“千金易获，信誉难得”“折断一枝荷，烂掉一窝藕”“黄金失去能再得，名誉失去难挽回”，这些谚语意在表明“信誉”的重要性，信誉主要依靠平时积累，一旦稍有不慎失去他人信任便很难挽回，而要赢得信任，首先要把好商品的质量关，交易的公平关：“货高招远客”“和气为贵，公平为高”“酒香不怕巷子深”“货好门若市，心公客常来”“诚生财，骗倒台”。其次要遵守信约，不能朝令夕改：“重合同，守信用，生意成”“答应了‘是’，别再说‘不’”“说话要算数，变卦会失信”。除此之外，还有一些与商业诚信精神有关的谚语：

> 卖货卖得真，蚀本蚀得轻。（汉族）
>
> 若要生意好，诚信是个宝。（汉族）
>
> 经营无方终究会失败，信口雌黄屁股要遭打。（藏族）
>
> 刻薄不赚钱，忠厚不折本。（壮族）

以上谚语都表明了诚信在商业中的重要性。除了商业外，各行各业都需要以信立业，以诚动人，只有这样，人与人之间才能建立起更加长久稳定的合作关系。

三、信守不渝，严于律己

“职守，人之大义也”，一个人要讲诚信，就是要勇担责任，也就

---

① 邱绍雄：《论中国古代商贾小说中的诚信》，《湖南社会科学》2004 年第 1 期。

是要对自己的行为举止负责任。何为责任？首先它要求我们做好分内之事，正所谓“各亲其亲，各子其子，货力为己”。每一个人都在社会中扮演着许多角色，每个角色都被赋予了不同的职责，这就要求我们灵活处理，做好本职工作。孔子有云：“君君，臣臣，父父，子子。”此八字便是对信守职责的简要概括，也是对社会中不同身份所需要承担职责的说明。其次负责任还要求人具有知错能改的品质，学会发现自身的缺点与不足，反思自我过错而非逃避或将过错推脱到他人身上。中华民族也有许多谚语反映出恪尽职守的品质，比如汉族谚语“任重者，责亦重”“谁种的麦苗儿谁打麦”“上肩容易下肩难”反映出了责与任的统一，表明要对自己的言行负责；“牛能拉犁，狗能看家”“一个萝卜一个坑，一个和尚一本经”“鸡司晨，犬守家，各尽其职”则反映出对各司其职，做好本职工作的要求，即物尽其用、人尽其能。

除了做好本职工作外，如果在工作或办事过程中犯下了错误，勇于承担也是守信重义精神的体现，只有承担责任才能够赢得别人的信任，只有在履行责任中增长才干，才能获得社会对自己的基本认可，这才符合我们文化观念的要求。汉族谚语“守己须责己，信人不疑人”“莫说他人，先输了自己”“麻子不去照镜子，反说别人脸不平”“平生只会说人短，何不回头把己量”，藏族谚语“出了差错，不要埋怨别人；得了奖赏，不要只顾自己”，白族谚语“责己严者受人尊敬，责人严者朋友疏远”都在说明责人先责己的道理，先从自身找问题才能够进一步发展，才能得到更多的理解与支持。

此外，汉族还有大量谚语都表明了自省的重要性，如“莫笑别人背驼，自己把腰挺直”“求人先求己，责人先查己”“一人做事一人担”，这些谚语虽未直接涉及“信”“义”内容，但正视自己，也是诚信的表现之一。

藏族谚语“干活不得要领，反怨鬼魅作祟”“狗由主人拦，客由房东管”“头上长眼睛，使命在观察”“是公鸡就该打鸣，是母鸡就要下蛋”，都在说明要履行职责，坚守岗位，忠信修业，同样是“信”与“义”的体现。

除此之外，许多少数民族谚语也都体现了信守不渝、严于律己的道德要求，比如：

> 说人之前，必须检查自己；责人之前，须先修正自己。（蒙古族）
>
> 笨人赖刀钝，懒人怪草韧。（壮族）
>
> 像瞎子看不到自己的眼睛，好人看不到自己的毛病。（维吾尔族）
>
> 狐狸总是咒骂陷阱，从来不责怪自己。（维吾尔族）
>
> 有事自己用扁挑，有事自己去担当。（侗族）
>
> 笛子自己吹自己欣赏，灾祸自己闯自己承担。（景颇族）

由上述谚语可知，各民族关于信守职责、严于律己的内容较为丰富，这也是中华民族精神层面的共同要求，并且此类谚语多以生活中常见的事物来阐释，这也正反映出了此道德标准是面向人民群众的普遍约束，呈现出通俗易懂的特点。

总的来说，“诚信精神”是个人、国家、民族的文化基石，“人无信不立”拓展到社会、国家层面亦是如此。社会、国家是由无数个小我构成，只有个人做到修身、时时自省、各尽其职，打好诚信地基，国家、社会才能够更加坚定地向前发展。

第二节　言行一致、表里如一的践诺精神

守信重义精神的一个重要表现就是言行一致、表里如一，自古沿袭下来尊崇诚信的道德要求，使中华民族形成了一诺千金、重信守诺的践诺精神，“言必行，行必果”“轻诺者必寡信，与其不信，不

如勿诺”，无法兑现诺言就不要轻易承许诺言，否则，“祸莫大于无信”“人而无信不知其可”“轻诺必寡信，多易必多难”。程颢认为“言而不行”是自欺欺人的行为，即“言而不行，自欺孰甚焉?”《孔子家语·五仪解》在对君子风范予以综括时也提到了要守信践诺：“所谓君子者，言必忠信而无怨，仁义在身而色无伐，思虑通明辞不专。笃行信道，自强不息，油然若将可越，而终不及者，君子也。”除了正统儒家学派从言行一致的角度出发，强调“践诺”，墨家也特别强调“信”，即诚信。《墨子·经上》说：“信：言合于意也。”就是说言行要相符。《经说上》又解释：“‘信’不以其言之当也。使人视城得金。”尽管学者们对这句话有不同的理解，但是就言行一致这一角度而言则是无疑义的。《墨子·修身》又多次强调：“志不强者智不达，言不信者行不果。”“原浊者流不清，行不信者名必耗。”可见，一个人如果言行不一、没有诚信、不守信用就会败坏名声，并且墨家对这种行为是极其鄙视的。后世史书多以“重然诺”形容墨侠，即赞扬其信义。

言出必行，忠于承诺。言语既是独立的被检验对象，同时也起到了检验“心诚”和实现“行诚”的桥梁作用。一个人是否值得信赖，首要就是看其是否做到言语方面的诚实，也就是“言诚”。语言是文化的反映，许多中华谚语也体现出了践诺的精神内涵，所谓“践诺”即言行一致、表里如一，就是行为和言语需得一致，不要轻易许诺、应和，一旦话从口出，那么许下的诺言、答应的事情就都需要办到，否则就是行为不端、道德缺失的表现。按此思路，可以先将言语分为“忌讲空话”和“忌讲谎话”两大类。

空话即没有任何意义的话，说不说都对现在或者未来没有任何影响，空洞不切实际，它与“实干”相对，二者也常被放在一起谈论。言行一致，言对应着言语，行对应着行动，讲空话而不实干则是言行不一的表现，中华民族自古就倡导实干兴邦，批判讲空话、不作为，这在谚语中也有所体现，如汉族谚语“少说空话，多做实事”，藏族谚语“言谈空洞，火桶无风”“与其大喊大叫讲空话，不如不声不响干实活”，维吾尔族谚语“讲空话的人像芦苇，讲实话的人像金子”等，都说明了实干的重要性，以及空话的危害性。

谎话即不真实的断言，歪曲事实的话。“空话”与“实干”相对，那么“谎言”则是与“事实”相悖的言论。谎话有善意和恶意之分，前者出于为听话人考虑的角度，是为了减少对听话人的伤害不得已而为之的行为，后者则是为了自身利益，而去掩盖事实、弄虚作假。这与中华民族传统道德标准相违背，并受到各民族人民批判，这也同样体现在各少数民族的谚语文化中，如蒙古族谚语“真诚万善之本，谎言万恶之根”“谎话不能出口，炒米不能下种”，维吾尔族谚语“宁愿沉默不语，也不能说出一句假话”，彝族谚语“过河莫丢拐杖，相逢莫要撒谎”“裙子再长也抹不掉脚印，谎言再美也掩不住事实”，苗族谚语“和尚犯教规，可以还俗当百姓；谎话说一次，就没有人再相信”，乌孜别克族谚语“谎言总会被真理戳穿”，锡伯族谚语“宁可养育愚笨的孩子，莫要养育说谎的孩子”，俄罗斯族谚语“今天说了谎话，明天就得不到信任”等。中华民族许多谚语都反映出讲实话、做实事是中华民族的优良传统。

“言而不行，是欺也”，“讲空话”和“说谎话”都是“言而不行”的表现，二者都直接地违背了践诺精神的要求，同时也是为中华民族所不齿的行为。

中华谚语中所体现的践诺精神可以从三个方面分析：首先，“践诺”最基本的含义就是履行诺言，即内外一致，这就需要人们做到内诚于心，外信于行；其次，“践诺”又是人际交往中的必备品质，在以人际关系构成的复杂社会中，如果缺少此品质，便会寸步难行，这就要求人们对待朋友、待人接物也要讲求信用；最后，重诺精神的表现之一就是不轻易许诺，忽视自身能力和客观条件而随口许诺也与守信重义精神相违背，如果许下了承诺，即使是很小的事情也要做到千金不移。

一、一诺无辞，抱诚守真

践诺精神是“言”与“行”的有机统一，要想成为诚实守信之人，首先需要做到“心诚”，正如荀子所说：“君子养心，莫善于诚。”内心以诚为贵是基础，言表心之所想，在此修养的基础上需做到言行一致、知行合一，即“言必诚信，行必忠正”“君子言有物而行有恒”，韩非子有言：“内外相应，言行相称。”便是要求我们要言行一致，内外合一。汉族谚语“心中无邪念，行为必端正”正反映出内在与外在的联系。子曰：“始吾于人也，听其言而信其行；今吾于人也，听其言而观其行。于予与改是。”[①]由此可知，观其行比听其言更为重要，因而孔子常以“务言而缓行，虽辩必不听”来告诫自己或他人。

许多谚语也反映了此方面的内容，有些将“说出去的话”物化，如蒙古族谚语“射出去的子弹收不回，说出去的话逮不回”将“话”与“子弹”类比，生动地运用了“逮”这个动词来表现说出去的话不能收回这一道理；达斡尔族谚语“不舔吐出的唾沫”“吐出去的唾沫不能咽回，说出去的话难收回”，藏族谚语“只有唾沫没有痰，只有真话没谎言”，“话语”和“唾沫”都从口中出，所以这里把“说出去的话”和“吐出去的唾沫”进行联系；汉族谚语“泼出的水，说出的话”“人前一句话，神前一炉香”“说到做到，不放空炮”，与生活经验、信仰结合起来，句式对仗，且生动形象。

此外，石头在人们思维认知中是永恒的存在，所以古代有德行的人死后要立碑，碑上刻有生平事迹，帝王也会记录下自己统治时期创立的功绩，以便这些事迹能够流传为后人所知；除国家要事或个人事

① 毕宝魁：《细读论语》，研究出版社 2017 年版，第 72 页。

迹外，古人所作的经典文章也会被刻印在石头上，如《汉石经》《唐石经》《宋石经》等，以供学者阅读摘录。谚语中也有涉及石头的内容，如“字刻石上，言从口出”“言如丝线结，话如石上刻”“诺言如刻碑，碑断文字在”，以此来表明说出去的话是无法抹去的，也就是警示人们要践行诺言。中国古代社会，以诚实守信、践行诺言规约男性的谚语有：

好马一鞭子，好汉一句话。（达斡尔族）

大丈夫一言既出，驷马难追。（汉族）

大方人给了东西，从来不说；好男儿说出话来，从来不悔。（哈萨克族）

不履行诺言的不是英雄，只爱好打扮的不算男人。（哈萨克族）

男儿说话要算数，马儿并辔要到头。（藏族）

随着时代的进步，男女平等观念逐步建立，女性享有更多从前未被赋予的权利的同时，其道德要求、社会责任也随之提高，言行一致、表里如一的践诺精神已发展成为面向全社会的基本道德要求。践诺精神是中华人文精神的重要内涵之一，体现践诺精神的谚语还有许多，在此进行简要举例：

实话人人听信，谎言无人理会。（汉族）

人不渝誓，狗不食铁。（汉族）

枯树不结果，谎言不值钱。（蒙古族）

不要信赖嘴甜心狠的人，不要咨询惯用谎言的人。（藏族）

宁可失掉骏马，不可失掉诺言。（达斡尔族）

勿信其空话连篇，要看其实际行动。（达斡尔族）

骗别人骗着一时，哄自己耽误一世。（纳西族）

以上谚语都体现了践诺精神是衡量一个人道德品行的重要标准，

可以看出践行诺言在中华民族人文精神中的要求是较高的。

二、履信思顺，诚则得众

马克思指出："人同世界的关系是一种人的关系，那么你就只能用爱来交换爱，只能用信任来交换信任。"[①] 人与人之间交往需要具备践诺精神，无论是对朋友、亲人还是合作伙伴，互相信任、说到做到是建立发展关系的第一步，可以说处理人际关系的基本出发点是诚信，以坦诚和信誉获得社会或他人的认可，是搞好人际活动的基本前提，[②] 所谓"人心换人心，八两换半斤"就是此道理。清代廉吏汪辉祖在《双节堂庸训》中说："以身涉世，莫要于信。此事非可袭取，一事失信，便无事不使人疑。"就是旨在告诫后世子孙，人生在世，一事失信，便事事受疑，必须以诚信为先。谚语"一次说了谎，到老人不信""一次言而无信，百次不以为真"就是表明虚假的话一次也不能说，否则再想积累诚信就会变得很困难了。"恭则不侮，宽则得众，信则任人焉，敏则有功，惠则足以使人"表明人与人之间的关系是相互的，只有对人诚信、有礼，待人宽厚才能够得到别人的信任，才能换取别人对自己的帮助，最终取得成功。

"与朋友交，言而有信"，用来教导稚童的《三字经》中谈到十义，其中包括"朋谊、友信"，交朋友需讲信，这是双向要求，既要求自己对待朋友真挚，也要求应与守信之人结交朋友。蒙古族谚语"长荆棘的地方不能种庄稼，不守信用的人不能做朋友"，维吾尔族谚语"数目上需要细致和精确，朋友间需要热情和诚挚"，纳西族谚语"你诚我信是立友谊的桥梁，你坑我骗是树仇敌的门槛"都在说明朋友之间诚实守信要求的重要性；达斡尔族谚语"诚挚的友谊，拿钱财换不来""信用好的朋友，要比金银重要"，蒙古族谚语"牵来走马千

---

① 《马克思恩格斯全集》第 42 卷，人民出版社 1999 年版，第 155 页。

② 吴毅、朱世广、刘治立:《中华人文精神论纲》，人民出版社 2011 年版，第 275 页。

万匹，难换一个忠诚友”将友谊与财富相比，突出了友谊的重要性，说明了真挚的朋友比金银、钱财等物质财富更为珍贵。

古今一理，人与人之间只有建立了真诚、信任的关系，才能合作共事，所谓“人靠朋友，鱼靠江水”。蒙古族谚语“牧放牛马，草地好，议事谈心，朋友好”，藏族谚语“食物瞒着母亲给谁吃？有话瞒着朋友对谁讲？”“朋友间说不得假话，眼珠里容不得灰渣”，哈萨克族谚语“不要对陌生人说东道西，不要对自家人虚情假意”，这都表明对待朋友、家人需要真挚的情感，这些谚语将朋友视为“议事谈心”的对象，所以我们对待朋友所言所行应发自内心，真实无所欺瞒，同时也侧面为“朋友”角色下了定义，也就是我们可以倾诉、依靠之人。

好人朋友多，好马主人多。（蒙古族）

花朵好蝴蝶多，威信好朋友多。（达斡尔族）

忠诚是爱情的桥梁，欺诈是友谊的敌人。（苗族）

博得人家信任全凭诚恳，得到朋友帮助全凭真诚。（侗族）

诚恳谦逊朋友多，虚伪自大朋友少。（彝族）

做人要正直，当家要节制。（纳西族）

骄傲者无朋友，诚实者知己多。（赫哲族）

以上谚语对个人品行进行了要求，表明只有忠诚、诚实、真诚、诚恳、言而有信才能够广结朋友，才能够结交真心朋友，这都体现出中华民族以诚为贵的价值观念和守信重义的精神底蕴。上述内容都是从正面提倡，中华各民族为人做事要忠诚，要讲真话。另外，汉族谚语“满口金牙说假话，除了唾沫都是谎话”“闭着眼睛说瞎话”“见人说人话，见鬼说鬼话”，蒙古族谚语“懒马最怕走远路，小人最怕交朋友”，苗族谚语“水牛相打坏了角，两人相骗误终身”，达斡尔族谚语“以计骗过族胞的人以何脸面在村落做客”，柯尔克孜族“破坏水堤的是腐朽的树根，破坏友谊的是言而无信的人”，是从反面批评与讥讽那些不实在、说空话、说谎话的行为。

三、言行信果，千金不移

践诺精神一是强调“践”，即践行、履行，是对作出承诺的回应，要求人们言出必行，遵守承诺；二在重“诺”，一诺千金，要求我们不要轻易对别人许下诺言，这本身也是守信重义的一种体现。中华民族具有内敛的性格特征，不喜张扬，所以传统观念提倡“先做后说”，孔子一贯主张谨言慎行，不轻易允诺，不轻易表态，如果做不到，就会失信于人，威信也就随之降低了。所以孔子有云，“古者言之不出，耻躬之不逮也。”即古人的诺言不轻易出口，因为他们以不能兑现允诺而感到耻辱。

慎重许诺首先需要对自己有清醒的认知，在能力范围内去应允他人要求，不可以不切实际地自我虚夸，对超出自己能力范围的事情不要信口开河。“子使漆雕开仕，对曰：‘吾斯之未能信。’子说。”孔子推荐漆雕去做官而被拒绝了，漆雕回答说：“我对做官还没有足够的信心。”孔子感到很高兴，即使做官是一件于己有利的事情，但是漆雕明白自身能力不足所以拒绝做官，而是将精力放在自我提升方面。谚语“炉灰打不起墙，闺女养不起娘”“砻糠里舂不出米来”“骆驼的尾巴垂不到地上”就是比喻不具备某些能力的人不能委以重任；“骆驼脖子再长，也吃不了隔山草”“鲤鱼跳不到旱涯上”说明做任何事情都受到自身能力和客观条件的限制，反过来就是在说我们做事也要依据自身条件以及客观事实。“不足于行者，说过；不足于信者，诚信。”越是夸夸其谈的人，行为越是不实在；越是不诚实守信的人，说话越是装作诚恳的样子，这就是表里不一的体现。谚语“没做官，说千般；做了官，一般般”“癞和尚做不出好斋来”“说大话的匠人活道低”就是在讽刺能力与言语不符的行为。

践诺精神首先要求人们要慎重许诺，许诺而做不到不仅会使自己声誉受损，也会带给别人麻烦。其次要求人们做到“许人一物，千金不移”，即使是一件小事，一旦许诺便要做到。小信诚则大信立，信誉不是一朝一夕就能建立的，而是需要点滴的积累，这就要求人们无论是面对大事还是小事都要坚守诚信这一准则，做到不轻诺，一旦许下承诺就要履行。汉族谚语“容易承诺的人，也容易忘记”“轻易莫承诺，既诺须兑现”，蒙古族谚语“肥牛骏马多些好，闲言谰语少点好”“碰大雪也别违诺言，遇大雨也别误时间”，回族谚语“允诺要慢，履约要快”都体现出这一精神。

没有百斤力，难挑百斤担。（汉族）

没牙齿，勿吃硬豆子。（汉族）

麻雀下不出鸡蛋来。（汉族）

糯米到底酿不出高粱酒。（汉族）

千人之诺诺，不如一士之谔谔。（汉族）

空应诺，不办事。（维吾尔族）

不轻诺，许诺了就不能反悔。（哈萨克族）

要说话，就要把你的诺言兑现，言而无信的人胡大也讨厌。（哈萨克族）

宁断指头，不失诺言。（鄂伦春族）

以上谚语都是在要求人们要结合自身能力和客观条件，综合评估自己，一旦许下诺言便要兑现，这点要求在中华各民族之间是共通的，也是践诺精神的具体内涵。

总而言之，践诺既是守信重义精神的具体表现，也是诚信精神的外化。评判一个人是否诚信，关键就在于他是否能做到言行一致、表里如一，只有内心真诚，外显于行才能真正达到君子之德。同时，践诺精神更是人际交往中的重要品德，如若一个人不守信用、自食其言，那么就会被身边的人所厌恶，在社会上更是寸步难行。

第三节　求仁求道、见利思义的重义精神

“仁义忠信，乐善不倦，此天爵也。”仁、义、忠、信自古就作为中华传统道德要求，并行不悖又相互交融，共同形成了守信重义的民族精神。人们常把义与仁连用，“仁者人也”“克己复礼为仁”“仁者爱人”，“仁”体现着人性的光辉，是内心自发的道德感，所以先秦儒家各大学者都以“仁”作为正义思想的出发点，并认为“仁”具有基础性地位，是最根本的道德底线，“居仁由义”即内怀仁义之心，行事遵循义理，由此看来“义”是“仁”的外化，所以二者是密不可分的，可以看作同一道德准则的不同表现。韩愈将其解释为“行而宜之之谓义”，就是说，思想和行为合宜就是义。“义者宜也。”匡亚明先生将它解作“公平合理”。[①] 相关考据表明，“义”可能是由“仪”转化而来的，《诗经》说：“人而无仪，不死何为?”后来“仪”逐渐演变成了概括人的行为原则和规范的“义”[②]。“仪”即威仪，在《左传·襄公三十一年》中，“威仪”被解释为，在君臣、上下、父子、内外、大小等一定的伦理道德关系中，言论行动与道德容止所表现出来的一种令人敬畏、引人效法的威严。具有威严的人便会得到他人的认可与拥护，那么其具有的品德与修养便会成为一种道德标准，所以“义”就带有了威慑力，并且被赋予了道德内涵。

传统观念中，“利”与“义”具有相斥属性，甚至有的观点将其看作两个完全相对的概念，所以“义”与“利”也常被放到一起进行讨论。“利”即利益，是对个人主观意愿的满足，“利，所得之喜也”通常是指物质财富，但是广义上的利也包括名声、地位、权力等人们

① 匡亚明:《孔子评传》，南京大学出版社 1990 年版，第 22 页。

② 陈瑛:《中国伦理思想史》，湖南教育出版社 2004 年版，第 10 页。

所追求的事物。除此之外，利还有公利与私利之分，前者是群体的利益，即阶级、政党、民族、国家乃至人类共同的利益，后者则是个体的、少数人的利益，公利趋近于义的实质，具有义的属性，私利在性质上也有正当与否、符合义与否之分，同“义”不一定严格对应，也未必决然对立。但由于私利是利的最直观最直接也最易于把握的形态，因此常常被当作利的主要形态甚至唯一形态，这也就把利近似于甚至等同于私利。

重义精神要求人们讲求信义，作为与“义”相对的“利”，我们要对其本质进行判断，看其是否符合义的要求，不义之财不可取就是对该精神的简要概括，也是道德规范的基本要求，需要我们做到见利思义，既然二者相互矛盾，那么古之圣贤就会对二者关系进行辩论，宋理学家程颢说：“天下之事，惟义利而已”（《二程遗书》卷十一）。朱熹也说：“事无大小，皆有义利”（《朱子语类》卷十三）。而人们怎样处理义利关系，就形成了不同的“义利观”。早在西周就有“利者义之和也”的说法，孔子将其作为一种明确的道德规范体系。义利观大致体现为三个方面：一为名与利，二为公与私，三为德与行。其具体的关系无外乎：义先于利、义利并举、利重于义，其中前两种更加符合传统道德主流价值观念，而第三种则与守信重义精神背道而驰。中华谚语同样有与之相呼应的内容，体现出了传统的义利观以及重义精神。

一、修仁行义，处世之道

重义精神一部分表现为对国忠诚、敢讲真话。在古代君主专制的体制下，国家施行以天子为中心的决策体制，这种专断的决策方式往往会因个人的不足而造成失误，这就需要大臣来辅佐皇帝进行决断。有人为讨皇帝喜欢，便会顺着皇帝的心意，溜须拍马，以谋得更高的官职，却不顾及家国大利；但也不乏敢讲真话、对国忠诚的大臣直言不讳，但因忠言逆耳，往往会触怒龙颜，从而惹祸上身触及自身利益，历史上记载的相关事例不胜枚举。

《晋书·刘波传》有言："臣鉴先征，窃惟今事，是以敢肆狂瞽，直言不讳。"可以看出直言不讳的精神自古便受到赞扬，"文死谏，武死战"可以说是文武官员的最高道德标准。《说苑·正谏》也记载道："君有过失者，危亡之萌也。见君过失而不谏，是轻君之危亡也。夫轻君之危亡者，忠臣不忍为也。"这将是否直言敢谏作为判断臣子忠奸的标准。清代思想家唐甄谈到直臣，尚言："直言者，国之良药也；直言之臣，国之良医也。……所贵乎直臣者，其上，攻君之过；其次，攻宫闱之过。其下焉者，攻帝族，攻后族，攻宠贵……是故国有直臣，百官有司莫不畏之；畏之，自天子始。"直言忠臣对一个国家、一个朝代的作用极其重要。那些敢于直言的人可以将自己的生死置之度外，只为忠于国家，诚于自己，对这种诚信精神的赞扬在谚语中也有所反映，比如汉族谚语："杀谏臣者必亡其国""木从绳则正，后从谏则圣"，就是对敢于谏言的家国大义的赞赏。

俗话说"顺情好说话，刚直惹人嫌"，敢于直言不是不讲究说话的方式和艺术，而是指敢于坚持原则、实事求是，不因私情、不为面子而有所顾忌、躲躲闪闪。[①]中华民族刚强正直的民族性格使得我们对于"甜言蜜语"带有警惕性，像"马踏软地易失蹄，人听甜言易入迷""人听甜言会上当，牛踏软地会失蹄""鸟怕暗箭，人怕甜言"就在提醒我们要对"甜言"有所警惕。指出他人缺点与不足会引起对方的反感，即使是为对方考虑，也不免会给自己带来一定的麻烦，所以汉族谚语"溜沟子走遍天下，倔脖子寸步难行""顺情说好话，溜沟子不挨骂"就是在说，溜须拍马比刚正不阿更易于为人们所接受，所以有些人就会对权贵之人阿谀奉承。汉族谚语"世情看冷暖，人面

① 姜正成主编：《重义守信立根本——家信篇》，中国财富出版社 2015 年版，第 97 页。

逐高低”，维吾尔族谚语“皇帝要想吃一只苹果，大臣会把树连根拔来”，藏族谚语“狮子跟前的看门狗，孔雀跟前的黑乌鸦”都是在反映此现象的同时也在批判这种行为。其他相关的谚语还有像汉族谚语“蜜交友，不到头”“朋友有责善之道”，壮族、藏族谚语“虚伪的迎合是友谊的毒剂，诚恳的批评是友谊的厚礼”，哈萨克族谚语“对敌人说话要先试探，对朋友说话要敢诤谏”，拉祜族谚语“敌人的微笑能伤人，朋友的责难能救人”，意在说明朋友之间更应真诚相待，敢于指出自己不足的朋友才是真正的朋友。

还有其他相关的谚语如下：

在阿谀的人的嘴里，说不出实话。（蒙古族）

亲者无悦耳之言，重病无甘美之药。（藏族）

直言不易听进，恶语终生不忘。（维吾尔族）

清泉好喝，直言难听。（傣族）

对常常吹捧你的人要提高戒备，对有啥说啥的人倒可以放心。（白族）

以上谚语都是对直言不讳这种中华民族传统美德的赞赏。直言一般出于公心，为了公共利益而忽略自身利益更是重义精神的体现。当然我们也需要以恰当的言语来对别人进行劝谏，像维吾尔族谚语“直言可截铁，柔语可断剑”，意在表明说话的方式也很重要。

二、仁义为先，君子之道

“君子喻于义，小人喻于利”“君子义以为质”，仁义为先自古就是君子道德方面的基本要求，荀子说：“君子处仁以义，然后仁也；行义以礼，然后义也；制礼反本成末，然后礼也。三者皆通，然后道也。”[①] 由此看来仁义为本，在此基础上便可寻得君子之道，可见仁义之重要性。在《孟子·告子上》中，孟子讲道：“生，亦我所欲也；义，亦我所欲也，二者不可得兼，舍生而取义者也。”这段文字阐述了他的义利观，最终明确了舍生取义的结论，宁可放弃自己的生命也要遵守义的要求。孟子把“义”作为“人之正路”及内心固有的道德原则。中国有志之士“达则兼济天下，穷则独善其身”的君子风骨也是一种对“义”的追求并且同样受到了中华传统文化中“仁义”观念的影响。

“仁义”是中华传统文化的核心。孔子说：“仁者爱人”“不义富且贵，于我如浮云”“夫仁者，己欲立而立人，己欲达而达人”，指出仁义是做人的根本，要做到仁义，就要爱人。孔子所强调的“义利之说”重在讨论如何“成人”，也就是人生的价值取向，“道之以德，齐之以礼，有耻且格”，这表明他重视将道德作为社会的价值导向。除儒家外，墨家思想中也提到了义利观，墨子认为“我所爱，兼而爱之，我所利，兼而利之”也就是“兼相爱交相利”，认为利益与仁爱是并存的，人们有权利追求自身利益的最大化，但这是建立在不伤害他人利益的前提下，如果所有人都不计后果一味追求自己的利益，那么就会造成“别相恶、交相贼”的结局。董仲舒糅合儒墨，提出新的义利观。他认为义大于私利，故尊崇尚义而轻利的原则：“天之生人也，使之生义与利。利以养其体，义以养其心。心不得义不能乐，体不得利不能安。义者心之养也，利者体之养也。”中华谚语中体现义利关系的有：

利动小人心，义动君子心。（汉族）

高价买不到良心，信任价值千金。（汉族）

金钱如粪土，声誉值千斤。（汉族）

---

① 张觉：《荀子·大略》，岳麓书社 2006 年版，第 353 页。

莫见了美餐，就放弃信仰；别见了小利，就背叛大义。（汉族）

君子重信义，獐子走原路。（汉族）

胸怀忠诚比漂亮有钱强。（蒙古族）

人的诚信是无价之宝。（达斡尔族）

以上谚语都体现了守信重义的精神，这里都把“利”视为“钱财”等个人私利，将信义与钱财相比较来突出仁义为先的文化内涵。

以韩非子为代表的法家将“利”进一步细分为“上下之利”“君臣之利”“公利私便”，有大利、小利之分，认为“顾小利，则大利之残也”“出其小害计其大利”，那么何为“大利”？从现代意义上讲，公利便是大利，人民群众便是大利，而顾大利与义的要求是近乎一致的。同时执政者自身的德性、德行对社会的价值具有导向作用。“子欲善而民善矣。君子之德风，小人之德草，草上之风，必偃。”“政者，正也。子帅以正，孰敢不正？”（《论语·颜渊》）“上好礼，则民莫敢不敬；上好义，则民莫敢不服；上好信，则民莫敢不用情”（《论语·子路》），上行下效，古往今来都是重要的治国理念，这是先人为我们留下的宝贵财富，也与当今中国共产党以人民利益为中心的政治理念相契合。

中华谚语对义利观的讨论还有：

千金难买信得过。（汉族）

爱金的人不自爱。（汉族）

虽赚了金钱，却损了德行。（汉族）

心地善良的人存不下财。（汉族）

穷人爱戴的是祖国，财主贪恋的是钱财。（汉族）

贪财者不勤学，勤学者不贪财。（汉族）

仁为万善本，贪是诸恶源。（汉族）

金钱使人失掉义气，廉洁不会使人送命。（汉族）

谚语“为钱财而生，不如为众人而死”“谋名者聚于朝，谋利者集于市”都说明了“大利”要高于“小利”，也就是义重于利的观点。

三、义利并举，为商之道

“商业思想是商人在商业活动中的价值取向、行为准则和思维模式等方面的一种心理积淀，它是商业文化的主要体现和核心内容”[①]。商业文化中最为突出、常见的矛盾就是“义”与“利”的冲突。

先秦儒家思想并不将义、利对立起来解释，其本意是在强调“义”的同时不排斥“利”，并且孔子还鼓励人们通过正当的途径去追求私利，为了得到正当的财富即使去做“执鞭之士”也不以为耻，“富而可求也，虽执鞭之士，吾亦为之”。

商业自古就在人们生活中占据着重要的地位，与百姓日常密切相关，所以商业谚语的数量极其丰富。如：“买卖不成仁义在”“钱要正道来，不贪无义财”“三分毛利吃饱饭，七分毛利饿死人”“利薄迎远客”“利薄财源广，货好称客心”“莫嫌利润小，只要顾客多”“货好不怕选，人好不怕贬”“嘴硬不如货硬”“身有实货，不用吆喝”“只要货赢人，不愁客不来”“嘘寒问暖问不出友谊，买卖往来来不得虚假”，都表明了诚信经营、薄利多销的为商之道。

商人义利并举无非体现在薄利多销、货真价实上，上述谚语的内容也大体是围绕这两个特点展开的，由上述谚语可知，中华民族商业文化认为利与义是互通的，义能够带来利，由此形成的价值观也通过谚语这一载体反映出来。

综上所述，重义精神集中体现在义与利的相互比较之中。中华民族向来讲求信义为先、仁义先行，这既是守信重义精神的具体表现，也是做人的基本要求。中华民族的义利观，并不是简单地将义与利对

---

① 高志忠：《唐人小说商业文化探析》，内蒙古师范大学硕士学位论文，2006年，第23页。

峙起来，而是在两者冲突时提倡优先遵循义，对于符合道义的利益是持肯定态度的。

中华民族关于守信重义精神的谚语数量丰富，各民族都以忠贞守信、言行一致、见利思义作为基本的道德要求。在几千年的文化传承中，守信重义精神贯穿中华人文精神始终，当代社会我们更应加强诚信教育，深化守信重义精神内涵，将其覆盖到社会的各个层面，从而强化全体公民诚信品质，这正是当今时代道德建设继承弘扬古代人文精神的重要体现。

第七章　中华谚语中的勤俭实干精神

勤俭，即勤劳节俭，形容工作勤劳、生活节俭。《说文解字》有云："勤，劳也。"指做某件事时尽心尽力、持之以恒；俭，指在思想行为等方面对自己加以约束，特指生活朴素、不奢靡浪费。古人将"勤俭"与"奢侈"对立，认为"俭，德之共也；侈，恶之大也"，"历览前贤国与家，成由勤俭破由奢"，这都表明勤俭是中华民族的传统美德。《尚书·大禹谟》有言，"克勤于邦，克俭于家。""勤俭"贯穿于各个方面，无论是国家、社会还是个人，都是兴于勤俭、亡于奢靡，勤劳节俭的民族精神一直作为基本的要求体现在中华民族"修身，齐家，治国，平天下"的家国情怀之中。

实干，即实在地做。《易经·系辞传》中著名的"三陈九卦"，是依卦序选出由履至巽的九个卦，以德行释之。其中，"履"为"德之基"，忧患九卦之首，一切修德从实践开始，从实干开始。人生在各个阶段都须有抓铁有痕、踏石留印的实干，久而久之，才会拥有可观的履历。邓小平同志在改革开放之初也谆谆告诫全党："世界上的事情都是干出来的，不干，半点马克思主义都没有。"新时代推进伟大事业，需要涵养实干的品格，保持实干的姿态，"实"字当头，以"干"为先，努力出实招、干实事、创实绩，自觉埋头苦干，真抓实干，做到"不驰于空想，不骛于虚声"。

勤俭实干精神离不开主体的坚韧性格。中国的伦理型文化往往以人生为对象进行探讨，提出了对主体人格秉性的具体要求。“《诗经》提出‘夙夜在公’，《书经·周官》提出‘以公灭私，民其允怀’，《墨子》强调‘举公义’，贾谊在《治安策》中提出‘国而忘家，公而忘私’等，无不强调和内渗着积极入世、公而忘私的奉献责任精神。”①

在谚语中对勤俭实干的人格作出了多方面的阐述，它往往与勇往直前、坚持不懈、百折不挠、砥砺奋进等品质相联系，并被视为通向更高境界的必要条件。人们说，“没有勇气承担风险的人，便没有希望获得丝毫的成功”“心要放正，胆要放硬”，生动表明勤俭实干精神与主体坚韧的人格是分不开的。

谚语是民族语言的精华，是人民长期生活经验的总结，反映了人民整体的精神状态与价值观念。中华谚语记录和传承了中国各族人民在劳动过程中逐渐培养的勤俭实干精神。

第一节　克勤克俭、俭以养德的勤俭精神

“勤俭”历来被视为中华民族的传家宝，古籍典章中、民间谚语里，以及历史名人佳句中，不乏对勤俭的精彩论述。“静以修身，俭以养德”是诸葛亮的“修身”之道；朱用纯以“一粥一饭，当思来处不易；半丝半缕，恒念物力维艰”作为“齐家”的训言；毛泽东将“厉行节约，勤俭建国”作为“治国”的经验。“锄禾日当午，汗滴禾下土。谁知盘中餐，粒粒皆辛苦”的诗句更反映了“俭”与“勤”的天然联系。《周易·否》中有言，“君子以俭德辟难”，强调养成节俭的品德可以躲避祸患。唐代李商隐的《咏史》中也写到，“历览前贤国与家，成由勤俭破由奢”，强调节俭应从我做起，从身边小事做起。勤俭，作为中华民族传统优良品德之一，历来被人们所重视、赞美和提倡。

① 李照达：《在“干”中成就伟大梦想》，《解放军报》2020 年 12 月 22 日。

在中华谚语中，勤与俭二者相互联系，有勤无俭不可，有俭无勤不行。“克勤于邦，克俭于家”“勤是摇钱树，俭是聚宝盆”“若要生活好，勤劳、节俭、储蓄三件宝”“勤勤俭俭粮满仓，大手大脚仓底光”“勤，锄头上的黄金；俭，米缸里的白银”“能勤能俭，永不贫贱”“有勤又有俭，生活甜又甜”“黄金本无种，出自勤俭家”等谚语都点明了勤奋与节俭作为两种优秀的中华传统美德是相辅相成的。汉族强调在日常生产、生活与实践中，人们应该懂得勤劳节俭，继承勤俭的传统美德，这一传统美德对后世也产生了深远的影响。

不仅是汉族，其他民族也倡导勤俭节约的品质，并体现在各民族的谚语中。纳西族谚语“雨水从蓝天上掉下来，幸福从艰苦中育出来”；瑶族谚语“省吃俭用能经常，一年四季有余粮”；白族谚语“粮收万担，也要粗茶淡饭”；毛南族谚语“每天省粮半斤，过年不用操心”“一天节约五个钱，十年买得牛耕田”；布依族谚语“勤俭节约，有吃有穿”“有饭不乱吃，有钱不乱用”；壮族谚语“紧紧手，年年有”“男人勤劳家才富，女人节俭纱成布”；蒙古族谚语“丰年节约，歉年不饿”“一天节约一根线，白天成绳把牛牵”；锡伯族谚语“宽裕知节俭，荒年无饥寒”；藏族谚语“劳动是幸福的右手，节约是幸福的左手”；维吾尔族谚语“花了就光了，省了就够了”等等。各个民族关于勤俭的谚语比比皆是，这些谚语都是勤劳节俭思想的真实写照。

一、民生在勤，勤则不匮

勤，在《说文解字》中的解释为：“勤，劳也。”当下，人们将不辞辛苦、尽心尽力地劳作、苦干、实干的品质称为“勤”。勤劳精神在中国有着悠久的历史，早在《尚书·周书》就有“功崇惟志，业广惟勤”之言。后代一直不乏关于“勤”的箴言论断，如“勤能行之，其志必获”“民生在勤，勤则不匮”等。人们以劳动自立自强，形成了热爱劳动、吃苦耐劳、诚实勤奋的优秀品质。

勤劳精神是各族人民奋斗发展过程中的必备品质，各民族谚语中几乎都有涉及“勤劳”这一主题的谚语。这些谚语通常以具体的学习活动、生产劳动等内容作为叙述载体，借之言理，从而真实形象地突显出勤劳精神的可贵和力量。

（一）业精于勤，勤能补拙

勤劳立人、成事、兴家、固国，中华各族人民崇尚辛勤劳动，把“勤”看成一种美德和责任。汉族适应于自给自足的农耕生活，日出而作，日落而息，头顶太阳，脚踏黄土，生产劳动往复循环，勤劳的品质从劳作开始就深深地记录在汉族人民的谚语中。

中华民族人民认为，人们只要勤奋努力，就能获得丰收的果实，提倡人们依靠自己的努力去创造财富。民之勤俭对于社会、国家而言也具有重要意义。

关于劝导勤劳奋斗的汉族谚语不胜枚举，如“一年之计在于春，一生之计在于勤”“一滴汗珠万粒粮，万滴汗珠谷满仓”“天冷不冻织女手，荒年不饿勤耕人”“功成由俭，业精于勤”“劳动多少，获得多少”“居家不能不俭，创业不能不勤”“遍地是黄金，看你勤不勤”“勤人有饭吃”等。这些谚语都阐述了勤劳奋斗可以致富。一个国家，只有人民勤且俭，并以此为荣，才能引导正确的社会风气，创造更多的社会财富和价值。

勤劳不仅能带来物质的富足，也能带来精神的丰盈。作为崇尚知识的民族，汉族自古以来便明晰勤奋与学习的关系，主张“勤能补拙”。鼓励勤奋向学的谚语不在少数，如“贪玩乐，地里草成窝”“劳动是知识的源泉，知识是生活的指南”“事业要大，只在勤劳”“业精于勤荒于嬉”“书山有路勤为径”等。这些谚语都阐释了勤劳与学业和事业的联系，告诉人们在学习与工作中，唯有勤劳才能学得精、干得好，甚至可以用勤奋来弥补天分的不足，体现了汉族人对勤劳精神的推崇。

众多谚语中一致强调“求知当勤”，即主张学习知识时应具有勤学苦练的态度，如“要得惊人艺，须下苦功夫”“一分辛苦，一分才干”（汉族），“经书行行凝智慧，全归勤奋人”“物旧勤洗擦，知识勤更新”“懒惰与无知同在，勤奋与知识共存”“手拿经书双眼闭，老来干叹气”“做和尚要勤学，当佛爷要勤钻”（傣族），“寅时不起床，业务要荒唐”“勤掏的井水清，勤学的人心明”（哈尼族）等。

中华谚语还包含丰富的“践行当勤”[①]思想，突出强调劳动实践时要勤奋苦干，如“土地无偏心，专爱种田人”（汉族），“若想早得到，莫如多养羊”（蒙古族），“只怕懒汉不耕，没有黄土不生”（保安族），“尝尽百草，始得良药”（拉祜族），“七劳八苦得成富，九磨十练得成师”（瑶族），“走远路的人要早起，要赞哈的人要常练”（傣族），等等。

维吾尔族自古以来就是一个勤劳朴实，依靠自己的辛勤劳动来获得粮食、成功与财富的民族。为了适应恶劣的生活环境，维吾尔族人民勤奋进取，通过和自然环境做斗争，不断地改造自然、征服自然，最终做到了和自然和谐相处。一代代维吾尔族人民在艰苦的环境中，在勤劳勇敢的精神指引下生息繁衍，创造了本民族灿烂的文化。有很多维吾尔族谚语作为道德规范的准绳，鼓励人们为创造财富而去辛勤劳动。如“挥洒汗水播种，土地不会让你两手空空”，对于农民来说，土地是维持农业生产不可或缺的物质资料，只要辛勤耕作，就会有回报。“多养牲畜，丰衣足食；不养牲畜，一贫如洗”，通过家畜的饲养，农耕者可以获得役畜和肉食，来调节和丰富日常的生活。“他人只能给你一文，劳动却能给你无穷”“勤劳的人钱花不完，挥霍的人债还不完”等谚语表明，最宝贵的财富就是通过自己的劳动自力更

① 石辰芳：《中华民族共同体意识下各民族谚语中的知行观认同》，《民族学刊》2021 年第 8 期。

生。又如“劳动洒下汗珠，换来生活幸福”“庄稼靠雨水长得葱绿，人民靠劳动获得幸福”“黄金产自地下，幸福来自汗水”等谚语，说明勤劳的汗水最珍贵，劳动能够给劳动者带来满足和快乐，通过劳动可以使人变得幸福。

从这些维吾尔族谚语中，我们可以深刻地感受到维吾尔族人民辛勤劳动的奋斗精神和质朴的民族性格。与勤劳相关的维吾尔族谚语还有：

只要勤劳动，土地不亏人。

春天的牧场因劳动而美丽。

劳动扬美名，不劳动出毛病。

有活干的地方就有饭吃。

劳动出大力，吃饭有滋味。

从事牧业不断迁徙，从事农业起早贪黑

与其靠他人的骏马，不如靠自己的双足。

维吾尔族还是个重商崇商的民族，其悠久的商业发展史不仅见证了维吾尔族生计方式的演变，而且为维吾尔族商业精神的产生、汇聚提供了良好的孕育基础。勤恳经营是维吾尔族通过商业竞争成为赢家的重要原因，也是对维吾尔族商业精神的集中概括。维吾尔族谚语“巴扎属于勤劳者，缴获物属于缴获者”中，“巴扎”是波斯语，意思是集市、市场，是维吾尔族对城乡商业街道和集市的统称。谚语“死尸离不开麻扎，商人离不开巴扎”记录了巴扎对维吾尔族人民日常生活的影响，“做朋友要甜如蜜，做买卖要勤若蜂”“巴扎属于勤劳者”深刻地揭示出维吾尔族商人经商时的勤劳和投入。

蒙古族作为一个马上民族，同样主张劳动，鼓励勤奋。有谚语如“勤俭致富，忠厚传家”“好马不停蹄，好牛不停犁”“老虎靠名声，黄牛凭实干”“劳动的手能把石头变成金子，而不劳动的手会使金子变成石头”“起身最早的牛能得到第一滴朝露”。

勤劳也是藏族人民道德修养的重要内容之一。为了适应艰苦恶劣的自然环境，藏民在长期的生产实践中认定劳动创造财富的价值观念，许多谚语体现了藏民勤劳的品质。如“说话要想着说，干活要抢着干”“要想吃好酥油，先要喂好奶牛”“劳动是幸福的右手，勤俭是幸福的左手”“春天若不风尘仆仆地劳作，秋天哪来油光光的食物”“夏天要挤奶，冬天就得饲养”“精心喂奶牛，早茶油自多”“若想有好收获，首先勤施肥”“鸡不扒食肚不饱，人不勤劳财不来”“手上脱去九层皮，仓中才能装满粮”“开春肥料堆如山，秋来粮食装满仓”“秋季莫废一穗粮，春季莫图满袋粮”“只要功夫下在土地上，土地与佛爷不会欺骗”“有一天的劳动，得一月的饭饱”“有劳动就有吃的”“智者口中，语言像潺潺的流水；勤者手中，果实像纷飞的雪花”“一筒酥油，是用千滴牛奶制成的；一碗糌粑，是用万滴血汗换来的”“要想喝一杯最甘美的奶茶，就得从喂养小牛犊开始”“靠千座金山，不如靠两只手”等。这些谚语赞美了劳动，歌颂了勤俭，同时也揭示了“劳动创造一切”的真理。从这些谚语中，我们还可以感受到藏族人民纯朴善良的性格和积极乐观的生活态度，他们不畏艰辛，勤奋劳作，坚信只要付出就一定会有收获，生活也会更加美好。

壮族是一个勤劳勇敢的民族，早期生产活动以采集、渔猎为主。气候炎热、恶山险水、毒蛇猛兽横行的生存环境，给壮族人民带来巨大的压力。为了求得民族的生存和发展，他们必须顽强拼搏，艰苦劳作，从而养成了刻苦勤劳、不畏惧困难的精神。壮族先民很早进入农耕时代，形成自给自足的自然经济社会，民风淳朴、勤于耕织。特别是壮族妇女，她们不仅要承担繁衍后代的重任，还要做家务、干农活，犁耙播插，收割簸晒。壮族的勤劳节俭，在史册上有过不少记载。如《镇安府志》说：“风俗俭朴，勤作。丰年未尝多食用，凡耕获，皆通力合作，有古风，绅士衣冠，皆中法度。”在清王言纪修、朱锦的《白山司志》中也说“民勤于耕种，男妇力作，殆无虚日”。可以看出，勤劳俭朴是壮族的一个优良传统。

壮族有很多以生产实践活动为源域，反映其勤俭的谚语。如：“龙不行雨庄稼枯，人不劳动家不富”，将龙作为主宰雨水之神这一广为人知的民俗形象，投射到劳动与致富的关系推理中，喻指人们应当通过劳动来获得收成。“两只手下土不嫌也遍吃”是说，只要勤下地、不偷懒，即使没有大量的收成，也能填饱肚子。类似的谚语还有“想吃肉养猪，想吃饭种田”“要吃辣种姜，要吃甜种蔗”“不舍下河，不找得螺”等。壮族人民具有非常坚韧的耐力，相信天地有变化，命运终有好转，“先苦后甜”便成为他们的人生价值取向。“少时吃得苦，老时方有甜”“吃苦吃愁，活到白头”“小时饱经忧患，将来不怕风霜”“顶得乏和累，日后才见好”这些谚语便反映了这一观念。

哈萨克族是一个有着悠久历史和灿烂文化的游牧民族，受自然环境影响，形成了特殊的生产方式和生活状况。哈萨克族人民深知只有劳动才能创造人类、创造世界、创造文明。因此，他们从古至今都非常重视劳动。谚语“劳动使人成为人，不劳动使人变得愚蠢”“不种五谷不生，一家不得安宁”讲述了劳动是人类生存和发展的基础，是推动历史前进的动力。此外还有“劳动能将戈壁变成绿洲，懒惰能将绿洲变成废墟”“今天的幸福，是昨天的劳动换来的”“快乐的源泉是劳动”“懒汉不如一头毛驴”“不劳而获的金子，还不如劳动得来的黄铜”“没有劳动，生命好比熄灭了的炭火”“宝石布满大地，不动就到不了怀里”等。这些谚语充分肯定了勤劳的价值和意义，形象地阐明了“劳动创造世界”这一千古不变的真理，勉励人们要热爱劳动，同时也表达了劳动人民对好逸恶劳的剥削阶级的鄙视。

客家人也具有勤劳节俭的优秀品格。早期恶劣的生存环境，使得客家人深知，只有勤劳节俭、艰苦努力才能克服遇到的一切困难，才能过上安稳幸福的生活，从台湾客家谚语中也可见一斑。如：“先做狐狸后做懒，老了做到无结杀”，讽刺那些恃宠而骄、坐吃山空的纨绔子弟，告诫人们要勤劳踏实，笃实践履。“卖回食缺碗”，意思是说卖碗盘的生意人，不舍得把瑕疵品扔掉故自家使用，反映了客家先人勤俭的美德，体现了“贵从勤中得，富从俭里来”。“锄头底下出黄金”，告诉人们只有努力工作才能致富立业。“田爱天天到，屋爱朝朝扫”，指耕田必须天天都到田里去，才能把田园管理好，房屋也要每天都打扫，才能保持整洁卫生，劝人要勤劳。此外还有“靠人粮满仓，靠天空米缸”“勤俭耕作，有食有着”“想爱（要）光景好，日日巷（起）得早”“唔怕穷，就怕朝朝睡到日头（太阳）红”“早起三朝当一工，早起三秋当一冬”“传家处世皆宜忍，教子千方莫若勤”等。这些谚语都富有哲理，说明只有勤劳才能发家致富，反映了客家人提倡勤劳、反对懒惰的鲜明态度，也体现了他们以辛勤劳动为荣、以好逸恶劳为耻的价值观。

白族有许多关于勤劳的谚语，如“花美在颜色，人美在苦得”“勤恳勤恳，衣食把稳；懒惰懒惰，忍饥挨饿”“勤快勤快，有饭有菜”，从这几则谚语中我们可以看到，白族人民意识到劳动是人类生存的基本条件。不仅如此，这个民族还意识到了劳动与幸福的辩证关系，有“虎骨酒是泡出来的，好日子是苦出来的”“最粗壮的菜得粪最多，最幸福的人工作最忙”等谚语。

勤俭朴素、崇尚劳动也是彝族的优良美德。劳动产生了谚语，谚语又指导着劳动。谚语不仅教育彝族人民热爱劳动，以劳动致富，还使得劳动知识和对自然界斗争的宝贵经验代代相传。如“劳动得来吃得香喷喷，劳动得来穿得暖烘烘”“劳动不出汗，籽粒不饱满”“夏季三月与草争粮，冬季三月与雪夺畜”等。

（二）好逸恶劳，人之所恶

勤劳这种美德的反面是懒惰，人们崇尚勤劳的品质，厌弃懒惰的生活状态。汉族人民认为从来只有勤劳的人被夸奖，而没有懒惰的人被称赞的道理。勤劳使平凡的人作出不平凡的事，而懒惰只能使有用的人变得一无所有。俍慵堕懒，好逸恶劳，终会遭到人们的厌恶与批判。

中华谚语中也不乏一些批判懒惰的谚语，比如，“懒惰催人老，勤劳能延年”“只有懒汉，没有懒田”“人勤扳倒山，人懒凳坐弯”“勤恳的人讲实干，懒惰的人贪茶饭”“好吃懒做，黄皮寡瘦”“食食人半，打打半人”等。这些谚语从勤劳的反面批判、嘲讽好吃懒做的行为，意在劝导人们要勤劳肯干，不可好吃懒做。

维吾尔族长期生活在艰苦的生存环境之中，所以他们在日常生活中十分注重勤劳节俭，对于懒惰行为的批判也反映在谚语中。如“懒汉的明天没个完”教育人们不为懒惰找借口，要做一个爱劳动、自力更生的人，珍惜时间、珍惜生命，创造更好的生活。这句谚语勾勒出一种懒人形象，讥讽中蕴含着教育成分。

此外，维吾尔族还出现了很多勤劳和懒惰对比的谚语，如“勤人嫌时短，懒汉恨日长”“勤奋的前途无量，懒惰的日暮途穷”“勤快，使人有饭吃；偷懒，使人落羞耻”“勤劳者吃饱饭，懒惰者饿断肠”“勤劳者的馕香，懒惰者的命香”“勤劳的人干活一身大汗，懒惰的人干活长吁短叹”“贫穷不是过错，懒惰才是过错”等。这些谚语深刻地体现出维吾尔族人民的勤劳、朴实，倡导靠自己的辛勤劳动获得粮食、成功、财富，鄙夷那些抱有不付出劳动就能得到的侥幸心理的人。

藏族人民认为，懒惰会让人衣食堪忧，给人带来痛苦，如：“懒人过不好日子，懒牛吃不到嫩草”“家有千万担，顶不住扁嘴吃饭”“馋人家里无茶喝，懒人家里难烤火”“贪图眼前的安乐，会导致一世的痛苦”。“白天闲坐，月下捉虱”这句谚语提示人们在有限时间里，好好生产劳动，避免养成好吃懒做的坏习惯。“吃喝时熙熙攘攘，干活时无影无踪”意为那些贪图享乐，不参加劳动的人，是极为可悲的，激励人们积极参加劳动，用自己的双手创造幸福的生活。[①]在藏族人民看来，勤劳之人和懒惰之人的日子相差甚大，体现在谚语中："好汉住处留有过夜柴，懒汉住处烧茶柴也无""男贪睡，敌骑头；女贪睡，活累头""勤谨勤谨衣食把稳，懒惰懒惰受饥挨饿""勤人种树满坡箐，懒人偷果跌断腿""勤劳者常乐，好吃者常苦""人勤地生宝，人懒地荒芜""人骗土地，地骗肚皮""懒牛连自己身上的毛也嫌重""不织网的蜘蛛捉不到虫"等。[②]

客家人民视勤劳为农家最大的美德之一，讽刺懒惰者，并反映在谚语中。"瘸有用，瞎有用，懒人就冇用"。不勤劳，则会"晓食唔晓动，金山也食空"，因为"天上冇落，地下冇捡"。"食饭打赤膊，做事寻衫着"，是说吃饭的时候很卖力，吃到出汗，脱掉上衣，而工作的时候却偷懒，冷得要加衣服，讽刺人好吃懒做。"食着无穷，无打拼正系一世穷""赚钱如针头挑刺，使钱就像大水冲沙"这两句客家谚语是说，一个人如果成天游手好闲，无所事事地好吃懒做，坐吃山空，将会一辈子贫穷；告诫人们要秉持先人勤俭团结的精神，克服千难万险，持家置业。此外还有"学勤三年，学懒三日""懒人嘴快，勤人手快""人勤地献宝，人懒地生草""勤快之人汗水多，贪食之人口水多""早睡早起，存谷堆米；迟睡迟起，锅子吊起"等，反映了客家人民以艰苦奋斗为荣、以骄奢淫逸为耻的价值观。

怒族同胞们世代生活在怒江两岸的深山密林之中，生存环境十分艰苦，怒族社会视能背、能挖、能吃苦以及无私无畏的行为为美德，而对于那些好吃懒做、怕脏怕累的行为认为是丑陋的。怒族谚语"嘴里说起来比刀还快，手做起来如捏屎"，这种只会空谈，不会踏实做事的行为历来为怒族人不齿。在怒族人民的心中，他们将勤劳和懒惰相对立，弘扬勤劳精神的同时，批判懒惰的状态。怒族有谚云"懒

---

① 春燕：《藏族谚语的文化心理解读》，《西昌学院学报》（社会科学版）2010 年第 3 期。
② 陈丽梅：《浅谈迪庆藏族谚语蕴含的道德观》，《楚雄师范学院学报》2016 年第 4 期。

惰结的果子是苦的；勤劳结的果子是甜的”“勤劳的人，越做劲越足；懒惰的人，越闲越懒惰”“浪再高挡不住鱼穿水；山再高挡不住砍柴人”，这些谚语都赞扬了勤劳的精神。怒族这些崇尚勤劳的谚语潜移默化地教育着一代代怒族儿女，在怒族村寨里，五六岁的小孩就可以跟着父母上山干活，七八十岁的老人仍在地里劳作。

达斡尔族和鄂温克族也有大量批判懒惰行为的谚语。如达斡尔族谚语“可以嘴馋，不可懒惰”“懒惰懒惰，挨冻受饿”“熊懒会长癞，人懒会生疮”“总是闲着变懒虫，变懒了必会生病”“懒汉总说明天再干”“破轮子响声大，懒汉的唉声多”“病人怕说死人，懒汉怕讲劳动”“苍蝇人人都躲，懒汉人人都厌恶”等谚语。鄂温克族有“懒惰懒惰，挨冻挨饿”“懒汉吃饭时健康，干起活来就病倒”“马懒惰路途远又远，人懒惰日子难上难”等谚语。

他们还常常把“勤劳”与“懒惰”做对比，旨在赞颂勤劳者，讽刺懒汉。达斡尔族有“勤劳致富，懒汉贫穷”“勤夫爱农具，懒汉讲吃喝”“勤劳者嫌天短，懒惰者嫌夜短”“懒惰人寻其枕头，勤劳人找其锄头”“懒汉，越活越衰老；勤快人，越活越年轻”“趴坑不起懒汉啃木头，早起勤劳好汉啃骨头”等谚语。鄂温克族有“勤劳者汗水多，懒惰的人涎水多”“劳动养人，懒惰毁人”“勤劳，万物不缺；懒惰，一无所有”等谚语。

拉祜族也崇尚艰苦奋斗，批判好吃懒做。谚语“猪饱长肉，狗懒贪睡，人懒家空”，告诫只要懒惰，最终会坐吃山空。谚语“苦不会死人，饿才会死人”“不劳不得食，辛劳不死人”“懒狗掏鼠洞，到死掏不到”“不劳没饭吃，不找没衣穿”“知道甘甜，就要知道勤劳”，教导人们要铭记先苦后甜的道理。苗族也有“呼呼吃百挑终会尽，慢慢攒一担可致富”的说法。

勤劳俭朴是滇南彝族的传统美德，在谚语中他们赞扬勤劳节俭的人，批判懒惰浪费的人。谚语中指出幸福生活是靠辛勤劳动创造的，如“幸福来自手茧，贫穷来自手闲”，“勤汉不会饿肚子，懒汉永不会富裕”。有志气的孩子要争取早日自立，对父母一味依赖的人是不会成器的，如“小鸡出壳会觅食，唯有懒汉靠爹妈”。贫富完全取决于自己劳动的结果，如“瘦田瘠地怕勤汉，肥田沃土怕懒汉”。

白族人民对创造财富的劳动人民给予了很多褒奖，对不劳而获的剥削阶级或懒人则给予了无情的抨击。如“富人心黑手白，穷人手黑心白”“辣毛虫的毛辣，大财主的心狠”“湿柴烧不成，懒人用不成”“懒地杂草多，懒人口水多”，这些谚语深刻地表现了白族人民喜欢什么、厌恶什么、热爱什么、反对什么、赞扬什么、贬斥什么，起到了帮助人们认清美丑、善恶和是非的作用。

二、戒奢以俭，俭以防匮

俭，是中国古人所推崇的基本德性之一，中华民族有尚俭的传统。《说文解字》解释说：“俭，约也。”所谓俭，是指节约、节省，不奢侈。其本义是指在思想行为等方面对自己加以约束，不浪费，体现出一种朴素的生活方式与生活态度。在古人看来，俭乃成就各种德性的基础，不俭无以修身、养德。《周易》曰：“节以制度，不伤财，不害民。”孔子提出“礼，与其奢也，宁俭”“节用而爱人”，强调勤俭戒奢。老子提出为人处世的“三宝”是：“一曰慈，二曰俭，三曰不敢为天下先”，要求“去甚，去奢，去泰”。比较接近下层劳动人民的墨家更是主张“节俭”“节用”“节葬”，提出“俭节则昌，淫佚则亡”。节俭，作为中华民族传统优良品德之一，历来被人们所重视，所赞美，所提倡。中华各族人民一向以勤俭作为美德，崇尚俭朴，反对奢侈，以勤俭为荣，以好逸恶劳为耻。

关于节俭的谚语根据表达方式可以分为两类：一为抽象节俭谚语，如“俭则家富，奢则家贫”等；二为具象节俭谚语，如“一天节约一根线，百天就能把牛拴”等。汉民族通常将视角落在柴、米、油、粮等物象上，如“一块煤，不算多，千块煤炭堆成坡；一滴油，不算多，点点滴滴汇成河”“每天节约一把粮，十年要拿仓来装”“粒米积成箩，滴水汇成河”等。这些谚语结合日常生活，强调节俭要从细微处做起，长久积累。

（一）俭而有度，登降有数

节俭是美好的品德，每一个人都应该厉行节俭。但节俭应该是理性的节俭，每个人都应该有一个健康的节俭心理。如果为了节俭而节俭，不该俭省的地方硬要俭省，那么这种行为不仅得不偿失，而且也严重偏离了节俭的本质。谚语中也有用诙谐的手段来讽刺人的过度节俭，如“因为节省钉子，结果失去马掌”“省一芝麻，去一黄豆”“省酒待客”“省柴锅不滚，饭熟米汤生”“省了油，费了轴”“省了盐，坏了酱；省了馍馍吃不胖”等。

节俭不同于吝啬与小气，节俭是一种理性高尚的道德品质，是一种理性的节俭。勤俭治家也并不是要求家人过衣衫褴褛、食不果腹的生活，而是把勤俭作为一种高尚的品格和情操加以实践和宣传。我们主张节俭，也倡导“俭而有度，合理消费”。新时代的节俭不再等于省吃俭用，而是包含三个意思：“物尽其用、量入为出、物有所值”。对国家而言，过度节俭也有弊害，会减少消费量，抑制经济发展，有碍于社会的进步。适当水平的消费能够活跃经济，促进发展。人们很早便已经看到了过度节俭的弊端，并把适度奢侈看作促进生产的手段，《管子·奢靡》：“兴时化若何，莫善于奢靡”，便是强调奢侈对恢复生产的作用。

纳西族人居住的地区气候较为寒冷，农作物生长周期较长，产量也低，生存条件较为艰苦，加上长期生产力水平较低，使纳西人养就了吃苦耐劳、惯于俭朴生活的习性，不过，纳西族在推崇勤俭节约、艰苦朴素的传统美德的同时，也摒弃吝啬小气的行为。正如谚语“节俭不饿胜，吝啬啃石头”，赞扬了俭省美德，批判了吝啬小气的行为。

哈萨克族谚语“勤俭不是小气，节约不算吝啬”也阐明勤俭节约不同于小气和吝啬，节俭和吝啬之间有一个度的限制，适当、适度的节俭是为人所赞扬的，而过分、极度的苛求是为人所批判的。节俭作为中华民族的传统美德，是指一种适度的和本着不浪费原则的俭省，是一种理性健康的生活方式。

拉祜族人民崇尚勤俭节约，反对铺张浪费，形成了良好的精神风貌和健康的消费心理。谚语“在家不穿旧，出门无新衣”“不跌跤长不大，吃过苦头的人会勤俭”讲述了在物质匮乏的拉祜山区，拉祜族人民精打细算、勤俭持家的生活习惯。“不愁吃不愁穿，只怕浪费穷一世”“别用尽所有的钱，别说尽所有的话”“莫图眼前吃，要为长远想”“一日省一分，三年变成千”，教导人们要懂得长远的规划生活，不能只图一时的快活享用。拉祜族人民在注重节俭的同时，也认识到未雨绸缪的重要性，谚语“急吃会噎脖子，急找会生邪念”意在教导后人要循序渐进，日积月累，不能临时抱佛脚，病急乱投医。

“勤俭是咱们的传家宝，社会主义离不了”。勤俭既是中华民族的优良传统，又是现代文明的内在诉求。勤俭，是一种操守，是一种品行，是一种素养。勤俭治邦，才能国富民强；勤俭持家，方能家殷人足；勤俭修身，方谈德行兼备；勤俭治世，必可长盛不衰。“勤能补拙，俭可养廉”是每个中华儿女都应恪守崇尚的座右铭。

如果勤俭文明之风盛行于世，将是国之本，家之幸，民之福。中华民族优秀的传统文化，不仅仅是要被继承下来，还应该与时俱进，充分发挥时代价值，对现实社会起到促进作用。无论是从形式还是内容来说，谚语都是弘扬节俭精神的一个非常有效的手段。纠正铺张浪费，弘扬勤劳节俭，便是谚语的一个当代价值。

（二）俯拾仰取，俭故能广

所谓“克勤于邦，克俭于家”，即在国家事业上要勤劳，在家庭生活上要节俭。勤俭是中国人持家治家的基本准则，一个家要想兴盛久富，勤俭治家必不可少。《增广贤文》中的谚语“兴家犹如针挑土，败家好似浪淘沙”说的就是这个道理。只有在日常生活中勤劳又节俭，家庭才能富足，生活才能幸福。于家而言，勤俭也不仅仅是为了家庭更富足、生活更幸福，更是长久以来传承下来的优良传统，是中华民族不可或缺的高尚文化精神，是中华民族家庭道德的准则。[①]

节俭的观念，最初源于物质资料的匮乏。旧时社会生产力低下，能够获取的资源非常有限，先民们为了种族的延续和自身的安全，将节俭奉为生活的重要准则。面对不可控制的自然环境，人们应对的方法便是取有余而补不足，反映在谚语中便是“宁叫顿顿稀，不叫一顿饥”“粮收万担，也要粗茶淡饭”“新三年，旧三年，缝缝补补又三年”“一顿省一口，一年省几斗”“有时省一口，无时当一斗”“紧紧手，年年有”等。而当人类社会经由氏族公有制进入个体私有制后，节俭便相应地带上了私人性质，为个体或家庭的生活分忧、使自己的家庭更加富裕成为新的目的。

富裕是每个人对美好生活的追求，中华民族提倡和鼓励节俭致富。谚语“艰苦奋斗是幸福的根源，厉行节约是幸福的先兆”“学问勤中学，富裕俭中来”“衣食俭中求”“生产好比摇钱树，节约好似聚宝盆”“不成形的嫩竹管，难得做响芦笙；不俭省的当家人，难过上富日子”“俭省穷能变富，奢侈金山要空”等，告诫人们节俭是幸福生活的重要原则，并认为节俭是致富的重要环节。当然，俭省只是致富的一方面，单单依靠俭省不可能实现致富的目的，因此人们在重视节俭的同时，又充分重视勤劳。汉族勤劳节俭的传统道德观念一直传承至今，大量谚语表现了人们对待勤劳节俭的态度以及重视程度。如：

---

① 白默岩:《克勤于邦克俭于家——学习习近平总书记关于“勤俭节约”重要论述的感悟》,《内蒙古统战理论研究》2021 年第 2 期。

会打会算，钱粮不断；细水长流，吃穿不愁。

细水长流年年有，大吃大喝不长久。

有钱莫乱花，储蓄爱国家。

增产节约爱国家，勤俭持家人人夸。

行船靠掌舵，理家靠节约。

只有勤来没有俭，好比有针没有线。

节约是收入，勤俭是幸福。

节俭的观念，另一方面则来自传统的价值导向。商朝时伊尹就劝诫太甲“慎乃俭德，惟怀永图”。人们自发地向节俭观念靠拢，是由于思想家们的不懈努力。思想家们宣扬节俭精神与个人道德存在密切的联系，儒家便认为“温、良、恭、俭、让”是人的五种美德。很多时候，人们更加强调“俭”的地位，认为俭是一切德行的根基，“言有德者，皆由俭来也”。此时，节俭这一行为既成了道德的外现，或者说是实质化，又上升为一种为公众所接受的意识形态。人们相信节俭是美好的道德，但是相对于思想家们的高标卓识，人民大众的表达要直白、具体得多，典型的做法就是将模糊的道德替换为福气，故谚语有“俭衣增寿，俭口增福”“粒米必惜，富贵眼前”“俭则家福，奢则家贫”“福生于勤俭，命生于和畅”“饱肥甘衣轻裘，不知节省损福”等。无论是思想家们将节俭思想与个人道德相联系，还是大众们说的节俭能够增添福气，都体现着对于节俭观念的认可。

节俭谚语也体现着中华民族惯有的防患于未然的心理。一个家庭通过平时的节俭，能够积累下相当数量的财物，以便在遭遇变故时渡过难关，人们依此而产生安全感。因此围绕着节俭而产生了大量的未雨绸缪的谚语，如“事未临头先思考，囊中未空先节约”“要省省在仓尖上，省得底仓着了慌”“饱备干粮晴备伞，丰收也要防歉年”“春天种下秋天收，如今存下将来用”“粗茶淡饭布衣裳，省吃俭用过得长”等，这些谚语的典型特征便是在保证一定生活水平的前提下，奉行节约，以备将来。

在中华谚语构建的精神世界中，充分展现了勤俭节约的精神，各个民族关于勤俭的谚语比比皆是。许多民族在生活中倡导节俭，主张不铺张浪费，适当节制个人欲望。如汉族谚语“克勤克俭振家室，半耕半读教子孙”“功成由俭，业精于勤”；布依族谚语“勤俭节约，有吃有穿”“有饭不乱吃，有钱不乱用”；毛南族谚语“一天节约五个钱，十年买得牛耕田”“每天省粮半斤，过年不用操心”；锡伯族谚语“宽裕知节俭，荒年无饥寒”等。这些谚语都是勤劳节俭思想的真实写照和反映。节俭精神历经千年有效地维护了社会安定、促进人民富裕，又有效地提升了各族人民的修养，使民众形成了崇尚节俭、摒弃浪费的道德准则。

由于旧时社会各方面发展进程较慢，物资及生产资料较为匮乏等原因，维吾尔族自然而然地也就形成了勤俭节约的消费观念。如“省吃俭用，难关易过”“惜衣有衣穿，惜食有食吃”“勤俭持家百日够，大手大脚一日光”“花了就光了，省了就够了”“不珍惜粮食，就会受到饥饿的惩罚”“浪费在何处？额前不挂汗珠的地方”，这些谚语提倡人们要树立节约意识，爱惜劳动成果，在生活中应该省吃俭用，细水长流。不能大手大脚，挥霍无度。

客家人也有崇尚节俭的美德。客家人的衣食谚语，反映出他们十分崇尚勤俭节约，反对浪费。衣着方面，客家人对于衣服爱惜至极。如“家有万担，不脱补衫”“大子无旧衫，二子无新衫，三子穿烂衫”“烂衫烂裤不要丢，留待年老好遮羞”等。饮食方面，客家人饮食讲究经济实惠。“吃就酿豆腐，着就家机布”。酿豆腐是客家人的家常菜，既营养又实惠；家机布是客家人自己织成的布，结实耐穿。还有“有时省一口，无时有一斗”“饱时省一口，饿时得一斗”“有食想到无食时，等到无食节约迟”“大吃大喝眼前香，细水长流度灾荒”

等。其他方面还有，“宁可与人比耕田，不可与人比过年”“要同人家比工作，不要同人比衣着”“唔同人家赛过年，要同人家赛耕田”，反映了客家人宁可与人比工作、比学习、比成绩，不愿与人比排场、比浪费、比奢侈。此外，“一人节省三尺布，二人节省一条裤”“有油莫点双盏灯，免得无油打暗摸”“无省无有，唔积唔多”“食唔穷，着（穿）唔穷，冇划冇算一世穷”等。这些谚语是教人持家之道，客家人在家庭经济生活中节俭防奢，成为实现立业永久目的的最好注脚。

蒙古族提倡节省节约，反对浪费。有谚语“丰年节约，歉年不饿”“用钱要节省，有时防无时”“会精打细算的人牲口多”“布条攒起来可做衣，弱犊集起来能成群”“切忌挥霍，务求节约”等。[①]

壮族有谚语“日省吃一口，三年得百斗”“大吃大喝眼前香，细水长流幸福长”“勤俭不会穷，坐吃山也崩”等，表达大吃大喝，挥霍浪费，东西再多，很快就会吃光。

哈萨克族将节俭看成民族的传统美德，认为节俭是一种生活责任，有谚语“节俭的人一个钱顶五个花，懒散的人什么也攒不下”“勤俭的女人屋里不落灰尘，懒惰的女人家里颗粒无存”。

白族人民非常珍视劳动成果，反对铺张浪费。有谚语“纵有万石粮，浪费不会长”“一顿攒米一撮，几年积米一箩”“细细泉水流得长，节俭的家庭好景长”等。

（三）俭节则昌，淫佚则失

自古以来，勤劳、节俭、朴素、持之以恒是中华民族的传统美德，这些品质与成就事业紧密相连，这在谚语中有着非常明显的体现。而就像勤劳的反面是懒惰，节俭的反面在中华谚语中也是可以看到的。如“节俭朴素，人之美德；奢侈华丽，人之大恶”这条谚语将节俭朴素与奢侈华丽作对比，认为节俭是一种生活作风与态度，是人

① 王枫、陶真：《蒙汉谚语中的品德观》，《内蒙古师范大学学报》（哲学社会科学版）2018年第2期。

的一种美德，而奢侈华丽的生活作风是不值得推崇的，甚至是道德上的大恶。

细数历朝历代的更迭，常与俭和奢脱不开关系。所谓“国以俭得之，以奢失之”，国之兴不仅仅需要夜以继日的“勤”，也需要一针一线的“俭”，戒骄戒奢，方可兴邦。一个国邦，能否长盛不衰，勤俭是极为重要的治国标准。

节俭不仅于国于家大有裨益，而且与个人得失休戚相关。正所谓“俭则可以成家，俭则可以立身”。《明史》说：“骄纵生于奢侈，危亡起于细微”，清代官员徐荣说：“街头庙脚褴褛身，半是当年奢靡人。”都是从反面指出了奢侈浪费的危害，进而强调节俭的重要意义。

“量入为出”，只有节俭才能保持家业长久，并产生了大量劝诫人们俭省持家的谚语。例如“家大业大，就怕的是手大脚大”“创业必勤，理家必俭”“创业在于勤，守业在于俭，败家在于懒”“年轻不勤俭，老来就可怜”。在正向的劝诫外，人们还创作了大量的反例谚语，以增强劝诫效果。如“大俭以后，必生奢男”“大俭之后，必有大奢；大兵之后，必有大疫”等。

此外，人们相信节俭会为自己带来福气，还能够让自己躲避一定的灾难。因此谚语中体现出中国人民节俭避难的心理，如“欢乐知节，则祸败少；饮食知节，则疾病少”。在欢乐、饮食的时候如果能够有一定的节制，那么就能够减少祸事和疾病。相反，如果极大地放纵，那么就可能会有可怕的事发生。从科学的角度讲，这是有一定道理的，不加节制地贪食，确实会对身体健康造成影响。

关于浪费和奢侈的谚语有“火不翻腾不红，人不浪费不穷”“家大业大，浪费最怕”“浪费无底洞，坐吃山也空”“积累有如针挑土，浪费好比水推沙”“惰必穷，奢必败”等。此外还将勤俭多与奢华浪费作对比，突出两种作风的特点以及优劣褒贬。比如“勤俭好似燕衔泥，浪费好似水冲堤”“能勤不能俭，到头没积攒；能俭不能勤，到头等于零”“光勤不俭，只落不懒；光俭不勤，饿破嘴唇”“俭开福源，奢起贫兆”等。这些谚语的出现与流传从不同的角度体现出中华民族长久以来克勤克俭、艰苦奋斗的精神所在。

第二节　抓铁有痕、踏石留印的实干精神

“实干”中的“干”即为行动之意，“实”则对其进行修饰，少说多做为“实”，借鉴他人经验，汲取历史教训来指引行动的正确方向亦为“实”。《现代汉语词典》（第6版）对“实干”的定义为“实地去做”。也就是说，对待问题、挫折、困难、工作、学习等事物的态度就是去“干”，去做。并且这种“干”并不是“三天打鱼，两天晒网”的敷衍的形式主义地“干”，而是实实在在地“干”，是抓铁有痕、踏石留印地“干”。所以，“实”和“干”同样重要。

实干精神是中华民族的优秀传统思想精神，它是中华民族历史上求实创新、奋发前进的精神动力，激励着一代又一代中华儿女切身实践、建功立业。实干精神的内涵与外延十分丰富，其既是一种自我约束，体现为“躬行君子，讷言敏行”，又是一种自我反省，体现为“吸取教训、总结经验”。

实干是每个民族安身立命的根本，从农业生产到工业制造、从生活起居到社会活动，无一不需要付诸行动。各族人民在实践中总结经验、凝练智慧，将实干的方式态度、经验技巧和重要价值等内容诉诸谚语。中华谚语中关于实干的谚语不胜枚举，如汉族谚语“不怕慢，就怕站”“千里之行，始于足下”，傣族谚语“路走千遍，出门闭眼”，壮族谚语“好心靠多想，好刀靠多磨”“一锹挖不成井，一笔画不成龙”等，大多强调实践活动应持之以恒、不断积累。中华谚语中有关实干经验技巧的谚语数量较多，几乎涉及各族人民生产生活的方方面面，如汉族谚语“种子年年选，产量节节高”是关于农业生产实干活

动的谚语；又如蒙古族谚语“要按兔子的范围拉弓，要按牛犊的范围拴绳”是有关畜牧业生产实干活动的谚语。

一、踔厉奋发，笃行不怠

要想有所成就，光掌握理论知识远远不够，还要付诸实践，即“博学”的同时须“笃行”。关于“博学”和“笃行”的关系，早在《礼记》中便有所论述。《礼记·中庸》有云：“博学之，审问之，慎思之，明辨之，笃行之。”《礼记·儒行》说道：“儒有博学而不穷，笃行而不倦。”这些都强调了实干的重要性，以及在辩证中正确实践的重要性。正所谓“道不可坐论，德不能空谈”，想要学有所得，就要笃实力行，努力践履所学，使所学最终有所落实，做到“知行合一”。

在中华传统文化中，历来崇尚强学而力行。力行，即为努力实践，竭力而行之意。《尚书·泰誓中》：“今商王受，力行无度，播弃犁老，昵比罪人。”《孔传》：“行无法度，竭日不足，故日力行。”《礼记·中庸》：“好学近乎知，力行近乎仁，知耻近乎勇。”《史记·儒林列传》：“为治者不在多言，顾力行何如耳。”进入现代社会以来，随着社会的进步与发展，笃实力行在某种程度上起到不可估量的决定性作用，有效地促进国家的发展与民族的振兴。

奋斗创造历史，实干成就未来。站在新的历史起点，需要我们用汗水浇灌收获，以实干笃定前行。唯有于实处用力，从知行合一上下功夫，社会主义核心价值观才能内化为人们的精神追求，外化为人们的自觉行动。

（一）脚踏实地，讷言敏行

“脚踏实地”意味着不驰于空想，不骛于虚声。汉族谚语中的“乱王年年改号，穷士日日更名”，比喻只在表面上做文章，不务实，难以从根本上改变现状；“牡丹花大空入目，麦花虽微结成粒”警示做人要朴素务实，不可华而不实；“水柳好看装不得犁，塑料花好看采不得蜜”比喻好看的东西未必实用。达斡尔族谚语的“金碗木瓢，能喝水的才有用”以及藏族谚语“无柄的兵器无用场，断章的话儿不真实”等，也都是通过对“碗瓢”等生活用品和兵器的实用性追求，来体现出古代劳动人民对“脚踏实地”的追求。

中华谚语也体现出了对“现实”的追求和对“空想”“只想不做”的讽刺和批判。如汉族谚语“千虚不博一实”指凡事贵在务实，藏族谚语“雪山狮子奶，蛤蟆喝不到”“镰刀虽利难割山”同样指幻想做大事，但实际没有能力，讽刺那些抱着不切实际幻想的人。

孔子一生致力于社会治理及人才的塑造，全面地阐发了能够成为知识型人才的必要素质，其中实干进取的躬行品格是重要标准之一。他曾谦逊地说：“文，莫吾犹人也。躬行君子，则吾未之有得。”表明他真正看重的其实是在治理社会上能亲身行动的“躬行君子”。孔子认为，一个真正的守道之士，应该注重实践行动而减少口头言论，其言：“古者言之不出，耻躬之不逮也。”即言语出口，有可能行动跟不上而招致羞耻。他多次强调：“巧言令色，鲜矣仁。”因为事情都是说起来容易，做起来难，“为之难，言之得无切乎？”因而主张讷言敏行，要求人们少说多做，成为实干进取的躬行君子。

汉族谚语“光说不算，作出再看”“言之易，行之难”“先众人而为，后众人而言”“十个嘴把式，顶不住一个手把式”“说过千遍，不如手过一遍”“行动比语言更响亮”“观其面，不如听其言。听其言，不如察其行”“动手去干，果实多多。少说空话，一无所获”等都反映出汉族人民一贯坚持行重于言的标准，从来不以巧言善辩为能事，反倒推崇讷言敏行。

中华民族在千百年文化积淀中，拥有无数对于“讷言敏行”的表达。如拉祜族谚语“诚实比虚假值钱，行动比言语有力”，鄂伦春族谚语“与其费口舌，不如快行动”，蒙古族谚语“说空话的艺人，不如实干的蠢人”，彝族谚语“嘴说千百次，不如做一次”，哈萨克族谚语“说空话的人得不到果实，实干的人果实累累”“说空话的人原地不动，实干的人走了一程又一程”，达斡尔族人也认为“说得好听，不一定做得好”“爱讲空话的人，一无所有”。这些谚语都直接反映出各族人民对“行动重于言语”观念的认同。

“讷言”，并非不言，而是可以理解为“慎言”。人们追求的不是“言”的数量，而是“言”的质量。为政者要做到“为政不再多言”，必须深入实际，身体力行，学以致用。要多办实事，多办让群众受益的好事。藏族谚语“大话如雷贯耳，行动似虹消失”“说起来旭日东升，干起来黄昏朦胧”“雷声大，雨点小”都表明说得多，做得少或只说不做的现象以及包含了人们对“多说不做”行为的讽刺，对“讷言敏行”的推崇和倡导。

在关于处世识人的谚语中，同样有较强的“实干精神”的体现。子曰：“君子耻其言而过其行。”（《论语・宪问》）孔子认为君子耻于夸夸其谈、言过其行，勉励我们要言行一致，表里如一。与之相一致，汉民族信奉“多言无用”“言多必失”，一旦言说，即为承诺。如汉族谚语“言多败事，空话不济事”“涵养怒中气，提防顺口言”“君子一言，快马一鞭”“一个唾沫一个钉”等，意在告诫人们要言必信，行必果，审慎自己的言语和行为。并且汉民族认为为人处世应“心要热，头要冷；心要正，行要成”“听其言，观其行；风浪里，识人心”。

慎言，是对言说是否能够担当、能够实现的慎重，一旦言说，就应全力以赴、践行承诺，言说的真实是忠诚品质的首要要求。蒙古族常将良言、真话比作黄金、良马、火狐、飞翔的雄鹰、肥壮的牛羊等，这些都是蒙古族人民心中较为珍贵的事物，以此凸显出蒙古族人民对言说的重视。如谚语“看鹰看它的飞翔，察人察他的言行”“人受尊重凭言行，牛羊值钱靠膘情”“不要信他说的，而要看他做的”

等就是对于个人要言行相符、重诺践行的道德要求。“宁要牲口多，也不要废话多”“良言一句值千金，妄说万句如粪土”“有心人能节制自己的言行”“狐狸中最珍贵的是火狐，言语中最珍贵的是真话”，这些与言说有关的谚语，强调“少言”“慎言”，说“良言”和“真话”。

其他少数民族谚语如傣族谚语“木头做锄把，能者话不多”，布朗族谚语“会人不说，说人不会”，维吾尔族谚语“骏马要看它的前胸，人要看他的行动”等也说明通过实干去识人更为可靠，各民族共同看重的均是实干的品质。

“言”最终要落实到“行”上才能实现其价值。“行”不是简单意义上的行为，其更深层的意义是哲学层面的实践，“行”是道德思想的实践部分。在信息爆炸的时代，人们的交往、交际日益频繁，口才学、辩论学受到人们的追捧，社会重视考查人的语言表达能力，这无可厚非。但是，在人的言与行关系范畴中，如果过分强调语言的表达，势必会冲淡行的作用，甚至会出现本末倒置，演变为“人才就是口才”的倾向。所以新时代，我们更应强调“脚踏实地，讷言敏行”的重要性，促进整个社会的健康持久发展。

（二）知行合一，行重于知

实干强调知行合一，中国古代对知行关系的论述最早见于《尚书·说命》：“非知之艰，行之惟艰。”其中，“知”既是闻见之知、经验之知，也是德性之知，对应知识；“行”既指实践之行，也指道德履践，对应实干。

中华谚语作为深度贴合人民生活现实的语言材料，其包含的知行观具有极为朴素的面貌。中华谚语中的“知”就是指生产生活经验技能、求知为学的道理以及为人处世的方法等纯粹知识性的内容；“行”就是指广泛的生产生活实践。在中华谚语中诸如学习类、知识类、道德类、经验类、实践类等语条，都包含着对“知”“行”以及二者关系的多角度表达。

1. 知行合一

中国传统知行观中的“知”与“行”从来就不是各自独立的两个部分，宋明理学家在继承传统知行之论的基础上，进一步系统地探讨了知行的具体关系，如王阳明认为“知是行的主意，行是知的功夫；知是行之始，行是知之成”“知行之合一并进，而不可以分为两节事矣”。王夫之也认为“知行相资以为用”“知行始终不相离”等。可以说，“知行合一”是中国知行观的传统且鲜明的理论形态。

中华谚语中的知行观同样具有明显的“知行合一”倾向，这在生产实践类、生活经验类的谚语中较为典型，如傣族谚语“立了秋，雨水收，有塘有沟赶快修”、哈尼族谚语“四月打猎守臭水塘，八月打猎守果树旁”、基诺族谚语“茶树种缓坡，砂仁种低谷”、鄂温克族谚语“鹿哨引鹿，碱场寻鹿”、哈萨克族谚语“常拴的马吃不肥”等，这些记录的均是具体的实践劳动，从中总结出的经验便是“知”的内容，这些内容又对“行”起到指导作用，体现了在不同民族的谚语中知行关系的高度统一。

从表达方式上看，中华谚语也不是孤立地去谈论“知”与“行”任何一方，如“刀在石上磨，人在干中学”（哈尼族），“不识路，莫迈步”（拉祜族），“丰收来自劳动，知识来自实践”（蒙古族），“不学编，一辈子不会织筒帕；不下水，一辈子不会划竹筏”（傣族），“开多少井，得多少水，读多少书，知多少事”（撒拉族），“土地越挖越松，知识越学越明”（土族）等。

“知”与“行”在谚语中的紧密相随印证了中国传统知行观的认识路径，即在各族人民的意识里，“知”与“行”是相互作用不可分割的整体，不去付诸实干的“知”是空谈，没有知识指导的“行”是蛮干，二者的价值和意义在相互依附的关系里才能获得准确的定位和阐释。显然，“知行合一”的哲学观念获得了各民族高度认同。

2. 行重于知

尚行是指倡导实际行动，尊崇实践，强调运用知识为社会服务。北宋易学大家邵雍在《观物内篇》中说：“尚行则笃实之风行焉；尚言则诡谲之风行焉。是知言之于口，不若行之于身。”中国传统知行观历来就有“重行”的传统，孔子虽极为重视求知学习，但更提倡学以致用。《论语·子路》云：“诵诗三百，授之以政，不达；使于四方，不能专对；虽多，亦奚以为？”更直接指出“听其言而观其行”“君子耻其言而过其行”。先秦“知行观”的集大成者荀子全面阐释了知行关系：“不闻不若闻之，闻之不若见之，见之不若知之，知之不若行之。学至于行之而止矣。……故闻之而不见，虽博必谬；见之而不知，虽识必妄；知之而不行，虽敦必困。”其落脚点也表明“行重于知”。南宋朱熹更明确提出“论轻重，行为重”等重行、尚行的观点。

从各民族流传下来的谚语来看，各族人民更为注重“行”的实干价值，“行重于知”的认识倾向十分显著。汉族谚语如“光说不算，作出再看”“不怕没经验，只要肯实践；实践出真知，斗争长才干”“十个嘴把式，顶不住一个手把式”等，少数民族谚语如“诚实比虚假值钱，行动比言语有力”（拉祜族），“说空话的艺人，不如实干的蠢人”（蒙古族），“光听不如去看看，光看不如去做做”（普米族），“篾笆是编出来的，文章是写出来的”（基诺族）等，这些谚语常凸显了各族人民对实干的看重。

“重行”的观念还体现在记录生产生活事宜的谚语中，如谚语“不到江水里，怎能捞到好青苔”（傣族），“不下河捉不到鱼虾，不养儿别想当爹妈”（布朗族），“不背柴不知柴重，不进山不知山深”（拉祜族），“粉要靠磨，箭要靠削”（基诺族），“要看小伙子能耐如何，先看他骑的马匹；要看大姑娘本事如何，先看她缝的衣裳”（蒙古族），“君子看自己的行为，孔雀看自己的花翎”（独龙族），“豹子肉是打来的，幸福的日子是挣来的”（景颇族）等，都旨在说明只有通过踏实的劳动才能有实际的收获。

在关于处世识人的谚语中，同样也有较强的“重行”倾向，如汉族谚语“心要热，头要冷；心要正，行要成”“听其言，观其行；风浪里，识人心”等说明通过行动去识人更为可靠，各民族共同看重的均是行动的力量。

从各族谚语中可以看出传统儒家“听其言而观其行”的“重行”主张，亦是各族人民对知行体验的认同体现。各族人民都高度认同足履实地、躬耕力行才是安家立业的根本保障，“行重于知”的观念是中华各民族在谋生发展、融合互动中达成的共识。①

二、吸取教训，总结经验

荀子有言：“积土成山，风雨兴焉；积水成渊，蛟龙生焉；积善成德，而神明自得，圣心备焉。故不积跬步，无以至千里；不积小流，无以成江海。”华罗庚也有句名言：“天才在于积累，聪明在于勤奋。”我们既要把握当下脚踏实地去干，又要回顾历史以及以往的“实干”所给予我们的经验和教训，来指引目前甚至是未来的道路。

高尔基在《论文学》一书中说：“谚语和俗语典范地表述了劳动人民全部的生活经验和社会历史经验。”中华谚语可谓是中华民族几千年来汇聚的经验教训和生命智慧的体现。中华谚语中有关吸取教训、总结经验的“实干”精神一方面体现在对生产生活经验一点一滴的积累上，另一方面则体现在对历史经验教训的汲取上面。

（一）生产生活经验的总结

自古以来，我国人民就善于用谚语来总结生产与生活实践经验。这些谚语经过口传心授，在实践中反复验证、加工、修正，成为十分

---

① 石辰芳：《中华民族共同体意识下各民族谚语中的知行观认同》，《民族学刊》2021 年第 12 期。

宝贵的精神财富。各族人民在实践中总结经验、凝练智慧，将“行”的方式态度、经验技巧和重要价值等内容诉诸谚语。

关于行为实践方式的谚语，如汉族谚语“不种百顷地，难打万石粮”“千里之行，始于足下”、傣族谚语“路走千遍，出门闭眼”、壮族谚语“好心靠多想，好刀靠多磨”等，多强调实践活动应持之以恒、不断累积。

关于实践经验技巧的谚语数量较多，几乎涉及各族人民生产生活的方方面面，如汉族谚语“紧拉鱼，慢拉虾”、傣族谚语“埂下铲，埂上糊；不漏水，不藏鼠”、蒙古族谚语“要按兔子的范围拉弓，要按牛犊的范围拴绳”等。

强调实践重要性的谚语，如汉族谚语“要得艺惊人，须下苦功夫”“不下水，一辈子不会游泳；不扬帆，一辈子不会操船”、藏族谚语“天平是轻重的衡量器，实践是是非的试金石”、傣族谚语“做不停，百事能了”、基诺族谚语“刀越磨越亮，胆越练越大”等。

各族人民将丰富的实践活动以及由此引发的思考记入谚语，以此表达了对实干和实践的多重理解。在科学不太发达的时代，关于农业、林业、畜牧业、渔业、狩猎活动等经验总结的谚语对指导农业生产起过巨大作用。

1. 农业生产经验谚语

农业谚语作为农业生产不可缺少的口头技术课本，古往今来，流传不绝。在漫长的历史中，纳西族先民就是通过谚语来总结、保存和传播观察自然的结果和生产实践的经验。例如“农家种田抓节令，做番事业趁年轻”“刨田挖地的活计可以搁三天，收割的活计不能歇半个时辰”“嫩笋不割成老竹，谷黄不收成烂泥”“不耕不耙不成田，不种不育不成苗”“多晴年成总是好，多雨年成就会差”等等，纳西族先民在农耕生活中总结出了“抓时令”“耕耙种育”的经验。

农谚是在生产实践基础上总结出来并经长期琢磨、验证而形成的，这些谚语大都是对自然和生产规律的反映，具有一定的科学道理。汉族谚语“种子年年选，产量节节高”“种粮要看季节种，说话要看时机说”是关于农业生产实践经验的谚语。在达斡尔族、鄂温克族、鄂伦春族谚语中除了体现打猎活动中积累的种种学习技艺经验外，还可以看出耕种采集、家庭生活实践活动对他们的影响。如达斡尔族类似的谚语有“看了发愁，但还得干”“说得再多，也装不满冲罗”。

2. 林业生产经验谚语

我国部分少数民族非常重视林业生产，明白森林有防风固沙、保护农田，涵养水源、保持水土，吸烟滞尘、净化空气，调节气候、美化环境，减弱噪声、杀菌抗病的作用。所以，有着植树造林的习惯，并且教育人民爱护树木，热爱绿色就是热爱自己的家园。

如傣族谚语“砍树不看风向，不是好木匠”、拉祜族谚语“坡种茶，沟种砂”、哈萨克族谚语“没有树木就听不见夜莺声”“梧桐生在草地上，胡桐生在沙地上”以及“松树生在山里，酸梅生在园里”等总结出了砍树看风向，种树应因地制宜等林业生产经验。

3. 畜牧业生产经验谚语

畜牧民族也称游牧民族，指全民族大部分人都从事畜牧生产的民族。畜牧业谚语从本质上来说是牧民们不断地与自然界进行斗争并从中积累和创造的语言财富，它作为我国部分民族语言和民间文化的有机组成部分，产生于人们生产生活的过程中，具有较高的科学性和实用性，通过口口相传沿用至今。

如蒙古族畜牧业生产经验谚语“毡包要立在阳处，西伯要安在高处”，谚语中的“毡包”是中国北方少数民族居住的篷帐，也就是我们熟知的“蒙古包”，毡包一定要搭建在向阳之处，这样有利于增加包内温度，使居住更加舒适；“西伯”是蒙古语，指圈羊群的栅栏，放牧之后羊群需要回到栅栏以内的范围活动，栅栏立在高处，可以相对确保羊群的安全，以免在低处时受到狼群的袭击。“放牧不近水，三天就后悔”，放牧的地点很有讲究，牧民们在长期放牧中总结出，在河边放牧，牲畜可以边饮边食，一举两得，这样不仅放养出来的牛肥马壮，还提高了放牧效率，节省了放牧时间。

哈萨克族的畜牧业有着悠久的历史，从古至今畜牧是哈萨克族重要的经济依靠。几乎一生都在马背上度过的哈萨克族人，他们的生活与牧业息息相关，牧场是他们放牧的地方，也是他们繁衍生息的地方，因此他们对牧场和牲畜十分热爱。在哈萨克族民间曾经流传有这样的谚语：“人群是依靠畜牧来繁荣的”。该民族有关畜牧经验的谚语有“赶着放，母羊吃得饱，拦着放，小羊吃得饱”，意思是赶着放羊，母羊腿长跑得快，边走边吃也能吃饱，但是小羊腿短，跟不上，更顾不上吃草；拦着放羊，那么小羊就能够吃饱了。“牛奶多少，看牛吃得好不好”，意为牛如果肚子饱，产奶就多，肚子不饱，膘情不好，产奶就少。

4. 狩猎活动经验谚语

达斡尔族有反映狩猎活动实战经验重要性的谚语，如“不去猎场，看不出好猎手”“要学会打猎多进山，要学会技术多实践”以及“有经验的猎手，总有办法对付猛兽”。鄂温克族谚语同样强调打猎实践和磨炼打猎技术的重要性，如“马不奔跑显不出速度；猴子不爬树显不出能力；人不交往显不出好坏；猎人不狩猎显不出智慧”“树经多年风寒成栋梁，儿经多次锻炼成好猎手”以及“没有打不来的野兽，没有练不会的技术”。鄂伦春族人的主要生活来源是打猎活动，很多技艺的学习实践感受都包含在朗朗上口的谚语中，例如“猎马好坏骑骑看，朋友好坏处处看”“猎刀不磨不快，猎人不学不灵”以及“闯过深山里的人，才知道深山里有宝”。

5. 渔业生产经验谚语

捕鱼是包括汉族在内的一些民族生活的一部分，人们在渔业生产实践中逐渐掌握了捕鱼的技巧，同时也熟悉了鱼的习性。如汉族谚语中有“鱼过千层网，网网有漏鱼”“渔人观水势，猎人望鸟飞”“打鱼莫拣热闹处”“打鱼看浪头，行船看风头。大鱼吃小鱼，小鱼吃蚂虾”等。除此之外，哈萨克族谚语还有“雨天农民不下地，风天渔民不撒网”，提醒人们在恶劣天气不要从事渔业生产实践。

（二）历史经验教训的吸取

中华民族历经数千年的沧桑而生生不息，延续至今，有一个重要原因，那就是中华民族是一个善于从历史中汲取智慧和力量的民族。《诗经》说，“殷鉴不远，在夏后之世”，《尚书》说“不可不鉴于有夏，亦不可不鉴于有殷”，反映了周初政治家对历史经验的深刻认识。历代主政者注重从历史中吸取经验教训，作为政治决策的依据。唐太宗对臣下说：“以铜为镜，可以正衣冠；以古为镜，可以知兴替；以人为镜，可以明得失。”黑格尔说：“人们常从历史中希望求得道德的教训；因为历史学家治史常常给人以道德的教训。不消说，贤良方正的实例足以提高人类的心灵，又可以做儿童的道德教材，以灌输善良的品质。”历史经验教训能够提供道德借鉴，即通过扬善抑恶引导人们的言行，使人见贤而思齐，见不贤而内自省。当然不只是从历史大事中汲取经验教训，中华民族对日常失败经历也十分重视。

这一点在中华谚语中也得到了明显体现。汉族有“吃一堑，长一智。错一遍，精一次”“吃一次苦，学一次乖。头回上当，二回心亮”“老马走错路，知道回头。智者做错事，知道改正”等谚语。蒙古族谚语有“从跌跤中学会走路”“经验教训是最好的老师”“从跌倒的地上抓把土”“优秀的品质，犹如皎洁的明月；宝贵的经验，宛若灿烂的日光”“以别人的失误来纠正自己不足的人是聪明人”。其他类似谚语如：

不经过失败和挫折，便永远找不到真理。（景颇族）

求教经验丰富的老人，胜过点燃一百盏佛灯。（藏族）

有了病的经验，少了死的危险。（藏族）

浩如烟海的谚语，经过千百年的传诵，千百万人的锤炼，丰富的内容和优美的形式得到了和谐统一。其蕴含的思想与哲理对于认识过去人们的思想心理、道德观念、处事待物以及对待当时社会所持的态度等都具有一定的价值，也起到了警示和劝诫后人的作用。

中华谚语中所蕴含的实干精神，反映了各民族人民的生存万象，它是对生存智慧的生活化抒发，不同民族对于“实干精神”内涵的理解以及对其的态度具有一定的相同之处，这也对铸牢中华民族共同体意识有着诸多启迪，中华谚语中的实干精神也是中华民族精神共同体的有机组成部分，是铸牢中华民族共同体的无形纽带。我们需要的就是在走向梦想的道路上，既努力奋进，也沉着冷静；既认识到梦想的现实性，也看到现实的复杂性；既让梦想照亮走向未来的道路，也用实干兴邦的精神踏踏实实地奋斗。

第三节　凛然不屈、愈挫愈勇的坚韧性格

坚，指牢固、坚固、强固有力而不易摧毁。拥有坚韧性格，是在遭遇身体及精神困难、压力时，坚持而不放弃的忍受力，即面对危险与灾难时精神的坚定、坚强的耐受力、勇气和后劲。苏轼在《晁错论》中说：“古之立大事者，不惟有超世之才，亦必有坚忍不拔之志。”坚韧就个人来说，是不怕光阴与命运；就集体来说，是不怕艰难与困苦；就国家来说，是不怕侵略与外辱，越是艰难时刻，越能凸显出中华民族凛然不屈、愈挫愈勇的坚韧性格，展现了伟大的中华民族之魂。

“在中国文化史上，儒、道、佛各家尽管在许多观念上各有不同，

但在一点上却有共同的认识，即人本身可以自足、完善。因而传统道德观在重视德的同时，也提出了实现德行的方法，就是修身自省、自我净化。当一个人遇到矛盾时，应该首先克制自己的欲念情感，通过自我斗争从主观上消弭各种矛盾，从而到达‘德’的彼岸。中国人‘克己、知足、安分’等心态以及‘忍耐、内向’的性格特征的形成都与此有关。因而在谚语中我们看到人们常以乐观的态度去看待生活。”[①]“十磨九难出好人”（汉族），“霜打过的柿子才好吃”（汉族），在生产生活中，中华民族逐渐锻炼出坚韧的人格禀赋，不惧怕一切艰难险阻，能够正确看待一切人生路上的得与失、成与败和苦与乐，努力发展生产，克服困难，创造美好生活。

一、直而不倨，曲而不屈

不屈的意思是不屈折，不低头，犹言不卑下，通常形容人不畏强暴的精神，当自身利益甚至生命安全受到威胁时，依然坚持自身的价值观，丝毫不妥协以及不因受诱惑而放弃自己的原则。正是“至矣哉！直而不倨，曲而不屈”（《左传·襄公二十九年》）。不屈的精神表现在面对侵略与外辱时，能够挺身而出；表现在面对光阴与命运时，能够挑战自己；表现在面对艰难困苦时，能够勇敢克服。

拥有不屈精神往往代表一种坚韧的意志。“意志指人们能够自觉地确定目标，并能根据预定目标调节支配自身的行动，克服行动中的挫折与困难，进而实现预定目标的心理过程。意志力强的人在遇到挫折时，总会在目标的引导下，自觉调节自我行为，想尽办法战胜挫折，表现出顽强不屈的品质；而意志力薄弱的人往往在挫折面前自动退缩，对自己的目标不能坚持，轻易放弃。”[②]正如中华谚语所说，“怕

① 林秀琴：《谚语和汉民族价值观》，《求是学刊》1995年第4期。

② 何超男：《中华优秀传统文化对大学生挫折教育创新的启示》，《文化学刊》2021年第7期。

走崎岖路，莫想攀高峰”（汉族）。

（一）不屈于侵略与外辱

“悠悠华夏，风雨卓立”，中华民族具有不畏强暴、反抗强权的民族风骨。“风骨者，气概、品格也。一个民族有怎样的风骨，影响着这个民族的前途。风骨凛凛，不惧威胁，则民族生生不息；风骨柔弱，一味妥协，则民族难以长存。”① 在五千多年的发展中，中华民族形成了以爱国主义为核心的团结统一、爱好和平、勤劳勇敢、自强不息的伟大民族精神。汉代，“犯我强汉者虽远必诛”；唐代，“横制六合，骏奔百蛮”。正是“桑梓之地，誓不从倭”“为雪国耻身先去，重整河山待后生”的决绝和坚定向世界展示了天下兴亡、匹夫有责的爱国情怀，形成了视死如归、宁死不屈的民族气节，不畏强暴、血战到底的英雄气概，以及百折不挠、坚韧不拔的必胜信念。

> 雄鹰不怕风，好汉不怕死。（汉族）
>
> 胸有凌云志，何惧征途险。（汉族）
>
> 不能让坏人进寨子，不能让敌人进国土。（佤族）
>
> 像狮子一样勇猛，像布谷鸟一样选择时机。（景颇族）

上述谚语表明真正的勇士不怕外来的一切艰难，为了自己的民族和国家，可以“抛头颅，洒热血”。孔子说：“三军可夺帅也，匹夫不可夺志也”（《论语·子罕》），“志士仁人，无求生以害仁，有杀身以成仁”（《论语·卫灵公》）；孟子倡导“富贵不能淫，贫贱不能移，威武不能屈”（《孟子·滕文公下》）的“大丈夫”人格气概。南宋哲学家陆九渊说：“人生天地间，为人自当尽人道。学者所以为学，学为人而已，非有为也。”又说：“若某则不识一个字，亦须还我堂堂地做个人”（《陆九渊集·语录下》）。正是“天地英雄气，千秋尚凛然”，

---

① 王守学：《砥砺不畏强暴、反抗强权的民族风骨——弘扬抗美援朝精神提高备战打仗能力》，《解放军报》2020 年 10 月 28 日。

中华民族是英雄辈出的伟大民族，无数中华儿女为了民族大义，抛头颅，洒热血，毁家纾难。人们相信，“宁做战死鬼，不做亡国奴”（汉族），“宁愿像鹰一样勇敢战斗，不能像兔子那样畏缩求生”（汉族），为了国家荣誉，爱国志士们前赴后继，敢于献身。

纵观近代以来，为实现民族独立人民解放，从五四运动到中国共产党领导下的工农革命、全民族抗战、解放战争直至新中国成立，民族精神始终是救亡图存争取胜利最坚韧、最强大的力量。中华谚语有着丰富的记载：

可让三杯酒，难让两寸土。（汉族）

宁可直中曲，不可曲中直。（汉族）

冻死迎风站，饿死不弯腰。（汉族）

宁为玉碎，不为瓦全。（汉族）

英雄好汉一块钢，锤不扁来扭不弯。（汉族）

与其逃生，不如拼死。（蒙古族）

宝剑不弯曲，勇士不下跪。（达斡尔族）

上述谚语表明真正的勇士绝不屈服于侵略与外辱。“中华民族坚持‘人不犯我，我不犯人；人若犯我，我必犯人’，这里的‘必’，就是敢于斗争的精神和胆略。只有敢于斗争，坚决回击强暴强权，才能‘打得一拳开，免得百拳来’。习近平总书记强调：‘当严峻形势和斗争任务摆在面前时，骨头要硬，敢于出击，敢战能胜。’从某种意义上讲，不畏强暴、反抗强权的民族风骨，本身就是一种威慑。”①

（二）不屈于光阴与命运

不屈于光阴，就是“发愤忘食，乐以忘忧，不知老之将至云尔”。不屈于命运，就是一种自强不息的精神，一种自信勇敢的心态，一种

---

① 王守学：《砥砺不畏强暴、反抗强权的民族风骨——弘扬抗美援朝精神提高备战打仗能力》，《解放军报》2020 年 10 月 28 日。

永不服输的意念。人们勇毅地对抗光阴的流逝，用不服老、不服输的精神奋斗至最后一刻，展现了中华民族的坚韧性格。“日月不肯迟，四时相催迫”，我们无法违抗寒来暑往、春秋代序的自然规律，但却可以在光阴似箭的岁月中以奋斗描绘未来、用实干收获不凡，砥砺“莫向光阴惰寸功”的拼劲，永葆“千磨万击还坚劲”的勇毅，踔厉奋发、笃行不怠。

走远路的人爱起早。（汉族）

时间只眷顾拼搏的人。（汉族）

时间给勤勉的人留下智慧，时间给懒惰的人留下空虚。（汉族）

劝君人老心不老，家穷志不穷。（汉族）

莫道学已晚，但肯卖力总不迟。（蒙古族）

人生的意义，在于珍惜时间刻苦学；人生的价值，在于利用时间辛勤干。（蒙古族）

上述谚语表明只要保有“老骥伏枥，志在千里。烈士暮年，壮心不已”的精神，便能从容应对时间的流逝，在奋斗中书写别样的青春。人们不仅倡导珍惜有限的时间，更倡导不被时间打败，用凛然不屈、愈挫愈勇的精神对抗生命的洪流。正是“有志不在年高，无志空活百岁”（汉族），“生命有限，时间无穷”（汉族）。

在中国历史上，无数老当益壮的人物展现着他们不屈于时光的伟大精神。苏轼说：“老夫聊发少年狂，左牵黄，右擎苍，锦帽貂裘，千骑卷平冈。”刘禹锡说：“莫道桑榆晚，为霞尚满天。”明末清初哲学家王夫之“迄于暮年，体羸多病，腕不胜砚，指不胜笔，犹时置楮墨于卧榻之旁，力疾而纂注”（《姜斋公行述》）。由此可见，人生要在有限的生命中奋斗出无限的光华。

有一分热，发一分光。（汉族）

只要人心恒，万事皆可成。（汉族）

为民族谋利而白发，为祖国奋斗而齿落。（蒙古族）

英雄不在年龄大小，懦夫永远是小孩。（藏族）

顶着困难前进的人，才是出息的人。（哈尼族）

“中华优秀传统文化中的核心理念，无论是‘人法地，地法天，天法道，道法自然’，还是‘大道之行也，天下为公’，或者是‘天行健，君子以自强不息’，都包含着中华传统文化对于自然和社会规律的理解与把握，也包含着中华文化自身所蕴含的自信自强的精神基因，通过文化传承进入到每一个中国人的血脉之中，使我们在面临巨大的风险挑战之时依然‘风雨不动安如山’。”① 在中华谚语中也有相似的例子，“别人奚落你，你可以忽略不计；命运捉弄你，你可以重整旗鼓再来”（汉族），“不比不赛，不知马的脚力；不干不闯，不知英雄的本事”（藏族），可见，不论外部环境如何，我们都要敢闯、敢拼，不惧风雨，自信向前。

从“悬梁刺股”“卧薪尝胆”“囊萤映雪”“愚公移山”等成语，到“宁可自食其力，不可坐吃山空”“明知山有虎，偏向虎山行”等谚语，都展现了一种对抗时间与命运的大无畏气概。孔子说：“刚、毅、木、讷近仁”（《论语・子路》），曾子云：“士不可以不弘毅”（《论语・述而》）。可见，中国古代先哲总是以动态的眼光看待世界、看待人生，也就是生生不息、流动不止。就自强不息而言，它体现出一种“主动”精神，亦即“刚健”的品格。所谓刚健，即是做人做事坚持原则而不动摇，坚持主体的自觉性而决不屈服于外界的压力。

（三）不屈于艰难与困苦

“贫贱忧戚，庸玉汝于成也”（张载《西铭》），意思是贫穷卑贱和令人忧伤的客观条件可以磨炼人的意志，帮助我们达到成功。《管

① 梅景辉：《彰显自信自强的精神力量》，《新华日报》2022 年 7 月 26 日。

子·宙合》中论述："千里之路，不可扶以绳"。这句话强调千里长的路不可能像绳子一样直，都会经历各种各样的困难坎坷。事实上，不论是学习、工作还是生活，都会遇到许多艰难困苦的时刻，而越是这样的时刻，越能锻炼我们的坚韧品性。不论生活中有多少坎坷和困难，都不应该失去对美好未来的向往和希望，只要相信自己，坚定信念并坚持不懈，最终一定会克服挫折，走向成功。[1]

要做冰峰上的雪莲，不做温室里的牡丹。（汉族）

怕火花的不是铁匠，怕苦难的不是勇士。（汉族）

水深莫畏渡，事难莫停步。（蒙古族）

粗石上磨利刀，艰险中炼英雄。（藏族）

攀登高峰要不畏艰险，实现理想要勇于斗争。（苗族）

上述谚语表明艰难困苦可以检验一个人的品格。所以我们要焕发"越是艰险越向前"的精神，坚定"不破楼兰终不还"的意志，闯过一道道险关隘口。正如中华谚语所说，"真金不怕火炼，磐石不怕雨淋"（壮族），"泥塑的佛，经不住雨打；纸糊的人，经不住风吹"（蒙古族）。可见，在风雨面前，方可见英雄本色。

懦夫把困难当成沉重的包袱，勇士把困难当作前进的阶梯。（汉族）

不受苦中苦，难为人上人。（汉族）

等待幸福要有耐心，消除痛苦要有韧性。（藏族）

人不经困苦，生活不会富足；人不经颠沛，生活不会充实。（哈萨克族）

真金要用火炼，好人要经灾难磨炼。（俄罗斯族）

刀在石上磨才锋利，人在苦中练方坚强。（锡伯族）

---

① 梅景辉：《彰显自信自强的精神力量》，《新华日报》2022 年 7 月 26 日。

上述谚语表明艰难困苦可以锻炼一个人坚韧的意志。《墨子·修身》有云："志不强者智不达，言不信者行不果。"意志力不强大的人，智慧也就不会通达；说话违背诚信的人，做事情也就不会获得好的结果。意志力强的人在同样的状态下，为了达到目标可以顽强地克服所有的障碍，义无反顾、永不言退。正如中华谚语所说，"只要三寸气在，万事都有办法"（蒙古族），"不怕缺少金银财宝，就怕缺少自信和勇气"（白族）。

二、迎难而上，闯关夺隘

中国人民在面对生产生活困难时具有凛然不屈、愈挫愈勇的坚韧性格。坚韧性格首先是"万众一心、众志成城"的团结奋斗精神。人们同心同德、同向同行，同甘共苦、守望相助，集中体现了中华民族同舟共济的生存之道、血脉相连的同胞之情和患难与共的民族大义；其次是"不畏艰险、百折不挠"的斗争意志。在与困难抗争的过程中，展现的是中国人民不为任何困难所压倒的非凡勇气和敢于斗争、敢于胜利的民族本色；第三是以人为本、尊重科学。这是合目的性与合规律性的统一，愈是在直击生命底线的时候，以人为本的精神愈显鲜活而深刻。尊重科学就是符合科学规律，崇尚理性、求真务实、积极运用科学技术，注重科学决策、科学指挥，彰显了中国人民不断进取、开拓创新的时代精神。

如今，面对困难时，我们已经能够更加从容，这是因为作为领导核心，中国共产党没有自己的私利，始终把为人民服务作为自己的最高准则，勇担重任，不惧万难，与人民群众共克时艰，这正是中华传统文化精神最为鲜明的体现。

（一）求真务实，绝处逢生

中国人民很早就懂得根据不同土壤、地貌、季节与作物，因地制宜、因时制宜、因物制宜地采取不同的经营方式，创造了多样性的农业生产模式，也清楚地知道，“受不得苦，享不得福”“动手成功，伸手落空”，一切生产实践都离不开坚韧的奋斗精神。从各种民歌、船工号子中就可以知道，中华民族面对困难时，灵魂是提升的而不是下降的，内心面对的是希望而不是绝境。

辛勤劳动，万事可成。（汉族）

手脚不停，饿不死人。（汉族）

五更起床，百事兴旺。（汉族）

能吃不会瘦，能干不会穷。（汉族）

上述谚语表明，中国人民依靠自己勤劳的双手缔造幸福生活。“流多少汗，吃多少饭”（汉族），“动手成功，伸手落空，不怕事难，就怕不动”（汉族），从这些谚语可见，人们相信一分耕耘一分收获，在山野翠绿、炊烟袅袅、小桥流水、渔歌唱晚的背后，是中国人不断突破困难的勇气、毅力与智慧。

凭借坚韧精神，中国人民在生产实践中，“不信神，不信鬼，全靠咱，胳膊腿”（汉族），“难字当头，寸步难移。干字当头，一日千里”（汉族），千千万万百姓创造了自己的幸福生活。

劳动的后面跟着幸福。（汉族）

靠人粮仓满，靠天空米缸。（汉族）

垦荒者心里，没有荒地，勘探者眼里，能看穿地层。（汉族）

毅力是成功之母，辛劳是幸福之源泉。（蒙古族）

嘴巴想吃，手就要干。（藏族）

寒天不冻勤直女，荒年不饿苦耕人。（苗族）

《齐民要术》写道：“顺天时，量地利，则用力少而成功多。任情返道，劳而无获。”明代文学家马一龙《农说》主张：“合天时、地脉、物性之宜。”正所谓“得谷者昌，失谷者亡”，面对庞大的生产生活需求，中国人民总能够在顺应自然的基础上，突破恶劣的条件制约，发挥才智，绝处逢生。正是“想吃鲜鱼就撒网，想吃野兔带箭来”（汉族），“要捞珍珠下大海，要吃白米先种田”（汉族），人们依靠诚实勤勉的劳动和坚韧不拔的精神，繁衍生息，欣欣向荣。每一个石磨、石缸、石臼、犁铧、背夹、风车、水车、纺车的背后，每一块荒地上生机勃勃的景象，都是中华民族凛然不屈、愈挫愈勇的坚韧性格的生动写照。

（二）抗御天灾，栉风沐雨

自古以来，我国的自然灾害就比较频发，因而中华民族抗灾救灾的思想意识同样源远流长，并且一直贯穿于数千年历史发展进程之中。作为中国传统思想文化的重要组成部分，这些思想彰显了中华民族战天斗地的英雄气概和无穷智慧，更显现出巨大的民族凝聚力。

“干旱好识泉，艰难好认汉”（汉族），现实越是残酷，中国人民越是不屈服，一次又一次在灾后重建，在灾后复兴，鲜明地体现了中国人不怕困难的坚韧精神。

只要卷起袖子来干，困难就会躲在一边。（汉族）

乘风破浪才能前进，克服困难才能生存。（汉族）

乘船不怕顶头浪，走路不怕道不平。（汉族）

上述谚语表明，要用实干去对抗生产生活中的灾难。“任凭风浪起，勇开顶风船”（汉族），“山洪中没有浮萍，风暴中才有雄鹰”（汉族），一次次的困难，是对中华民族坚韧不屈精神的检验。

要想砸碎锁链，别怕击痛指头。（汉族）

事在人为，事到当为。（汉族）

困难九十九，难不倒两双手。（汉族）

逢山开路，遇水架桥。（汉族）

不向虎山行，难成打虎将。（蒙古族）

上述谚语表明与灾难对抗需要坚韧的精神，不怕困难，勇毅前行。荀子有云：“夫日月之有蚀，风雨之不时，怪星之党见，是无世而不常有之。上明而政平，则是虽并世起，无伤也。”（《荀子·天论》）中国人不把灾后重建看成是简单的还原式的复兴，而是因地制宜、着眼长远，使受灾地区获得新生，体现在谚语中，便是“真金不怕火炼，好汉不怕磨难”“出一身大汗，得一条真知。经一番挫折，长一点见识”。

总之，“中华民族栉风沐雨，正是因为自强不息、敢于胜利的民族气概，中华民族才能从历史深处走来。这一崇高的民族精神气概，在历史长河中积淀成为中华民族的精神之魂，烙印出中国人民独特的精神禀赋。”①

（三）苦干实干，昂扬奋进

当今世界正处于大发展、大变革、大调整的时期，中国特色社会主义进入新时代，中国人民面临新机遇、新挑战。在实现中华民族伟大复兴的道路上，中国人民只有始终发扬伟大的奋斗精神，进行伟大斗争，才能实现由富到强，才能创造更加美好的幸福生活。新时代属于每一个人，每一个人都是新时代的见证者、开创者、建设者。只要精诚团结、共同奋斗，就没有任何力量能够阻挡中国人民实现梦想的步伐。

要经受苦难，锻炼成钢。（蒙古族）

虎三扑落威，人三搏长志。（傣族）

上述谚语表明美好生活需要人们用不屈不挠、不怕万难的精神去努力创建。《礼记·礼运》有云：“大道之行也，天下为公，选贤与

---

① 雷芳、何云庵：《抗震救灾精神内涵及育人价值》，《人民教育》2021年第21期。

能，讲信修睦。”这体现了人们自古以来对美好生活的诉求。“不怕练不出，就怕心不恒”（汉族），“心欲专，凿石穿”（汉族），保持一颗坚韧的心，向着美好生活努力奋斗，终将迎来美好明天。

知识是由勤奋中得来的，无知是由懒惰造成的。（汉族）

没有过不了的河，没有爬不上的坡。（蒙古族）

钻研的辛苦，胜于玩乐的幸福。（蒙古族）

没有爬不上的高山，没有过不去的河流。（朝鲜族）

上述谚语表明一切开拓、创新、成功都需要不断努力才能得来。事实上，创新创造之路是艰难而复杂的。然而，中国人民凭借凛然不屈、愈挫愈勇的坚韧性格，坚信“别怕山高，不停地爬就能登顶”（蒙古族），“要学惊人艺，须下苦功夫”（汉族），攻坚克难，开拓进取。

开启新征程、扬帆再出发，尤需苦干实干、善作善成。只有坚持“日事日毕，日清日高”，在干中学、于学中干，努力把平常的工作做成超常，把普通的工作作出特色，一步一个脚印，积小胜为大胜，方能在平凡的岗位上创造一番不凡的业绩，活出不一样的精彩人生。

三、因势利导，勇毅前行

拥有坚韧精神的人能正确看待得失，得到不自满，失去不懊恼，用积极的心态去挑战人生；拥有坚韧精神的人，能正确看待成与败，明白失败是成功作积淀，成功也不代表永恒，关键在于不断地勇往直前，不惧艰难；拥有坚韧精神的人能正确看待苦与乐，在痛苦时不放弃，在快乐时有忧患。总之，这是一个不断确立、磨炼和凝聚内心定力的过程。

今天，“站在新的历史起点上，我们不能有任何喘口气、歇歇脚的念头，必须发扬迎难而上的精神，披荆斩棘，闯关夺隘，过了一山再登一峰，跨过一沟再越一壑。保持‘越是艰险越向前’的英雄气概，激发‘斗罢艰险又出发’的壮志豪情，团结奋斗、勇毅前行，我们一定能始终掌握历史主动，牢牢把握未来发展主动权，把为崇高理想奋斗的实践不断推向前进。”①

（一）忘怀得失，淡然自若

“得”与“失”是一个事物的两个方面。个人的“得”是指利益或精神上的获取。在利益的范畴内，财富积累，官禄得进、机遇成就是利益获得的亮点。正因为如此，吸引了人们高度的关注。老子认识到在一切事物中都存在矛盾，而且在一定条件下矛盾双方可以互相转化。“祸兮福所倚，福兮祸所伏”阐明了得失两者之间相互依存、相互转化的辩证关系。

易得者易失。（汉族）

得之我幸，失之我命。（汉族）

得失从缘，心无增减。（汉族）

上述谚语表明得与失都是正常的，要保持一颗平常心。利益的获得有必然或偶然之分。必然是指客观和主观对利益的势在必得。如果在利益面前，人们过多地发挥了主观能动性，利益的砝码也许就会有偏重，但人性的天平也就会失衡。人们的利益观应当受人的道德观等的掌控，不同的人在利益面前具有不同的态度；而不同的利益也能让不同的人作出不同的举动。符合道德法律品德等规范的，我们可以面对，否则应当弃之。因为这样的“得”，实际上是一种失去。这种失去或许包含精神或利益的双重失去。正如谚语所说，“贪图个人利益者，正是敌人好帮凶”（汉族）。古语曰：“塞翁失马，焉知非福。”这句话道出了“失”的结果的双重性，告诉人们，面对挫折和失去的时

① 人民日报评论部：《迎难而上，为了胜利勇往直前——大力弘扬北京冬奥精神》，《人民日报》2022 年 4 月 18 日。

候，应当因势利导，化不利为有利。

舍得舍得，有舍才能有得，小舍小得，大舍大得，难舍难得，不舍不得。（汉族）

舍得舍得，有舍就有得。得失得失，有得就有失。（汉族）

上述谚语表明有舍才有得。人们面对得失时，应该做到“为民求乐，乐在其中”“人好心也好，富贵直到老”。只有把个人的得失与国家和民族的事业相融合，才能以大我成就小我，以自身有限的生命作出无限的贡献，才可以为实现国家复兴的民族梦添砖加瓦，更好地实现自身的社会价值。

（二）有成有败，慎终如始

成功是指达到或实现某种价值尺度的事情或事件，从而获得预期结果；失败是指没有达到预期的目的，亦指被对方打败，输给对方。正如古语所说，胜败乃兵家常事，人需要有坚韧的精神，才能取得最终的胜利。“民之从事，常于几成而败之。慎终如始，则无败事。”（《道德经》）指人们做事情经常在最接近成功的时候遭遇挫折和失败。正所谓“天地之大也，人犹有所憾”（《中庸》），并不是所有的努力，都会带来成功的结果，即使克服了重重困难，仍然可能留下遗憾。坚韧的人能够接受不完美，并且不被困难所打倒。所以，不因已有成绩骄傲自满，始终保持清醒头脑；充分估计困难和风险，既不悲观失望、丧失信心，也不心浮气躁、盲目蛮干；不断提高与困难斗争的韧性，既善于在困境中负重奋进，也善于在顺境中审慎前行。

莫以成败论英雄。（汉族）

失败是成功之母。（汉族）

成大事者，不惧小败。（汉族）

从胜利中学得少，从失败中学得多。（汉族）

失败得教训，成功获经验。（汉族）

没有多次失败，难得一次成功。（汉族）

人都有失败的时候，重要的是怎么看待失败。面对失败，需要过而能改、知耻而后勇，正如谚语所说，“鸟有三肥三瘦，人有三起三落”（苗族），“好汉不免失误，骏马不免跌跤”（蒙古族），我们需要做的就是持之以恒地努力，时刻为成功做充分准备。正是“合抱之木，生于毫末；九层之台，起于累土；千里之行，始于足下”。

动手成功，伸手落空。（汉族）

大胆地尝试只等于成功的一半。（汉族）

决心要成功的人，已经成功了一半。（汉族）

知错改错不算错。（汉族）

做事要稳，改错要狠。（汉族）

人不错成仙，马不错成龙。（土族）

上述谚语表明，不论成功与失败，都要勇敢尝试，从失败中吸取教训，勇敢地战胜困难，走向新的成功。

（三）苦乐相伴，化苦为乐

乐观是一种向阳的人生态度，意思是遍观世上人、事、物，皆觉快然而自足的持久性心境。拥有坚韧性格的人能够在逆境中仍然对事物的发展充满信心，保持精神愉快。

苦一时，乐一世。（汉族）

痛苦的一天比一年还长。（蒙古族）

用勇武降伏强敌，用智慧克制自身。（藏族）

人忧愁，易白头。（侗族）

坚韧的人会意识到苦与乐是相伴而生的。奋斗的过程是艰苦的，或许意味着精神与身体上的打击，或许意味着劳动与心血的付出，但奋斗的过程也是快乐的，是一种挑战自己，战胜困难的成就感，是一种完成目标，更进一步的获得感。有的人面对困难，缺乏坚韧品格，取得一丁点成绩也会得意扬扬、忘乎所以。正如谚语所说，“好事面前阻力多，喜事面前灾祸多”（蒙古族），“有苦，事竟成；经苦，幸福来”（蒙古族），正是经受苦难，才能享受快乐。须知，人生不如意事常八九，时时处处都一帆风顺，只会让人生失去不少精彩。只有奋斗的人生才称得上幸福的人生。而能否奋斗，能否在奋斗中尽享幸福的味道，关键在于能否一以贯之保持乐观的心态。正是从这个角度而言，乐观与人生价值的实现息息相关，幸福人生是乐观带给我们的最大红利。

不吃黄连苦，不知蜜糖甜。（汉族）
只图快乐，定不快乐。（汉族）
吃得苦中苦，才有乐中乐。（苗族）
不下一番苦，哪得一番乐。（纳西族）

上述谚语表明坚韧的人能够化苦为乐，正如中华谚语所说“没经过痛苦，不知道幸福”（藏族），“没尝过苦头，怎知啥叫甜”（彝族），要化苦为乐，才能做到“与天奋斗，其乐无穷；与地奋斗，其乐无穷；与人奋斗，其乐无穷”。事实上，保持乐观心态，是一种积极的人生哲学，有利于开阔视野，看淡物欲，珍惜生活，热爱生命。保持乐观心态，是一种自信的人生法则，有利于当事人自我净化、自我完善、自我革新、自我提高。保持乐观心态，是一种独特的人格魅力，有利于团结人、鼓舞人、凝聚人、感召人，勠力同心、众志成城。

第八章　中华谚语中的美学精神

习近平总书记在文艺工作座谈会上首次提出“传承和弘扬中华美学精神”的重大理论命题，“中华美学讲求托物言志、寓理于情，讲求言简意赅、凝练节制，讲求形神兼备、意境深远，强调知、情、意、行相统一。”[①] 中华美学精神是中国精神的审美层面，是中华民族审美意识的集中体现。所谓“中国精神”，是中华民族植根于历史、发扬于现在、响彻于未来的灵魂。

什么是“美”？在《说文》中可看出，“美”有如下几个义位：美味，美善，美貌，美心。除《说文》外，我国传统对“美”的范畴内涵界定主要为：其一，指味、色、声、态的好。其二，指才德或品质的好。其三，指善事、好事。其四，表示赞美、称美。其五，表示喜欢、称心。[②] 而汉字词语“美学”，则是20世纪初才被收录进辞书。汉字“美学”译自德国近代哲学家鲍姆加登命名的“Asthetik”，即英文中的“Aesthetics”。而“美学”的汉字译词确定，受到两方面学科理论的影响：其一来自心理学，侧重感性的意义，即“the science of the beautiful”，直译为“美的科学”；其二偏于哲学方面，即

---

① 《习近平总书记在文艺工作座谈会上的重要讲话公开发表》，《人民日报》2015年10月15日。

② 史红：《“美”的范畴的语义模糊性》，《中华美学学会第七届全国美学大会会议论文集》，2009年8月，第162—164页。

“philosophy of taste”，“审美学”的翻译便多半出自此种解释。[①]而“美学精神”，则是将美学置于精神层面的高度进行解读：“美学精神”，是美学的精气神，它深深地关切着一个民族的个体与群体的生命精神，与一个民族的艺术家美学家个体生命，更与一个民族的群体生命存在与生命超越精神息息相关。[②]可见，中华美学精神是与中华民族每一个个体和群体息息相关的。由此进一步可知，美学精神是中华美学赖以存在、生存、发展的思想基础与精神支撑，也是审美实践活动及其美学理论研究的指导思想及其根、本、魂。[③]在中华民族的文学艺术史和当下的文学艺术活动中，中华美学精神都有着全面而生动的呈现。它源自中国精神，同时又通过具体的文学艺术活动传递和展示了中国精神。

中华美学精神承古延今，孕育了多个精神内核。其一，《吕氏春秋》指出：“天地和合，生之大经也。”《淮南子》也说：“阴阳和合而万物生。”就是说，“和合”既是客观世界的本来面貌，又是万物生长发育的根据，人与自然应当保持“和合”的关系，即和谐地相处——这体现了美学精神中天人相类、天人感应的天人合一精神。其二，《周易·系辞上》所谓“制器者尚其象”[④]，以及《左传·宣公三年》所谓“铸鼎象物”[⑤]都指尚象制器，王夫之在《周易内传》中也说：“‘制器尚象’，非徒上古之圣作为然，凡天下后世所制之器亦皆暗合阴阳刚柔、虚实错综之象，其不合于象者，虽一时之俗尚，必不利于用而速敝，人特未之察耳。”[⑥]可见古代制器都体现出了阴阳和谐、刚柔相济、虚实相生的尚象特征，也体现了物我交融、意象浑融的尚象精

---

① 王德胜、杨国龙：《现代中国美学发生问题考略》，《东岳论丛》2021年第3期。

② 陶水平：《深化文艺美学研究弘扬中华美学精神》，《江西师范大学学报》（哲学社会科学版）2015年第3期。

③ 张利群：《论中华美学精神的内涵构成及现代意义》，《学习与探索》2017年第11期。

④ 周振甫：《周易译注》，中华书局2013年版，第259页。

⑤ 李梦生：《左传译注》，上海古籍出版社1998年版，第437页。

⑥ （清）王夫之：《周易内传》，李一忻点校，九州出版社2004年版，第452页。

神。其三,《论语·学而》有:“子贡曰:‘贫而无谄,富而无骄,何如?’子曰:‘可也。未若贫而乐,富而好礼者也。’”这一段话中,“贫而乐”“富而好礼”体现的正是不为外物所忧,不管境况如何都能处之泰然,甚至超脱凡俗的豁达澄明、恬淡沉静的乐感精神。其四,汉代《毛诗序》曰:“言天下之事,形四方之风,谓之雅。雅者,正也,言王政之所由废兴也。政有小大。故有小雅焉,有大雅焉。”[①]可见,在中华传统美学中,“雅”引申为“正”的含义。而儒家传统的一个重要文艺批评标准就是“雅乐正声”,《论语·述而》说:“子所雅言,《诗》《书》执礼,皆雅言也。”刘勰也指出“尚雅”不仅是文人对风格艺术的追求,还内涵了儒家精神文化意义:“典雅者,熔式经诰,方轨儒门者也”[②]便揭示了“雅”与儒家思想的内在关联,这体现出中华传统美学具有韵律和谐、结构紧凑的尚雅精神。上述四者相互融合、相互贯通,共同组成了中华美学精神的思想内核。

第一节　天人相类、天人感应的天人合一精神

中华美学追求天人相类、天人感应的天人合一精神,其理论实质是关于人与自然的统一问题。张载在中国思想史上第一次明确提出“天人合一”的命题,他认为世界的本原是太虚之气,人与天地万物都由气构成,气是天地合一的基础,“乾称父,坤称母,予兹藐焉,乃浑然中处。故天地之塞,吾其体;天地之帅,吾其性。民,吾同胞;物,吾与也”。天地犹如父母,人与万物都是天地所生养,都由气构成,气的本性也就是人的本性和物的本性。他肯定人是自然界的构成部分,人与自然界统一于物质的气,都因循统一的规则,即阴

① 夏征农主编:《辞海》(下),上海辞书出版社1999年版,第4354页。

② 刘勰:《增订文心雕龙校注》(卷一),黄叔琳注,李详补注,杨明照校注拾遗,中华书局2012年版,第376页。

阳二气的相互作用，性与天道，不见乎小大之别也。张载主张穷理尽性，以充实人道，实现天道，最终达到天道与人道的统一。

老子说："道生一，一生二，二生三，三生万物。万物负阴而抱阳，冲气以为和。"（《老子》四十二章）由此，则"人法地，地法天，天法道，道法自然"，根据著名学者张岂之的解释，这里所谓的"道"，含有世界本原和运行规律的双重含义，而"法"则是取法、效法之意。[①]这样将"本原"与"运行规律"相统一，肯定天、地、人等，世间的万物从产生时起就是运行变易的，是按照自然或自身规则运动发展的，非任何外力所附加。庄子又阐发了老子"道法自然"的观点，着重论述自然界齐一（同一、统一）的思想，论述人与自然和谐相处的思想。《庄子·知北游》说："天不得不高，地不得不广，日月不得不行，万物不得不昌，此其道与？"世间一切有形的物质变化，都是无形的、无边无际的、无始无终的"道"的作用使然。上述老庄学派的观点都充分地体现了人与自然和谐相处、人与自然相统一的思想。孔孟也曾涉及天人关系问题，特别是孟子所谓的"万物皆备于我"，人所养的"浩然之气"可以"充塞于天地之间"，"君子"能"上下与天地同流"等等的说法就包含有天人合一的思想，并且为后来的《中庸》进一步发展。《周易·乾卦·文言》有云："夫大人者，与天地合其德，与日月合其明，与四时合其序，与鬼神合其吉凶。先天而天弗违，后天而奉天时。"这段话也突出了"天人合一"的思想，要求人与自然的和谐统一，同时揭示了中华美学追求"天人合一"境界的深刻奥秘和精神旨趣。

由上述可见，中国古代思想家关于"天人合一"思想的基本含义，就是充分肯定自然界和人类社会的统一，所关注的是人类社会与自然界的关系。天人合一是天道与人道的合一，天道作为人世间的公

---

① 张岂之：《中华人文精神》，西北大学出版社 1997 年版，第 28 页。

理公例由人去把握和运用，人可以并且应该在客观规律面前充分发挥主观能动性。孟子所谓的“上下与天地同流”，《中庸》所谓“赞天地之化育”“与天地参”都是人的本质力量的张扬。但无论人的力量怎样被夸大，人如何“笼天地于形内，挫万物于笔端”“一画收尽鸿蒙之外”，却始终不能脱离自然，强调人与自然融为一体，强调在两者合一中获得审美的最高境界。这在中华谚语中也有充分的体现。

中华谚语将人与自然看作一个和谐的复合系统，摒弃了人类中心主义以人的利益作为唯一尺度的狭隘观念，强调人类应遵循天地合德的“天人合一”观念，倡导敬畏自然、顺从自然、博爱万物的生存观和休戚与共、互惠共生的发展观。今天，我们尤其应该倡导中国传统哲学中的“正德、利用、厚生”的人生态度，真正做到既正人德，学会敬畏自然，与大自然和睦相处；又正物德，做到物尽其用、富裕民生，最终达到兴利除弊、促进社会和谐之目的。天地合德的“天人合一”宇宙精神试图从人与自然的关系视角对自然和人的价值进行解读，主张天人协调，追求天与人、天道与人道、天性与人性相类相通，以达到统一。中华谚语中所体现的生态观念正符合尊重自然、顺应自然和保护自然的现实理念。

一、尊重自然，共生共荣

中国传统生态智慧坚信天地有生生之大德、道有辅育万物生长之至善，提倡效法天地之德，要求人们树立尊重生命，爱护万物的生命伦理观。充分展现了人类遵从自然规律，促进自然万物价值、平等与和谐的生态伦理观。各民族关于尊重自然的谚语讲的是要对人类以外的自然事物尊敬和重视，需将对方视为与自己同等重要或比自己地位高，只有这样人与自然才能做到和谐相处、互利共生。

（一）自然是养育人类的摇篮

中华民族向来对养育他们的自然怀有深深的尊敬和感恩之情。中华各民族生活在地理地貌各有差异的地区，因此相关尊重对象的民族地域特色也十分鲜明，多元地展现了人们对自然环境的尊重与热爱之情。

蒙古族谚语“太阳是收获之父，水是收获之母”，表达了蒙古族人民对自然的敬畏。同时，蒙古族人民也尊敬草原和水，有谚曰“家乡的水似仙水，家乡的土如黄金”“家乡的水是圣水，故乡的土是金土”“蓝天般的湖水，湖水般的蓝天”，给予家乡的水、土、天崇高的赞誉；“故乡的土地虽然看似丑陋贫瘠，却永远胜过遍地黄金的异域”是说家乡的土地才让人深感可亲可贵。类似的谚语还有“生身的故土贵如黄金，喝久的泉水甜似圣水”。

藏族人民聚居在有“世界屋脊”之称的青藏高原。藏族谚语“山顶若无白雪，山下何来湖水”“澜沧金沙的江水滚滚下，不及山坡水井的恩情大”有饮水思源之义，指雪山融雪之湖水和家乡的井水供藏族人民世世代代饮用，是养育藏族人民的生命之源；“空中滴下几滴雨，大地之上长苗芽”说明了大气降水为地面的粮食作物和植被生长带来了必不可少的珍贵水分，滋润了它们的生长；“大海之露遍天空，天空之水满大海，雨水珍宝盈大海”则生动简洁地概括了水循环的过程。

维吾尔族人民主要聚居在新疆的绿洲地区，地处温带大陆性气候区，降水少，植被覆盖率低，自然环境相对恶劣，因此维吾尔族人民十分喜欢绿色：“没有树木就没有生命”。绿色，代表着生命与生机；“有森林就有钱花，过日子甜美如花”“有森林的金钱满罐，没森林的被沙埋掩”“森林既可使人受益，也可使天晴朗”“树木遮盖了大地，戈壁会变成天堂”“植树可防水土流失，又可把旱地变成草滩”等谚语体现了森林对维吾尔族人民生存与发展的重要性，也是维吾尔族热爱绿色的明证。同时，维吾尔族人民对雨有着特殊的情感，有谚曰“下雨如同下油，下雨如同下馕”，这体现了雨水在内陆地区的宝贵，喻其与油和馕有同样重要的地位。因为地处荒漠，树木生长极为不易，因而维吾尔族人民对破坏绿洲、破坏植被的行为给予严厉的批判："植树成林能积德，不种树木会遭殃""砍下一棵树，要种十株苗""折断树苗之前，先砍折树之手""财产可以损失，森林不能糟蹋""摘吃水果莫伤枝，井里打水莫掉土"等思想被世世代代承袭下来。绿色昭示着维吾尔族爱护树木、保护环境的生态理念，彰显了维吾尔族生生不息的活力与激情。

哈萨克族人民主要聚居在新疆地区，谚语"阿尔泰的夏牧场是奶，冬窝子是油""阿尔泰的洼处有鱼，高处有野羊""阿吾勒富，人不会穷；阿吾勒穷，人不会富"展现了大自然对哈萨克族人民馈赠的肥沃土地、丰富水源、丰美水草和肥美的牛羊。彝族谚语"住房不忘森林，吃饭不忘土地""粮是人的命，水是粮的命"体现了彝族人民不忘大自然的恩情。傣族人民生活在水热充足、植被繁茂的云南地区，因此他们最热爱的是森林和水，有谚曰："大象跟着森林走，气候跟着竹子走，傣族跟着流水走""林是金，水是银，林好水美地才灵"。柯尔克孜族谚语"山是柯尔克孜人的父亲，水是柯尔克孜人的母亲"体现出柯尔克孜族认识到山水对自己的养育，要像尊重父母一样尊重自然。哈尼族人民崇拜森林、热爱森林，有谚曰"森林是梯田的命根子，梯田是哈尼人的命根子"。

中华谚语中有关尊重自然的内容言传久远，传递的天人合一的宇宙精神清晰地折射出我国人民对自然万物的尊重和崇敬。

（二）自然是人类的生存之本

谚语"山青人贵，山荒人悲"，用短短八个字精准诠释了人类与自然之间共生共荣的关系。自然生态的每一次变化都关乎着每一个人的幸福和未来。习近平总书记曾强调："良好生态环境，是最公平的公共产品，是最普惠的民生福祉。"生态文明思想中的人民福祉观其实一直以谚语的形式广泛流传于我国民间，"青山常在，人寿年丰"

（汉族），“离开了天鹅湖水禽怎么能活？离开了草原蒙古人怎么过？”（蒙古族），“保土保水如保命，治水治土如保家”（彝族），“荒山变林山，不愁吃和穿”（壮族），“绿了荒山头，干沟流清水”（白族），“地如果喝不足，人也会吃不饱”（乌孜别克族）等昭示人与自然的依存关系，它们是对“生态福祉是最大的民生福祉”的生动阐释。

人对自然气候的认识与影响从观察自然现象开始。在蒙古族的谚语中，“初升的太阳光线红，干旱的气候天边红”“雨前变凉，雪前变暖”揭示了部分气候现象的特征；“东方出虹则响雷，西方出虹则降雨”“太阳出现风圈，当日天阴有雨；月亮出现风圈，午间将要刮风”通过天象预测风雨；“晚上火烧云，盼雨一场空”“云呈鱼鳞状，不过三天把雨降”“云坠要下雨”则通过云的形状、色彩及活动走向判断雨水是否到来。

藏族谚语“北云南走日如火，南云北走雨淋头”即北边的云向南边飘将会带来暴晒的晴天，而南边的云向北飘则会带来雨天；“春天三月的杜鹃，不请也会飞来；夏天六月的蘑菇，不种也会冒出”即杜鹃会在三月初春飞来，而蘑菇会在六月初夏生长繁盛；“冬天突然热，必然刮大风”指冬季气温突然升高必会迎来大风天；“冬天像敌人一般突然出现，春天像慈母一般慢慢离开”生动地说明了冬天来得急、来得出乎意料，而春天则是悠然地离去；“冬季雪花大胆下，太阳一出化为水”形容冬季只要出太阳了，雪花就会融化；“冬暖有雪，夏暖有雨”指冬季气温升高预示着雪天将至，而夏天气温升高则预示着雨天将至；“东风带来雨，西风进来晴”说明吹东风常遇雨天，而吹西风则常遇晴天。

鄂伦春族谚语“有雨山戴帽，无雨露山腰”，阐释了当大雨来袭的时候，乌云就会像一顶帽子一样笼罩着山头，而当天气晴朗的时候，太阳又会把万物照耀得清晰明朗；“东虹有云西虹雨，早晨下雨一天晴”，告诉人们如果东边出现彩虹便预示多云天气，而西边出现彩虹便预示天要降雨，如果早晨下了雨，那么这一整天的天气都会是晴朗的。

土地承袭着农作物的生长，农作物的生长决定着人们物质生活的水平。汉族谚语“误了当前，地闲一年”“人误地一时，地误人一年”“人薄土，土薄人”“人不亏地皮，地不亏肚皮”都体现了人民的物质生活来源很大程度受土地影响。维吾尔族也有相似的谚语：“人靠地养，地靠人长”“人不哄地皮，地不哄肚皮”，都体现了土地对人民生存与发展的重要影响；“人靠饭养，秧靠水养”“地能果腹，火能暖身”“土地富饶，人民富裕”都体现了土地与人民生活水平高低的直接联系。而游牧民族哈萨克族也有许多赞美土地的谚语，比如“土地富，油肉足”“土地给人民幸福，劳动使男儿幸福”“土地供养土地上的人民，劳动供养热爱它的人们”，都体现了土地对哈萨克族人民的养育。相似的谚语还有：

土地掘不干，湖水喝不干。

土地若是有福，牲畜就会多出乳。

土地是幸福的摇篮，劳动是幸福的门槛。

土地是幸运的肚脐，科学是生命的真理。

土地是幸运的肚脐，劳动是幸运的桩子。

土地是幸运的肚脐，知识是幸运的缰绳。

此外，也有以“大地”为意象的谚语，比如“大地的乳房不会断乳，离了大地，农民只有悲苦”“大地是慷慨的”“大地喜欢白雪，百姓喜欢小麦”“大地喜欢白雪，人民喜欢聪明人”，都体现了人与土地的紧密联系；而“没有土地，人民贫穷；没有矿藏，土地贫穷”“没有土地，人民生活衰蔽；脱离人民，男儿受尽磨难”“没有土地，人民无以为生；没有人民，地上没有生命”则是直接说明了离开土地，人民将难以生存下去的道理。彝族谚语“土地是阿妈的身，种子是阿妈的心”，将土地比喻成母亲的身体，体现了人民对土地的深厚感情。达斡尔族谚语“田地是农夫的命根，种籽是种地的起头”“人哄地一天，地哄人一年”，阐明了土地对人的重要意义。

谚语“依山而建，逐水而居”指出河流在人们的居住传统和生活起居中发挥着至关重要的作用。汉族谚语“田是崽，水是娘”“水是老子肥是娘”总结了水的重要性，没有水，田地都没有了用处，所以“保土保水如保命，治山治水如治家”。维吾尔族主要聚居在天山以南、塔里木盆地周围的绿洲，因为星罗棋布的绿洲附近有着丰富的水源，故维吾尔族有谚语“哪里有水源，哪里就有生命”，最简朴的话语却道出水是生命之源的深刻道理。傣族谚语“水创世，世靠水”“有水就有鱼，有田就有谷”，水创造万物，人类的食物如鱼和谷必须“有水”“有田”才能生产出来，“没有水不能养鱼，没有田不会撒秧”，要有好田地和好收成，水是不可缺少的。哈萨克族谚语“没有水不长庄稼，长了也是癞痢头上的头发”“没有水，草木不会发青；没有批评，育不出豪杰英雄”“没有水，没法改造土地；没有批评，人不会成器”“没有水就没有生命，没有批评就没有团结”“没有水，地不出产；没有文化，人不开眼”都体现了人民不能离开水而存活。达斡尔族谚语“近水者捕鱼，近山者伐木”，生活在水边的达斡尔族人以水为伴，靠捕鱼为生。柯尔克孜族谚语“山是柯尔克孜人的父亲，水是柯尔克孜人的母亲”，展现了水如母亲一般滋养着柯尔克孜族的人民。

彝族人多生活在高山林木之间，与自然界的绿色植物有着天然的亲密关系，谚语“人要衣裤，山要栽树”“植物之中杨树最大，人世间母亲为大”反映了彝族人民与树木的同源共生关系；“砍你三刀你别叫，砍你九斧你别喊，来生我还你，来世我陪你”，彝族人敬畏、爱护自然，砍下一棵树就要立刻捧一抔树下的土盖在树桩上，对自然的每一次索取都以感恩的感情对待。维吾尔族谚语“有森林的地方无灾难”、傣族谚语“森林是父亲，大地是母亲”和白族谚语“人养树十年，树养人百年”都展现了人们对树木的深厚感情。谚语也劝诫人们要爱护森林，汉族谚语“治山治水不栽树，有土有水保不住”“造林子孙福，毁林毁祖宗”“毁林开荒，两头丢光”和维吾尔族谚语“砍伐一棵树，应栽十棵树”“栽树会积德，不栽树会遭罪”都反映了“造林如造福”的生态价值观。

二、顺应自然，契合天时

顺应自然，是指对待自然应重视顺应性，这个顺应性并非被动地服从，而是积极遵循、契合自然事物发展的潜在规则。一方面人类只有尊重自然及其规律，才可能去遵循和契合它；另一方面只有顺应自然，遵循和契合自然规律，才能比较有效地保护自然和生态环境。儒家强调开发利用自然的适度性，告诫人们不要违反自然的规律无节制地开发利用自然。据《逸周书·大聚解》记载，夏禹执政时曾颁发禁令：“春三月，山林不登斧斤，以成草木之长；夏三月，川泽不入网罟，以成鱼鳖之长……”，《礼记·王制》记载：“五谷不时，果实不熟，不粥鬻于市；木不中伐，不粥鬻于市；禽兽鱼鳖不中杀，不粥鬻于市。”[①] 从这些禁令可知，当时春季实行“山禁”，夏季实行“休渔”，不成熟的五谷和不成材的树木都不允许在市场上出售。这实际上是要求人的活动不能违反自然生态的运行规律，在利用自然时做到有理有节，反对为了追求眼前利益而滥用资源，注重维护人与自然之间的可持续发展和良性循环。《周易》提出天地人“三才”的思想，将人与天地并提，把人的地位看得很高，但是它又要求人仰观俯察，与天地变化相协调。荀子强调天人之分，提出“制天命而用之”的主张，但他的本意绝不是当代一些人所说的“人定胜天”之意，而是顺应天

① 王雪军：《道家伦理哲学略论》，吉林大学出版社 2019 年版，第 194 页。

道、为人类造福，故云“天地者，生之本也”，人要“备有天养，顺其天政”，做到人与天地相应相和，顺应自然。其实无论是儒家还是道家都特别强调要重视利用自然的季节性和时机性。

（一）因地制宜

各民族人民在长期的劳动实践中，根据各地的生存环境，总结出一套因地制宜的种植经验，并将这些经验通过谚语记录和传播。比如，蒙古族谚语“在肥沃的地方种田，在避风的地方盖房”说明了肥沃的土地地力高，适宜发展种植业。藏族谚语“碉堡应在山上建，田苗宜于平川开”说明应该在地势平坦的区域发展种植业。维吾尔族人民生活在新疆的绿洲地带，发展了绿洲经济，在农耕和林果业方面都掌握了相关的种植技术，谚语“不要在高坡栽树，不要在洼地建屋”说明过高的山坡不宜种树，地势低洼的地方不宜盖房；“麦子要种在干处，苜蓿要种在湿处”“玉米要种在坡地，苜蓿要种在洼地”则总结出适宜麦子、苜蓿、玉米等作物种植的地理位置；“石榴树要栽在干旱处，无花果树要栽在潮湿地”“果园莫栽桃树，牲畜莫养山羊”“葡萄藤要上架，婚礼要商量”“核桃树活千年，能与柏树共存亡”“果实累累之树长不高”也都说明了各种果树的生长特性与种植要点。哈萨克族谚语“要种庄稼，就种在荒地上，种在荒地上，一定能多收粮”则总结了种粮与放牧的地域经验。这些谚语集聚了各地群众的聪明才智，他们以用地养地相结合为基本原则，在充分认识不同土壤特性的基础上利用增肥、整地、保持地力等方法，以达到因地制宜。

首先，要对不同的土壤性质有清晰的认识，这是各民族谚语特别强调的要点。如谚语“黑垆土，肥力大，各样作物适应它”“熟土加生土，饱得撑破肚”。有些谚语还直接总结出不同类型的土壤应当种植什么作物，如：

沙地三件宝：低头条，抬头枣，仰头再把杨柳找。

碱地三宗宝：盐蓬、碱蓬、红荆条。

黑沙土里大红枣，厚土栽桑根子牢。

红土肥，白土瘦，碱土地里种大豆。

黄土宜禾，黑土宜麦，红土宜豆。

其次，因地制宜的第二个表现是，先民们在农业实践中注重用地与养地的结合。谚语中对农业生产因地制宜的实践也有非常丰富的记载，例如，汉族谚语“伏天整地一碗油，秋天整地半碗油，春天整地没有油，不整土地水要流”就体现出在农民眼中整地的重要性；“春耕深一寸，顶上一遍粪”说明春耕时对土地深耕一寸，就相当于在土地里施了一次肥料；类似的汉族谚语还有“深深耕，重重耙，收麦子，没二话”“立夏麦苗节节高，平田整地栽稻苗”“整地不平，难保墒情”。壮族谚语也有类似经验：“深耕苗儿长，多耘穗儿长”“深耕多一寸，产粮多一囤”都说明了深耕的好处；“犁田要到尖，锄地要到边”“要想禾苗好，除虫要趁早”“挖塘养鱼，造林养田”“筑坝修塘，田有乳房”“种田不挖沟，年底不得收”则总结了许多具体的养地经验。类似的还有“要种田就要挖渠，要挖渠就要深挖”（哈萨克族），“深犁深耙的田地，杂草无处在”（达斡尔族），“不耕不耙不成田，不种不育不成苗”（傈僳族），“犁得深，耙得烂，一碗泥巴一碗饭”（白族）。

在长期的农业生产过程中，各民族劳动人民充分认识了土壤、地力的重要性与特性，并通过增肥等手段保持土壤肥力，使传统农业有了可持续发展的潜力。周先祖弃少时善种植“相地之宜，宜谷者稼穑焉”（《史记·周本纪》）。南宋陈旉《农书·粪田之宜篇》云：“或谓土敝则草木不长，气衰则生物不遂，凡田土种三五年，其力已乏。斯语殆不然也，是未深思也。若能时加新沃之土壤，以粪治之，则益精熟肥美，其力常新壮矣，抑何敝何衰之有。”① 这是传统农学中著名的“地力常新壮论”。无独有偶，在中华谚语中，也有很多强调肥料对农耕重要意义的谚语，如“庄稼百样巧，肥是无价宝”“庄稼一枝花，全靠肥当家”“鸟靠树，鱼靠河，庄稼望好靠肥多”。类似的汉族谚语还有：

羊粪当年富，猪粪年年强。

羊粪是土，上地如虎。

猪粪肥，羊粪壮，牛马粪儿跟着逛。

肥多及时上，禾苗长得壮。

不施肥，收一半，不治虫，光眼看。

寒冬施肥施根线，抵过春天施三遍。

大寒小寒施腊肥，油菜小麦过冬齐。

许多少数民族也总结出了重视保持土壤肥力的谚语：

有水无肥一半谷，有肥无水望天哭。（壮族）

菜里没有盐巴无味，没有肥料地里长不好庄稼。（佤族）

种有收无收在于天，收多收少在于肥。（白族）

人类勤劳的好，牛羊喂盐的好，土地施肥的好。（彝族）

水是苗的命，粪是禾的粮。（苗族）

总而言之，大自然有其发展演进的潜在规律，人类只有能动地认识了解自然，因地制宜，才能更好地顺应自然规律，与自然和谐共生。

（二）因时制宜

自然界有着自身的运行规律。“赞天地之化育，则可以与天地

① （宋）陈旉：《农书》，中华书局1985年版，第6页。

参”，人们在与自然的长期相处中，懂得了万物与天地的价值伦序，在日常的生产生活中，也逐渐学会按照大自然的节奏和万物生命的节律来安排生产生活。自古以来，中华各族人民高度重视农业生产与自然环境的密切联系，其中最主要的是懂得因时制宜，根据气候气象变化规律安排生产活动。

农业谚语中二十四节气谚语在向劳动人民传播经验的过程中作出巨大贡献，反映出古代劳动人民的惊人智慧。传统农学以二十四节气为指时手段，将一年中太阳运行的时间分为二十四个时段，每个时段有各自的气候特点、雨水状况，然后根据这些特点来安排农事，指导生产，其中心思想是要把握农时，遵循“因时制宜”原则。

比如：“终霜前播种，终霜后出苗”“秋耕不过霜降，春耕不过清明”强调了播种与耕种的时节把控；“立夏播种，摘来棉花胖朵朵，小满播种，摘来棉花瘪塌塌”则说明错失农时导致棉花收成下降的后果；“夏至犁地有三好：虫死、草死、土变好”说明在夏至时犁地的三个优势因素；“处暑不带耱，不如家里坐”“白露地不耱，等于家里坐”也都强调了不违农时、因时制宜的重要性。此外，“布谷布谷，赶快种谷”“青蛙呱呱叫，正好种早稻”“七里花香，回家撒秧”“杨叶钱大，快种甜瓜；杨叶哗啦，快种西瓜”“春到人间，植树当先”“雨水时节，树木嫁接”“五九、六九，沿河插柳”“春插时，夏插刻，春争日，夏争时”等汉族农谚也都以具体节气意象告诉人们应该何时进行何种农业活动；“八成熟，十成收；十成熟，二成丢”“三分种，七分管”“隔年多翻一道犁，来年少锄三遍地”“绿肥压三年，薄地变良田”体现了顺应农作物生长规律、科学利用耕地的意义；“种田无命，节气抓定”“种田看气候，打鱼看水流”提醒了人们注意气候和节气因素的影响。

蒙古族也有告诫人们要顺应自然规律，按照农时进行农业劳动的谚语：“春天不播种，秋天无收成”“蚂蚱飞时播种荞麦，刺猬叫时荞麦花开”“春天早种一日，秋天早收十天”。“夏季一日胜过冬季千日”“夏天保护密林，冬天储存枯枝”“夏天多干活，冬天才能多休息”“夏天放牲畜，冬天守土地”“夏天要操冬天的心，冬天要操夏天的心”“夏天整修雪桶，冬天整修车辆”“到了节气，冰也会化”都体现了哈萨克族人民因时制宜的农业理念。彝族谚语“春常干旱，夏有洪暴；不雨就旱，一雨成灾”“春播季节，喜鹊筑巢”“春雨促竹笋长，春风催荞花开”“夏季与草争粮，冬季与雪夺畜”“布谷鸟一年来一次，是来催人播种；土猪一年来三次，是来践踏庄稼”“布谷鸟叫三个月，蝉子叫七个月”都体现出彝族人民善于总结自然规律，并运用于实际农业生产。壮族人民也根据节气总结出了许多因时制宜的农谚：“正月种果，腊月植树”“正月种玉米，五月肚不饥”“二月惊蛰撒谷种，春分到来要保苗”“四月芒种慢慢种，五月芒种快快种”“清明种蒜，谷雨种姜”“清明插六禾，谷雨种中稻”。此外，其他民族的相关谚语还有“向阳桃子背阴梨，温处核桃热处桔”（白族），“三月去砍山，四月用火烧，五月手点种，六月勤除草，七月把土松，八月需赶鸟，九月手捻稻，十月架晒谷，十一二月谷入仓”（黎族）等。

总而言之，活跃于人民生产活动中的节序类谚语告诉后人，只有根据自然物候、季节时令务农林、育五谷，才能兴百姓。

（三）尽人之力

除了顺应自然的客观规律，还要发挥人的主观能动性，即“尽人之力”。在古代农业实践中，人们很早就直观地感受到了“尽人力”的重要性。《管子·八观》：“彼民非谷不食，谷非地不生，地非民不动，民非作力毋以致财。夫财之所生，生于用力，用力之所生，生于劳身。”长沙马王堆出土的战国中期作品《黄帝四书》对农业生产中天时、地利、人力三者的关系进行了概括：“人之本在地，地之本在宜，宜之生在时，时之用在民，民之用在力，力之用在节。”中华谚语非常强调农业生产离不开作为农业生产主导者的人。在农业谚语中，劳动力和土地都是最主要的生产要素，农业生产不是由孤立的个人进行的，而是社会群体的行为，要使分散的“力”变成强大的“合力”，就必须协调每个个人的关系，使群体和谐一致，形成“人和”。只有这样，才能够形成“天人合一”的和谐共生状态，使农业生产顺利进行。

尽人之力的第一步是要勤。在古代生产工具不先进、生产力低下的情况下，想要获得足够物质生产资料，首先就要凭借勤劳这一品质。只有不怕吃苦，乐于劳动，田地才能有好收成，这一方面的汉族谚语有许多，如：“人勤地有恩，遍地出黄金”“人勤地不懒，大囤小囤满”“人勤地生宝，人懒地生草”“人不亏庄稼，庄稼不亏人”。

蒙古族谚语“秋天不知积干草，春天就得堆畜骨”“秋天不积草，来年无春羔”告诫人们在逐水草而居的游牧生活中不勤奋劳动的后果。朝鲜族谚语也强调了“有劳才有获”的因果关系：“要想吃肉需养羊，要想吃面需种田”“夏季玩一天，冬季饿十日”“懒汉就是靠在井边也会渴死”。彝族谚语“只有不爱劳动的懒汉，没有不长庄稼的土地”“耕耘不使力，谷粒难饱满”“人懒杂草壮，人勤庄稼好”都说明了人的勤劳与否和庄稼收成的好坏有直接联系。

尽人之力的第二步是将“勤”与“力”充分结合起来，同等看重，提醒人们种庄稼时必须遵循因时、因地、因物制宜的原则，综合统筹发展农业生产活动。如：“人治水，水利人，人不治水水害人”“要想庄稼好，抗旱防涝不可少”“修渠如修仓，储水如储粮”“开沟挖塘坝加高，常年不怕旱和涝”“秋后不深耕，来年虫子生”“正月犁田是块金，二月犁田是块银，三月犁田是块铁，四月犁田是个鳖”“三犁三耱九车粪，庄稼不成人不信”“人勤多耕地，墒好多打粮”“犁两遍，耙三遍，不怕老天晒半年”“春分有雨万家忙，先种春麦后插秧”“夏田种在牛领上，秋田锄在人手上”“播种不过清明关，移栽不过立夏关”“不怕不丰收，就怕地里丢”“小麦遍山黄，绣女请下床”等。

总而言之，在农业生产中，顺应自然的同时还要发挥人的主观能动性，坚持因地制宜、因时制宜、人尽其力，才能达到人与自然和谐共生的“天人合一”的境界。

三、保护自然，绿水青山

保护自然，指人类在正确认识自然规律、顺应自然规律的基础上科学地观照自然，维护自然的平衡与健康。相比于“尊重自然”和“顺应自然”，谚语中“保护自然”的观念更加凸显了人类和自然关系的进步。“我们不再像原始社会中的人们那样敬畏自然，农业社会中的人们那样崇拜自然，也不像工业社会中的人们那样试图征服自然，而是以自然的保护者的身份，利用科学技术把自然维持得井井有条，让自然处在我们的保护之中。”[①] 人类能够在把握自然规律的基础上积极地、能动地利用自然、改造自然，这是人类向前发展的重要一步。

（一）以绿为本

为了经济发展和经济效益而牺牲“绿水青山”来换取“金山银山”，是短视的、不可取的做法。只有以绿为本，保护自然，保护生态，才能够坚持可持续发展，坚持人与自然和谐共生。

在汉族谚语中，“家有绿，生活美”“房前屋后，栽桑插柳”“林木葱葱，人寿年丰”“有山皆绿，是水皆清”“山清水秀，百姓长寿”体现了人们对绿色生态和优美自然环境的向往，对生活在良好的、充满自然气息的人居环境中的憧憬；“春到人间，绿化争先”“人要文化，山要绿化”“绿了大地，润了人心”“以人心灵美，创造环境

---

① 严华等:《坚持人与自然和谐共生》，湖南教育出版社 2017 年版，第 27 页。

美”“绿化赛过宝，一宝变百宝”展现了绿化环境与人们心灵的密切联系，优美的自然环境能为人们创造舒心的外部环境，使得内心也滋润起来，这也体现了天人合一的精神。

在植绿护绿方面也流传有众多谚语，如“小草无言，请勿践踏”“草木无言，生命有情”“栽树过腰，强过水浇”“春栽杨柳夏栽桑，正月种松好时光”“立春没断霜，插柳正相当”“疏栽桐，密栽松；栽树透风白费工”“松树喜欢挤，两株栽一起”“若要桐子结，桐树莫搭叶”“椿树进庄，刺槐上岗”“干榆湿柳水白杨，桃杏栽在山坡上”等。

许多维吾尔族谚语也反映出维吾尔族人民十分重视对绿色生态的保护：“没有森林就没有生命，有了生命也不会舒心”“拥有森林会长寿，没有森林会短命”“森林多了运气旺”“林农不愁没柴烧”“土地被森林遮盖，财富就会滚滚而来”“森林多，国家富”“折树之前先把手折断”“财产可以糟蹋，森林不能糟蹋”“栽树会积德，不栽树会遭罪”都体现维吾尔族人民十分爱护树木，也强调要保护树木，因为这是人们赖以生存的凭借和保障。鄂伦春是狩猎民族，“鄂伦春”有“驯鹿的人们”之义，部分鄂伦春人长期与驯鹿相依而生。谚语“鹿爱青山，人护家园”中讲“鹿爱青山”是因为鄂伦春族人知道鹿的生存离不开青山，“人护家园”是为了维护自己赖以生存的地方。所以为了更好地生存繁衍，人要爱护生存的家园，同时也要爱护与自己共同生长的其他生物。黎族谚语“山上多种松和杉，来年幸福落人间”“种树勤除草，树苗长得好”“树上有宿鸟，树木害虫少”，都可以看出黎族人民十分重视植树造林，总结出了许多栽种与培育树木的经验，普及保护自然界的动物的观念。

（二）以绿为胜

“既要金山银山，又要绿水青山。”在经济发展与财富积累的同时，保护好自然万物与生态环境，实现二者间的双赢，即以绿为胜。

在汉族谚语中，“若要田增产，山上撑绿伞”，只有在山上植树造林，提高植被覆盖率，才能够保持水土，增加土地养分，从而使农田增产，人民受益；“栽桑植桐，子孙不穷”“今年种下一株槐，来年柴火不用买”“村有千棵树，不愁吃穿住”“泡桐像把伞，五年好锯板”“房前屋后栽满竹，三年之后换新屋”都体现了植树造林之“胜”，不仅可以改善自然环境，还可以增加经济效益；“山头多栽树，好比修水库”从涵养水源的角度说明了山区植树造林的好处；“无山不绿家家富，有水皆清户户甜”“前人种树后人荫”“靠山吃山又养山，荒山变成金不换”都说明绿水青山的重要性，既能造福当代，又能惠及子孙后代。

相对的，在人类社会发展的过程中，如果一味忽视“以绿为胜”而只“以经济为胜”，则会走向“失败之途”。“人薄土，土薄人”“山上光，山下荒”“高山开荒，平地遭殃”“揭了山皮，饿了肚皮”说明破坏山区植被只会加剧水土流失，破坏生态平衡，从而使农业生产受影响，甚至造成粮食危机；“有砍无栽，绝了后代”“开山毁林，山穷水尽”也是告诫人们，一味破坏自然最终只能走上绝境。黎族也有类似的谚语警诫人们，“光光山，荒荒年”“山厚人肥，山瘦人饥”“山清人贵，山破人悲”也说明自然环境与人类命运是息息相关的；“一把火，万林灭，烧山毁林滔天罪”“造林须十年，毁林只一时”“护林最重要，防火第一条”“一年烧山十年穷”“一年烧山，十年遭祸”“一年烧山，十年不富”则指出山林防火的重要性和烧山毁林的严重后果。

总而言之，只有坚持以绿为本、以绿为胜，才能够真正地实现人与自然的和谐共生。

第二节　物我交融、意象浑融的尚象精神

中华民族物我交融、意象浑融的尚象精神历史悠久。《周易·系辞》云："古者包牺氏之王天下也，仰则观象于天，俯则观法于地，观鸟兽之文，与天地之宜，近取诸身，远取诸物，于是始作八卦，以通神明之德，以类万物之情。"① 伏羲氏在治理天下的时候，通过仰俯观察天地万物，近的取法于自身，远的取法于他物，探究出了万物的规律，创制出了分别代表天、地、水、火、风、雷、山、泽的八卦图，以象喻义。而审美意象的创制也是由"近取诸身，远取诸物"而来。东晋著名书法家王羲之在《兰亭序》中也有"仰观宇宙之大，俯察品类之盛，所以游目骋怀，足以极视听之娱，信可乐也"的说法。只有仰观俯察，游目骋怀，才能观宇宙之万物，得审美之愉悦。

《论语·雍也》云："知者乐水，仁者乐山"，以山水物象比拟人的精神品质。《论语·子罕》云："岁寒，然后知松柏之后凋也。"以松柏物象比喻人在艰险恶劣环境中所显示的高贵品质与气节。《荀子·法行》云："夫玉者，君子比德焉。温润而泽，仁也；栗而理，知也；坚刚而不屈，义也；廉而不刿刿，行也；折而不挠，勇也；瑕适并见，情也；扣之，其声清扬而远闻，其止辍然，辞也。"记载了孔子以玉比德。可见，人们在体验自然物象和人生事象的过程中观物取象、立象尽意，通过人情物态化和物态人情化的方式创造器物和艺术作品，其中对物象和事象的模拟与比拟，具有象征的意味，包含着天人合一的思维方式和生生不息的创造精神，并且臻于体道的境界。②

尚象精神在中华谚语中体现为具有民族特色的审美意象。汪裕雄先生说："审美意象，是指美感过程中经由知觉、想象活动，不断激

---

① 周振甫：《周易译注》，中华书局 2013 年版，第 272 页。
② 朱志荣：《论中华美学的尚象精神》，《文学评论》2016 年第 3 期。

发主体情意而构成的心理表象。”[①] 汉族谚语“情人眼里出西施”，是说沉浸在恋爱中的人对爱慕对象产生一种不合常理的美感。在对这句谚语的欣赏过程中，人们往往会把自己爱慕的人想象成一个像“西施”一样漂亮的人，“西施”就成了这句谚语的审美意象。经过感知、想象、情感、理解等心理要素，实现了对谚语中审美意象的再创造，再诠解，这就是对语言艺术——谚语的欣赏。

审美意象，特别是隐喻性、象征性和传统性意象，积淀着深厚的民族文化——心理因素。一定的审美意象体系，寄寓着一定情致模态，也和该民族特定的思维模式、行为模式密不可分。民族的文化心理结构，规定该民族情致模态的特征，产生特定的审美选择力与指向性，形成特定的审美趣味与审美理想，综合表现为一个民族特有的审美承受力。每个民族不同的历史、文化、习俗，造就了具有代表其民族特色的审美意象，体现出物我交融、意象浑融的尚象精神。因此，可以从谚语中找出具有民族特色的审美意象，挖掘其意象的象征意义和被赋予的精神内涵。

一、观物取象，富于理趣

自古以来，中华民族便在不断地探索人与自然万物、人与天地万象的关系。人们在这个由外在向内在、由表面向深层的漫长探索进程中，总结出了许多源于生活，充满哲理意趣的谚语。比如在谚语中通过动物意象传达生活经验，通过器物意象展现生存智慧，以及展现植物意象所代表的品德具象。

（一）动物意象与生活经验

在中华各民族谚语中，动物化身为人们传递世代以来生活经验的生动载体，体现了中华各民族丰富而深奥的生活智慧，展现了各族人

---

① 汪裕雄:《审美意象学》，人民出版社 2013 年版，第 25 页。

民对待生活的质朴认真、不懈进取的精神追求。

马是古代重要的陆路交通工具，生活中的许多方面都与马相关，由此马成为各民族谚语中常见的意象。在蒙古族谚语中，“幸福和不幸是骑在一匹马上的”，用辩证的角度阐释了有幸福就会有不幸的道理；“马槽不会向马靠拢”意同“云朵不会逆风而动”，即客观事实并不会受主观意愿的影响而违背规律发生改变；类似含义的还有“事实不是马，不能驾驭它朝你希望的方向走”，即真理不会因为人的主观意志而转移；“皮袄之内裹好汉，瘦马群中藏良骥”喻指贫困之家也能出好汉，不能仅仅根据外表就轻易下定论；“远路累趴马，怒气伤身体”意近“山高累马，气大伤身”，即告诫人们要管理好自己的情绪；“骏马在软草地上易打闪失，人在甜言蜜语上易栽跟头”比喻甜言蜜语最容易使人犯错误；“劣马跟劣马成群，骏马跟骏马结伙”指物以类聚，人以群分；“好马有脊疮，美玉有斑痕”指人无完人；“骏马需要鞍子，干活需要技巧”指劳动时要懂得掌握技巧。在维吾尔族谚语中，“马有高低三等价”喻指一分钱有一分货；“买马骑一骑，买碗敲一敲”指买东西时应该比较、挑选合适的商品；“买马看蹄，买羊看耳”“找马看蹄迹，寻人看手印”指做事情要抓住重点。

除了马以外，各民族，尤其是游牧民族，还常常与狼打交道，因此以狼为意象传递生活经验的谚语也有许多。在蒙古族谚语中，“狼趁雨天出动，贼趁机会下手”告诫人们要在非常时候或特殊环境中提高警惕，防备未知的危险与侵袭；“狼的毛色容易变，狼的恶性很难改”喻指人本性难移的道理，告诫人们要始终防范恶人；“狼虽掉牙，凶性不改”指即使恶人变弱了，也要保持警惕心，不能轻易放下戒备。在维吾尔族谚语中，“狼吃人时嘴上有血，不吃人嘴上也有血”揭露了狼的凶残本质，也隐喻恶人的本质也是如此；“养驹成骏马，养狼伤主人”则告诫人们要防范像狼一样忘恩负义的小人。而在哈萨克族的谚语中，“狼来之前不打招呼，暴风来前也不打招呼”告诫人们对未知的危险要时刻保持防范，未雨绸缪；“狼隐藏在畜群中，贼隐匿在人群中”“狼在有牲畜的地方，贼在有人住的地方”都说明危险往往藏匿在目标的附近。

此外，还有其他的动物意象。比如蒙古族谚语“孔雀珍惜翎羽，好人珍惜名誉”指出要守护好名誉使其不被玷污。藏族谚语“虎的花纹在外，人的心肠在里”，指出看人不仅仅看外表，更重要的是观其内心。维吾尔族谚语“驴配上金鞍子，还是驴”体现了平庸之辈再怎么加以装饰也遮掩不了其平庸的本质。哈萨克族谚语“狮子扑月，自寻毁灭”体现了狮子狂妄自大的下场终究是走向毁灭。总而言之，谚语中丰富的动物意象为各族人民的生活经验提供了多元而生动的载体，传递着历代人民的处世智慧。

（二）植物意象与品德具象

植物意象自古以来就是人们笔下寄托美好的具象事物，人们通常借助一些被赋予神和韵的花草树木来表达自身对高尚品性的追求，展示一种“出淤泥而不染”的态度，从而达到精神境界的升华。古人喜欢歌颂植物的坚强品质，如“松、竹、梅”都不怕冷，耐寒性非常强，所以有“岁寒三友”称号，也把“梅兰竹菊”作为展示君子人格和精神风骨的象征。而在现代诗人笔下也不乏对植物的描写与赞颂，艾青的《树》、席慕蓉的《一棵开花的树》、舒婷的《致橡树》等都对植物寄予独特的情怀。

不同的植物有不同的生长环境和生长特点，而这往往与人的成长有着相似之处。因此，在各民族的谚语中，植物经常作为一种审美意象来映射人的性格品质，尤其是一些蕴含中华民族精神的优良品质。

许多谚语以生长在冬季或恶劣环境下的植物为审美意象来赞美人坚毅、刚强、持之以恒的品质。如汉族谚语“宝剑锋从磨砺出，梅花香自苦寒来”，梅花这种在寒冬中盛放的精神与人在磨难中成长的精神一致，在该谚语中作为一种审美意象代表人的坚毅和勇敢；“草有劲，人有骨”，谚语是利用草的韧性和顽强的生命力来隐喻人，教育人应当像野草一般有刚强的个性；“莫做温室里的幼苗，要做风雪中的青松”，通过对比突出了松柏的坚毅顽强的品质；“劲草能抗疾风卷，松柏可耐霜雪寒”喻指人只要有坚韧的意志就可以战胜一切困难；“红柳不畏干旱，青松傲视严寒”以红柳和青松喻指那些不畏艰难险阻的人；“蜡梅不怕霜雪打，霜雪越打花越开”喻指那些不怕困难的人越挫越勇的精神；“翠竹千年不变节，云杉万年不弯腰”，以翠竹、云杉喻指那些刚强不屈的人，赞扬他们坚守节操、宁折不弯的高尚精神；“麻线系骆驼，立木顶千斤”以立木喻指坚强的人可以经受住任何压力；“芳槿无终日，贞松耐岁寒”比喻不求一日的美好，但求永远坚贞。“玉可碎而不可改其白，竹可焚而不可毁其节”比喻宁死也不失去高尚节操；“人活脸，树活皮”指树要树皮，人也要有尊严；“莫学杨柳随风摆，要学劲松立山顶”“竹没节没叶，人没节凉血”，用高大坚贞的树木形象喻指品德高尚、不屈不挠的人格。“不要做随风倒的小草，要做傲霜雪的塔松”“野草随风倒，青松不动摇”，通过对比，赞扬了松树刚强挺立的形象。维吾尔族谚语“胡杨挺立活千年，倒下活千年，埋后活千年”更体现了胡杨顽强不屈、屹立千年的坚毅精神。鄂温克族谚语“最为顽强的是，石山顶上生长的松树；最了不起的是，盐碱地上生长的小草”，教育人也应同小草和松树一样，在逆境中成长，有坚强的品格。

一些谚语以某种植物的外观特性或生长特点来喻指人应有谦虚、诚实的品质。如汉族谚语“谷穗越饱满，越低着头”“一株结满果实的树，树枝总是下垂的”“桃李不言，下自成蹊”“虚心竹有低头叶，傲骨梅无仰面花”等。此外，“一朵鲜花不是春，万紫千红春满园”“独木不成林，一鸟不成群”“满架葡萄一条根”都说明个人的力量是弱小的，要注重集体团结的强大力量；“红花还要绿叶扶”“一树不开两样花，一人难说两样话”也说明个体与个体、群体间是相互帮扶的，为人要谦虚，处世要低调。

蒙古族谚语“风调雨顺，花卉争艳盛开；大家团结，事业发达兴旺”“个人的利益，好比枯草的影子；公众的利益，好比高耸的天空”都体现了集体利益大于个人利益的集体主义精神；“牡丹花儿虽好，还要绿叶扶持”，指人的能力再大，也需要别人的帮助和扶持，表明做人应该低调谦虚；“不要把自己当作栋梁，切忌把他人视为草芥”指做人要谦虚谨慎，不能骄傲自满、自以为是。

维吾尔族谚语“树木从泥土中吸取营养，英雄从人民中获得力量”“个人的利益，像青草的影子，公众的利益，像高高的天空”都说明了个人从集体中来，总会需要集体力量的帮扶，因此做人要谦虚的道理。类似意义的还有哈萨克族谚语“果实累累的树会垂下头”。

此外，还有许多中华谚语都以植物意象体现了其他的美好品质，比如“根深不怕风摇动，树正不怕月影斜”喻指君子品德端正；“荷花开在污泥中”指无论身处何种环境中都要洁身自好；“要学苋菜红到老，莫学花椒黑了心”比喻做人要表里如一，从一而终。“桃花尽管在几番风雨后谢去，却留下香甜的果子”赞扬人们的坚强与无私奉献精神，还有“前人栽树，后人乘凉”“一人栽树，万人乘凉”“捧着一颗心来，不带半棵草去”也都赞美了无私奉献的崇高精神。而“大海不嫌水多，大山不嫌树多”“量大好做事，树大好遮阴”都教育我们只有宽宏大度才会成功；“只可种花分天下，不可栽刺害别人”体现了为人要心地善良。“树要直，人要实”“诚信能叫石头落泪，实意能叫枯木发芽”“半熟的西瓜不好吃，虚假的话语不入心”，都体现了诚实守信的精神最可贵、最能打动人。“清如秋菊何妨瘦，廉如梅花不畏寒”喻指人要具有清廉品质；“草要无根随风倒，话要无根瞎胡说”“芳香的花不一定好看，能干的人不一定会讲”，说明判断一个人善恶的标准，并不在他所说的话，而在于他所做的事情。

蒙古族谚语“独木难成烈焰，孤身难成贤哲”说明人与人之间要互相信赖，互助互利，才能够凝聚成更强大的力量；“花美在外观，人美在内心”“徒有姿色而无美德，好比鲜花无芳香”说明为人有内在美，才是真正的美；“尝果实评定树种，察实践推断人品”说明观察人的品德高低需要从他的行为举止和具体处世来看。具有类似意思的还有维吾尔族谚语“枯叶比无味的鲜花好，蚯蚓比失信的朋友好”。“在人面前是一枝花，在人背后是一根刺”，从反面向人们发出警策之语，告诫人们要提防那些口蜜腹剑、笑里藏刀的双面人。

以上谚语表明，从古至今，植物意象作为人们美好品德的象征物，寄托着人们对高洁品性的向往，这些被赋予了深厚内涵的谚语，传递出我国传统文化的审美情趣。

（三）器物意象与生存智慧

器物的出现一开始是作为人们的物质基础而客观存在的，在生产力水平低下的时候，它起到维持人的生存或抵抗外来侵略的作用。人们经常会使用“棍”“鞭”等具有力量型的工具维护自身安全，用“盆”“碗”来作为吃饭的工具。随着生产力水平的提高、社会的发展进步，器物意象不再仅作为生存的必需品，还充满了生活的温情与智慧。

中华民族对于生活有着各自独特的感受和见解。如汉族谚语“千日造船，一日过江”表明造船技能需要长年累月的钻研和学习，这句谚语意指“台上十分钟，台下十年功”。“刀尖易碎，弓硬易折”表明做事要把握火候和尺度，不要剑走偏锋，否则最终得到一个两败俱伤的结局。

蒙古族谚语“人间有装水的瓦罐，世上无锁话的木枷”，提醒人们要谨言慎行。哈萨克族谚语“刀把不会割东西，刀刃才能把东西割断”说明做事情要抓住关键点，如同割东西要用刀刃；“刀把上镶着银，不一定有锋利的刃”，即使外表装饰得再华丽，其内在也未必有真正的实力；“刀虽快，削不成自己的把子；针虽巧，缝不了自己的针鼻”说明任何事物即使再优秀，都有其不足之处；“剑锋之下，立不下真正的誓言”说明在刀剑的胁迫下，是不会有真诚可信的誓言存在的。

二、立象尽意，以物喻人

“立象尽意”即“立象以尽意”，是《周易·系辞上》提出的一个著名命题：“子曰：‘书不尽言，言不尽意。’然则，圣人之意，其不可见乎？子曰：‘圣人立象以尽意，设卦以尽情伪，系辞焉以尽其言，变而通之以尽利，鼓之舞之以尽神。’”可见，“象”常常以意蕴丰富、包罗万象的形象出现，具有高度概括性和象征性。人们在对“象”的探索与领悟中，总结出许多具有象征意义的事物的谚语，比如动物意象与品德气质，植物意象与祥瑞象征，器物意象与军事精神。

（一）动物意象与品德气质

许多动物身上有一些或自带、或由人赋予的形象气质，这在不同的民族中有不同的反映。比如，汉族谚语“子不嫌母丑，狗不嫌家贫”显示出狗的忠厚仗义、任劳任怨的品质。蒙古族谚语“骏马有美鬃，好汉有美德”表明高大英俊的马匹有美丽的马鬃，而草原好汉相应地有高尚的道德品质。维吾尔族谚语“要有狮子般的力气，猎犬般的警觉”显示出狮子的勇猛力大。彝族谚语“鹰遇风雨练翅膀，人逢艰险练胆略”体现了应当如雄鹰般在逆境中锻炼自我的谋略胆识。这些动物作为一种审美意象象征着不同的人格，体现出不同的审美倾向，隐喻着各民族人民推崇和赞赏的品德气质。

蒙古族人民借马狩猎、征战，马是他们的伙伴、战友，并且在谚语中成为一种审美意象，代表着忠诚、骁勇、威风，是一种神采飞扬的理想动物，骏马的雄伟矫健也与蒙古男性的众多品德气质不谋而合，比如“马美在于扬蹄奔驰，人美在于坚持真理”“好汉凭志气生存，好马靠四腿奔驰”“骏马能飞跃堑壕，意志能克服艰险”“人的美在于诚实，马的好在于耐力”“好马走路平稳，好人说话真诚”“好马奔驰千里，好人一片忠诚”“良马不会改变速度，好人不会违背诺言”“好汉不拿暗箭伤人，好马不拿前蹄刨人”等。上述包含“马”意象的蒙古族谚语充分体现了蒙古民族是善骑能射的英雄民族的特点，同时也反映出蒙古族语言所固有的既朴实又凝练的特点。

哈萨克族是一个闻名于世的“马背民族”，在漫长的历史发展过程中，马对哈萨克族的生存和发展起了很重要的作用。哈萨克族把马当作社会经济和社会生活中不可或缺的一部分被广泛地用于交通运输、战争、打猎、迁徙、娱乐、饮食等方面，所以，哈萨克族的谚语中也经常以马作为审美意象赞美人的品质，如“人恋集体，马恋群”“好人和好人相聚，像赛马一样并驾齐驱；坏人和坏人相聚，像疯狗一样互相撕咬”“好马来自马驹，英雄出自少年”“好马跑起来平稳，好人爱说古论今”等。

狼是维吾尔族的图腾，维吾尔族人民既畏惧狼的凶残，同时又认可狼的勇敢无畏，并认为狼代表着团结和力量。同时，他们也认为勇士若拥有苍狼般的神力和勇猛的意志，在战争中便能百战百胜。维吾尔族有许多体现出以狼作为审美意象来赞美人的品德品质的谚语，如“狼不伤同伴”“狼有了食物一起分享，鸦有了食物枝头独享”“狼行千里吃肉”“狼抖松浑身的毛不露自己的瘦弱”等。

总而言之，动物意象在各民族谚语中始终有着特殊的地位。动物既是生产生活的工具，又是商业贸易的货物，还是风俗习惯的参与者，它们带给各族人民富足的生活，影响着各族人民形成自由奔放的性情。

（二）植物意象与祥瑞象征

在中国文化里，许多植物除了被赋予不同的高洁品格，还代表着吉祥如意的好兆头，比如莲花，在佛教中它被认为是西方净土的象征，是孕育灵魂的地方。中国文学家周敦颐的《爱莲说》道：“予独爱莲之出淤泥而不染，濯清涟而不妖，中通外直，不蔓不枝，香远益清，亭亭净植”，莲花在中国人心中十分圣洁，其中并蒂莲还是人寿年丰的预兆和纯真爱情的象征。莲花也常常出现在中国传统的装饰图案中，比如许多长命锁上面就雕刻着莲花，寓意吉祥、圣洁、美满。

汉族谚语“莲花开在污泥中，人才出在贫寒家”，喻指即使是在艰难的生存环境下，有才能的人同样能有一番作为；“地生连理枝，水出并头莲”，用并头莲比喻青年男女互相爱慕，形影不离。藏族谚语“莲花盛开在泥泞，没有染泥泞之气味，把太阳当作亲戚，仙人都用花瓶炫”显示出莲花在藏民心目中吉祥、圣洁的形象。

谚语中还有许多植物有祥瑞之意，如国花牡丹，它形状华丽妩媚，兼有色、香、韵三者之美，历史上不少诗人为它作诗赞美。牡丹以它特有的富丽、华贵和丰茂，在中国传统意识中被视为繁荣昌盛、幸福和平的象征。如汉族谚语“牡丹花开富贵春”“阳春三月三，隆中看牡丹”，襄樊民间自古就有阳春时节到隆中赏牡丹的习俗，可见牡丹这种极富吉祥富贵含义的花在民间受欢迎的程度。再如灵芝，有瑞芝、瑞草之称，古时传说食之不老可保长生，甚至入仙，因此它被视为吉祥之物。汉族谚语“草有灵芝木有椿，禽有鸾凤兽有麟”，将灵芝同神兽凤凰和麒麟等同列比，它们皆是中华传统文化中祥瑞的象征。

可见，植物作为一种吉祥、祥瑞的审美意象在谚语中多有展现，不仅丰富了谚语的审美内涵，还展示了博大精深的中华文化，这些吉祥的植物不仅在谚语里出现，在日常生活中，也作为一种审美符号传达着人们的美好愿望。

（三）器物意象与军事精神

器物意象体现在军事领域包括“刀”“剑”“箭”“枪”“棍棒”等具有力量、能够进行斗争的客观事物。追根溯源，古代的军事意象是通过一些兵器意象的使用，反映在战乱年代，人们渴望和平的心理状态和收复山河的斗争精神，如辛弃疾笔下的“落日塞尘起，胡骑猎清秋”中表现其尚武气质和英雄气概。陆游“楼船夜雪瓜洲渡，铁马秋风大散关”表达其想投身战争实现报国伟业而不得的无奈和愤懑之情。可以说，古代的器物意象大多与战争有关，现在的器物一般与人们的生产生活相关联。

汉族谚语“刀是武士之魂”，指出了在生产力水平低下的时候，刀所象征的尚武精神；“大刀为百兵之帅”也体现出了刀在军事领域的重要地位。“单刀看手，双刀看走，大刀看口”则说明了各类刀的用法特点：单刀应用一只手持刀，另一只手做护持刀手运动，并为其增加作用力；双刀则要看二手持刀的灵活性，更重要的是步法的协调配合，辅助双手完成上缠下绕、左盘右旋的动作；而大刀则主要是展现其凶猛之力，刀口砍击的方向。[①]“枪扎一条线，棍打一大片”“枪如游龙，棍似旋风”，生动地说明想要发挥尖枪最强的作战效能，必须如游龙般穿梭于战场；而棍要迅猛击敌则需要势如旋风般形成一整片的攻击范围。“剑走青，刀走黑”指用剑时要干净利落地躲闪敌人的进攻，因为剑本身轻、薄，在对付粗重兵器时难以硬挡，因此要充分利用轻捷便利的特点；而用刀时刀法要狠要猛，因为刀本身的特点是面宽而背厚，适合大劈大砍，硬挡硬架。“鞭舞一堵墙，拳打一片星”指挥舞软钢鞭时要舞动如飞轮，像墙一样密不透风；而出拳要像流星划过般迅速，拳点如同繁星闪烁般炫目。

蒙古族谚语“如果吝啬箭头，就猎不到野兽”说明在狩猎的过程中，勇猛大胆地射猎才能有收获，体现了蒙古族的尚武精神。藏族人民也有类似的谚语：“要想挤狮子奶，就要有斗狮子的本领”说明承担艰巨任务的同时也要具备相应强大的能力；“箭向何处射，箭尖飞

① 杜晓红、韩金明、周志勇：《刍议武术谚语的中国传统文化价值》，《中国学校体育》（高等教育）2014 年第 12 期。

向何方”说明射箭时箭尖要对准目标物，才能直击目标；“放出去的箭为杀敌也，若没杀敌就称不上好箭；派出去的使者是为效命也，若不能效其命就不是好使者”指明了称得上是好战士的标准；“弓要弯才是上品，箭要直才能射中靶心”说明了良弓良箭的评判标准。维吾尔族谚语“有本领的老鹰，总是藏起爪子”喻指真正有本领的人总是深藏不露，行动低调；“箭射不到的地方莫挥刀”指要实事求是，在战场上不能盲目进攻。哈萨克族也有相似的谚语：“刀箭都射不到的地方，勿拔剑去刺”。满族谚语有“拿弓的人忘不了箭，骑马的人丢不了鞭”，指出一个人无论做什么事都要做好周全的准备。“射出的箭不回头”，这让人想到一句汉族谚语“开弓没有回头箭”，两句谚语都表明了一个意思即做过的事就无法反悔。“背后来的箭最难防”这句谚语告诉人们，往往从背后来的危险最致命。

看到这些谚语，不仅可以明白其中传递的道理，还能领略各族人民的历史文化，体会其中所蕴含的时代气息和民族魅力。

三、物我相融，教化民心

自古以来，人们一直在追求与自然的和谐共生，达到人与天地万物相交融的至高境界。同时，通过人与天地的联系，进而用于对社会道德教化体系的建构，从而保持社会秩序的稳定，并为人们立身处世提供道德准则，这在中华各民族的谚语中有许多体现。比如，动物意象与信仰崇拜、植物意象与情感纽带、器物意象与教化意义。

（一）动物意象与信仰崇拜

人们对动物的信仰崇拜古已有之，诞生于母系氏族社会时期，那时人们认为自己的祖先是由某种特定的动物转化而来，由此赋予这种动物神力，让它们保护着氏族，于是人们将这种动物的形象作为氏族的图腾，形成一种信仰和崇拜。在我国，许多民族的先民们都将动物作为本族的图腾进行崇拜，这种崇拜在各民族谚语中生动地展现出来。

汉族就有称赞雄鹰的谚语，“鹰飞蓝天，狐走黑道”“猛虎不处卑势，鸷鹰不立垂枝”“鸟飞飞到树梢，鹰飞飞到山顶”“鹰爱高飞，鸦栖一枝”描写了鹰击长空、翱翔云端的景象，赞扬了鹰志向高远，不卑不亢，有飞跃高耸入云的山峰的勇气。而鹰也被许多少数民族作为本族的主要图腾进行崇拜。

鹰是蒙古族的图腾之一，它在蒙古族人民心目中十分神圣。蒙古族用谚语“苍天的崇拜者，棕鹰的供奉者”称赞同胞。鹰被维吾尔族的人民视作神鸟，鹰不仅帮助人狩猎，也代表着祥瑞、吉祥，所以维吾尔族人对雄鹰也十分崇拜。维吾尔族先民将在战场上勇敢无畏、冲锋陷阵的战士比喻成展翅的苍鹰，如谚语“雄鹰不惧狂风，英雄不惧死亡”“雄鹰飞翔不知累，勤者劳作不知歇”“坚持飞翔的雄鹰落峰顶”，赞美鹰的坚持不懈、持之以恒，隐喻勤劳的人只要坚持不懈一定能实现自己的远大志向。鹰也是彝族的图腾之一，彝族谚语“雄鹰不飞污秽山，骏马不走泥潭路”，描写出鹰绝不玷污自己理想的高洁品质，喻指人也应为了自己的高洁志趣而奋斗终生。

除了鹰以外，蒙古族还崇拜蛇、鹿、狼等动物。蒙古族是以游牧为主、狩猎为辅的民族，他们自古就为这些动物建敖包，并以它们为图腾，崇敬它们的精神和品格。比如为了遏止疾病的产生和传播，蒙古族人建雪鸡敖包进行祭祀；为了祈求财富而在蛇汇聚的地方建敖包。鹿对于蒙古族来说是山神和水神的坐骑，谚语“祭拜鹿，供奉墓”体现出对鹿的信仰崇拜。兔子对于蒙古族人来说是吉祥的象征，有神圣的意义，如谚语“神圣似白色兔，无污似白色巾”。蒙古族人还崇拜狼，在蒙古族谚语中，狼有着沉稳的性格，如谚语“人六十岁就像狼”。

动物意象作为各族人民坚持信念的寄托，带给人们精神的疏导、道德的指引、理想的追寻，促使人们提出更高的要求来完善自身，从而在追求卓越的路上坚持不懈。

（二）植物意象与情感纽带

植物意象不仅是美好品德的代表，还是维系情感的纽带。古代文论中就有“借景抒情”“寓情于景”“情景交融”之说。借助景物离不开对自然中花草树木的描绘，在描绘景物的同时借植物意象表达赋予其情感内涵，做到真正的触景生情，有感而发。在谚语中借助植物意象表达情感的描述种类繁多，如“好花不断香，好女不离娘”表现了亲情的纯真，“岁寒知松柏，患难见交情”表明友情的珍贵，“爱情要像高山松，莫像昙花一现红”则道出了爱情的坚定。这足以表明植物意象具有丰富的情感内涵。

中华谚语对于此类情感的描写还有很多，在汉族谚语中有：“豆角开花藤牵藤，石榴结籽心连心”，表明双方心心相印，不可分离；“树小易扶直，树大扳伸难”“树杈不修要长歪，子女不教难成材”，表明教育孩子越早越容易；“栽葫芦傍樯，养女儿似娘”“好母生好子，好稻出好米”都指儿女的品行会直接受到父母的影响；“好花不断香，好女不离娘”“果子离不开枝子，瓜儿离不开蔓儿”“千枝连根，十指连心”，体现了父母儿女间深厚的亲情；“再甜的甘蔗不如糖，再亲的婶子不如娘”体现了亲情的深厚；“荷花结子心连心”“葵花结子心连心”喻指兄弟姐妹之间感情融洽；“花鲜易落，松老长青”，喻指在婚姻生活中踏实生活的人能够和谐长久。

维吾尔族谚语“花有重开日，人无再少年”启示人们要珍惜时间，努力拼搏；达斡尔族谚语“松柏常青枝叶茂盛，人生一世却有时限”告诫人们要珍惜时间；鄂温克族谚语“叫着飞的野鸡，喜欢山楂丛；谈情说爱的人，相会在幽静小河旁”，这条谚语用山楂比兴，形容爱情宛如山楂一般酸甜美好，寄托了美妙的情感。

总之，许多谚语中，植物通过其不同的特性，成为人传达各种情感的纽带，作为一种审美意象，植物的特性与这些感情微妙地结合在一起，使得人们在理解谚语时获得一种极为难得的审美体验。

（三）器物意象与教化意义

器物意象蕴含着丰富的教化意义，体现在教育层面包括“杯”“桶”“船”“秤”等一些容器和具有服务性质的用具。如谚语“宰相肚子能撑船”强调做人应该宽容，不能斤斤计较。“做事心中一杆秤”指出做事要公平公正、不偏不倚。这些谚语都充满了丰富的训诫意义，可以说是以器具喻哲理，以器具引哲思。

关于器物意象的谚语具有广泛的教育意义，具体表现在经验的总结、方法的启迪等方面。如汉族谚语“没有金刚钻，揽不了瓷器活”指出要做自己力所能及的事情，要因事而为。“拳头再硬也比不上锤子”表明人们应懂得审时度势，切不可一时冲动犯下错误。“锯快不怕树粗”借喻有过硬的本领，困难再大也能克服。

蒙古族谚语“我欲善其事，必先利其器”说明要想做好一件事情，事先必须有充分的准备，不打无准备的仗；“金刚钻越擦越亮，乖孩子越长越精”说明持续磨砺能力的重要性。藏族谚语“出口的话，用马难追，离弦的箭，用手难捉”说明答应别人就要说到做到，要讲信用；“长短刀子堆满库，敌到屋前挥木勺”告诫人们即使满屋兵器，要是平日不常常取来操练，当敌人来临时就只能挥舞着木勺上阵了；“刀鞘虽美割不动肉”喻指那些空有其表的人，不能真正干实事；“不说刀不快，反怨肉不肥”，借此反映了一些人善于推卸责任的缺点。维吾尔族谚语“弓是弯的，理是直的”说明真理永远不可能被歪曲。哈萨克族谚语“刀剑不怜惜你的脖根，谎言使你失去所有的亲人”说明谎言犹如刀剑般，只要使用一次，便能造成无法挽回的后果；“刀有护手才好，话是简短的好”说明话语要简短精辟才能起到更强的作用；“刀剑的创伤可以平复，舌剑的创伤难以平复”“刀剑只能伤人身，谣言却会伤人心”“箭伤易痊，心伤难愈”都说的是从嘴里说出的话语伤到人心往往难以治愈。

有关教育方面的谚语有很多，如："嘴上的高楼大厦，不如用手盖起来的茅屋"说明脚踏实地的实干家总比幻想家好；"敌人退了，也不能把宝剑往石头上砍"，击退了敌人不意味着一劳永逸，要时刻爱惜兵器，戒备敌人的入侵；"金刚石再硬，智慧能使它变软"说明了高深的智慧能够破除一切如金刚石般坚硬顽固的愚昧。彝族谚语"一根木头搭不起桥，一根瓦板盖不起房，一块卵石砌不成墙，一根羊毛织不成毡"说明了群策群力、众人拾柴火焰高的道理，可见团结的力量、集体的力量的重要性。

第三节　豁达澄明、恬淡沉静的乐感精神

中华美学的乐感精神，源于历史悠久的中华传统文化。当代哲学家李泽厚曾把以儒家为核心的中华传统文化界定为"乐感文化"，并指出："中国人很少真正彻底的悲观主义，他们总愿意乐观地眺望未来，即使是处在极为困难的环境里，他们也相信终究有一天会'否极泰来'，'时来运转'，因为这是符合'天道'或'天意'（客观运转规律）的。'天道'或'天意'既是一种循环无端的客观运转，从而也就不大相信能随意主宰的人格神（宗教）。"[①] 乐感文化与乐感精神在中华民族性格的形成与发展过程中起到了重要的作用。

豁达澄明、恬淡沉静的乐感精神自古就融注在中国人精神血脉里。早在先秦时期，中国的"乐感"观念在《周易》中就诉诸文字，《周易》有"乐天知命""乐则行之，忧则违之"等表述，表达了以乐观精神面对困境，以睿智胸怀通达人生的态度。孔子在《论语·季氏》中说："益者三乐，损者三乐。乐节礼乐，乐道人之善，乐多贤友，益矣。乐骄乐，乐佚游，乐晏乐，损矣。"[②] 指出了"乐"相当丰

① 李泽厚：《中国古代思想史论》，生活·读书·新知三联书店 2009 年版，第 180 页。
② 杨伯峻译注：《论语译注》，中华书局 2009 年版，第 174 页。

富的内涵，引导人们应该追求何种“乐”。在《孟子·尽心上》篇中，孟子提出：“君子有三乐，而王天下不与存焉。父母俱存，兄弟无故，一乐也；仰不愧于天，俯不怍于人，二乐也；得天下英才而教育之，三乐也。”[①] 家庭和谐、心地坦然、教书育人便是孟子指出的“君子之乐”的三个方面。

乐感精神，在逆境中更能散发出耀眼的光芒。《论语·述而》曰：“饭疏食饮水，曲肱而枕之，乐亦在其中矣。”[②]《论语·雍也》曰：“一箪食，一瓢饮，在陋巷，人不堪其忧，回也不改其乐。”[③] 孔子与最喜爱的弟子颜回的“孔颜之乐”，向世人展现了他们在恶劣生存环境中仍然能保持平稳祥和的乐观心态，不为外界扰乱本心，而自身处之泰然。除了儒家的思想体系，在道家思想体系中也有超然脱俗的乐感文化。在《庄子·大宗师》篇中有：“孰知死生存亡之一体者，吾与之友矣”“不知悦生，不知恶死”。既不为活着感到喜悦，也不因为死亡而悲伤厌恶。庄子视生死为一体，以“至乐”“天乐”为“乐也”，靠“无为”而获得。这是种顺应自然、不刻意追求功名利禄、不以包括肉体在内的外物为忧虑的超脱乐观。

乐感精神，在历史的长河中还体现于中华民族天马行空的创造力。“天马行空”一词，始见于明刘子钟的《萨天锡诗集序》：“其所以神化而超出于众表者，殆犹天马行空而步骤不凡。”他在“序”中以“天马行空”赞誉萨天锡的词气势豪迈，如同骏马腾空飞行般豪放。而中华各族人民在几千年的生存发展中，也天马行空地创造了许许多多的神话传说和作为崇拜对象的神灵形象，充分体现了人们超脱悦己的乐感精神。

---

① 杨伯峻译注：《孟子译注》，中华书局 2010 年版，第 285 页。
② 杨伯峻译注：《论语译注》，中华书局 2009 年版，第 69 页。
③ 杨伯峻译注：《论语译注》，中华书局 2009 年版，第 58 页。

一、乐天知命，达观自处

“乐天知命、达观自处”的观念自古就融注在中华民族的精神血脉里。在中华传统文化中“乐感文化”以人为本，相信人类自身的力量，尽管历史变迁中总有波折前行，但认为只要自强不息，韧性奋斗，便可否极泰来；形势可以改变，前途会有光明，继往开来，“虽百世可知也”。所以孔子说“知其不可而为之”，《周易》“既济”之后有“未济”。它所宣称的是人类所行走的是一个永不完成的奋斗历程，这是“天道”，也是“人道”。① 可见，华夏儿女并不相信具体的人格神对人类命运的随意掌控，而更愿意相信凭借人自身的力量可以破解困局，冲破黑暗，迎来胜利的曙光，这之中体现出中华民族积极进取、自强不息的“乐天”精神，反映出了“乐天知命、达观自处”的处世信念，这在中华各民族谚语中也有许多的体现，大致可以概括为积极向上的开朗性格与阔达乐观的生活态度两方面。

（一）积极向上，乐以忘忧

“天行健，君子以自强不息。”自古以来，在华夏大地上，作为个体的人，在面对生活中遭遇的种种困难时，总是坚韧不拔地与苦难抗衡到底，相信终有否极泰来之时。这种信念促使华夏民族形成了积极向上的开朗的民族性格。在中华各民族谚语中，都记录着各族人民与命运抗争、以坚强的个人意志和积极向上的性格与困难障碍斗争的历程。

汉族谚语“路靠人开，钢用铁炼”“路靠人走，地靠人种”“路是人走出来的，办法是人想出来的”都说明了只有保持积极向上的态度，才能够充分发挥主观能动性，促进社会的有序发展。蒙古族谚语“无论山有多高，只要奋力攀登便总能翻过”“无论工作有多难，只要

---

① 李泽厚：《历史本体论 · 己卯五说》，生活 · 读书 · 新知三联书店 2006 年版，第 408 页。

不退缩努力去干便总能成功”“再长的路一步一步也能走完，再硬的石头一点一点也能凿穿”都说明，在面对困难与障碍时，只要能够积极面对，具有“明知山有虎，偏向虎山行”的无畏精神、“彩虹总在风雨后”的信念，无论面对的是什么样的困难，最终都能冲破障碍，获得成功。

藏族人民也有类似的谚语：“山中无路去筑路，河上无桥新架桥”“纳木湖边没有渡口辟渡口，唐古拉上没有山峰造山峰”，“纳木湖”即纳木错湖，是西藏的三大圣湖之一，“纳木错”藏语意为“天湖”，而“唐古拉”即唐古拉山脉，平均海拔在6000米左右。“辟渡口”和“造山峰”都体现了藏族人民积极乐观，通过行动去创造可能的性格；“纵然暴雨下九天九夜，小画眉能自力更生”喻指藏族人民面对困难时积极上进的性格；“小河再宽广，小船照样渡”说明即使河再宽，也终会到达彼岸。相似的还有维吾尔族谚语：“没有过不了的河，没有爬不上的坡”。

哈萨克族谚语“不管发生什么事，人都要像钢铁的支柱一样撑持”说明了面对逆境时要保持强大的精神力量和顽强的性格；“人有干劲，才可能帮别人”“人有干劲，事业突飞猛进”“人有干劲，事有幸运”都说明要保持积极上进的势头，充满干劲，才能事半功倍；“没有不可翻越的高山，没有不可横渡的大河”“没有不散的迷雾，没有不解的忧愁”都体现了哈萨克族人民面对困难时的积极心态。类似的谚语还有很多，比如：

> 没有攻不破的堡垒，没有达不到的心愿。
>
> 没有科学不能开发的荒原，没有科学不能逾越的山巅。
>
> 没有科学不能逾越的高地，没有科学不能揭破的秘密。
>
> 没有探不到底的湖泊，没有挖不出水的沙漠。
>
> 没有套杆碰不着的马驹，没有剪子挨不着的羊羔。

没有推不倒的大山，没有摔不倒的巨人。

朝鲜族谚语“没有爬不上的高山，没有过不去的河流”也是以高山和河流象征困难险阻，强调只要迎难而上总能迎来胜利的曙光。壮族谚语“欢畅百斤轻，灰心十斤重”说明保持开朗欢畅的心态才能够以更饱满的状态迎接挑战。黎族谚语“山高挡不住南来的雁，墙高挡不住北来的风”，喻指黎族人民面对阻碍时，势不可当，积极奋进；“鱼不怕水深，虎不怕山高”赞扬了不畏艰险、积极上进的精神；“水难绝鱼卵，天难绝草籽”说明即使身处绝境也要保持“天无绝人之路”的乐观的信念。纳西族谚语“有脚，就有路；动手，就不饥”也说明积极向上、敢于实践对人类生存与发展的重要性。达斡尔族谚语“路由人踩出，事由人做成”也有相似的含义。

总而言之，中华谚语展现出了各族人民在面对困难与挑战时，能够以积极乐观的心态迎难而上，战胜苦难，这充分体现了中华民族乐天知命的信念与坚韧不拔的强大精神力量。

（二）阔达乐观，泰然处之

《论语》中记载了孔子和子贡的一段对话。子贡曰：“贫而无谄，富而无骄，何如?”子曰：“可也，未若贫而乐，富而好礼者也。”说明对于孔子来说，不管是贫穷还是富有，不管境况的好坏，都不能动摇内心的安适；他都能泰然处之，这体现出孔子的乐感精神。而中华民族自古具有乐生、庆生、追求幸福的群体意识，在面对生活中的种种艰辛困苦时，总能以阔达乐观的态度处之，这在中华各民族的谚语中也有许多体现。

“笑”往往象征着“快乐”“幸福”“快活”，不管遇到什么境界，也要保持乐观、阔达的生活态度，处之泰然，超脱于外物。谚语“笑口常开，青春常在”“养身之道，颜开喜笑”“一笑值千金”“人逢喜事精神爽”，都说明了要保持乐观阔达的心态，即便是愁事也可一笑置之；“说说笑笑，通了七窍”“一日三笑，不用吃药”“一天笑一笑，赛似吃好药”“心欢返少年”说明了“笑”还能有益于人们的身心健康。

“笑”的对立面，则是“愁”，“愁”往往象征着“沮丧”“失落”“悲伤”。谚语“寡欢多愁，易得癌瘤”说明心情会影响人们的身心健康，甚至引发许多病症，由此告诫人们不管境遇如何，都要保持乐观阔达的态度，都不能过度烦恼忧愁，以免伤身。“笑一笑，百病消。心中有病，心神不定”“心里痛快百病消。忧愁而恼，使人易老”“笑长命，哭生病”“说说笑笑散散心，不笑不说病缠身”“气气恼恼成了病，嘻嘻哈哈活了命”则通过“笑”“痛快”的乐观情绪与“忧愁”“气恼”“哭”的负面情绪相对比，告诫人们保持积极乐观的心态的重要性；“笑一笑，十年少。树怕剥皮，人怕伤心”“人逢喜事精神爽，闷上心来瞌睡多”“笑笑乐乐散了心，憋憋闷闷伤了身”也说明了同样的道理。

“不气不愁，活到白头”“量大福大，心宽屋宽”“心平气和，五体安宁”“心安茅屋稳，胃好菜根香”“天天不发愁，活到百出头”，只有以乐观豁达的心态面对生活的种种挑战，才能使身心安宁，达到真正安乐的人生境界。“黄金不为贵，安乐值千金”“不要忧来不要愁，自有青天对日头”“惜气养神”“休争三分气，白了少年头”“安乐是十分来之不易的，价值如千两黄金”，也表达了同样的道理。

“若要甜，自己添；欲逸先劳，欲乐先苦”“不吃黄连苦，不知蜜糖甜”“乐从苦中来，苦是乐之源”“欲求生快活，要下死功夫”，在生活中，人们总会遇到困难，遇到挫折。在面对困苦时，只有保持乐观阔达、安然自若的态度，吃得苦中苦，方能迎接来日的快乐。“悲喜为邻”也说明悲苦与喜乐二者是相依相伴的，“只图快乐，定不快乐”说明要是不辩证地看待悲喜这对矛盾，一味追求喜乐，也终究不能获得喜乐。

蒙古族人民有着十分乐观阔达的生活态度，谚语“春天过去夏天到，黑暗过去光明来”说明事物的发展变化就犹如季节交替般寻常，即使现在的生活被黑暗所笼罩也不气馁，相信黑暗终究会过去，光明总会到来。“狂风不终日，暴雨不隔夜”，体现了蒙古族人民面对困境与挑战的乐观精神与阔达态度；“即使是再长久的黑暗，也遮不住一线曙光”说明曙光总会穿透黑暗，黯淡的日子总有到头的一天。“刮风不要紧，有太阳就暖和；家穷不要紧，有欢乐就幸福”，即使生活在不如意的境况中，也能寻求出最质朴的快乐。藏族谚语“有福能享，有苦能受”也体现了既能享受快乐的日子，又能阔达地面对苦境的乐观精神。

总而言之，中华民族人民不为困苦而自暴自弃，仍能以阔达乐观、泰然处之的心态直面现实，表现出了乐天知命、自强不息的强大精神信念，通过努力向前，创造了一个又一个历史佳话。

二、天马行空，超脱悦己

中华民族创造了许多广为人知的上古神话传说和作为崇拜对象的神灵形象，同时诞生出神灵崇拜的观念，这些都展现出中华民族天马行空的创造力。这在中华各族谚语中，具体体现为神话传说与神灵崇拜两个方面。

神话是人类的影子，凡有人群的地方就必定有产生神话的土壤。[①]对于“神话”，茅盾先生下过定义：“神话是一种流行于上古时代的民间故事，所叙述的是超乎人类能力以上的神的行事，虽然荒唐无稽，可是古代人民互相传颂，却确信以为是真的。”[②]而传说，是在历史事件或历史人物的基础上，加以夸张、演变而来的。二者虽有区别，但都体现了中华各族人民对生活的积极向往与浪漫追求，以及人们面对

---

① 钟华：《中西方神话比较》，《考试周刊》2010 年第 55 期。

② 茅盾：《神话研究》，百花文艺出版社 1981 年版，第 63 页。

生活中的种种考验和困难时始终乐观向上的乐感精神。

神话传说往往会表达人类解释自身和自然的愿望，体现出较强的民族意识[①]：后羿射日、女娲补天、精卫填海、夸父追日、愚公移山、鲧禹治水等神话传说，都展现了人定胜天的乐观精神，孕育出了坚韧不拔、自强不息的民族性格。

神灵崇拜是原始宗教活动中一项十分重要的内容，也是发生时间较早、流传时间较长、分布区域较广的重要崇拜形式[②]，其反映的是人与自然的关系。原始人类产生了简单的抽象思维后，面对纷繁复杂、难以捉摸的自然世界，产生了“物活感”，即周围的一切都与自己一样是活的，因而催生出“天地万物有灵”的观念。而蒙古族人民对“长生天”的崇拜与保护、哈萨克族人民对“胡大”的崇敬、达斡尔族人民对“腾格日”的信奉与尊敬以及崇拜神灵的信仰活动，则体现了各族人民的悦己精神：通过创造一位神灵形象，由衷希望能得到他的庇护，从而在生活中面对种种苦难与挑战时能够获得心灵上的慰藉，使之成为平衡心理与化解现实艰辛的良药。如维吾尔族谚语“重量由大地支撑，福禄由胡大赐给”“今日过去，明日一切交给胡大”，这些谚语中的“胡大”就是指伊斯兰教的真主，因此在面对苦难时，人们更愿意相信这是真主给自己的考验，并相信真主终究会让自己渡过苦厄，迎来幸福安乐，这体现了维吾尔族人民的悦己精神。

在蒙古族人民的心中有一位至高无上的神灵“长生天”，他有着无边的神力，主宰着一切。蒙古族谚语“苍天就是牧民眼中的活佛，草原就是牧民眼中的母亲”体现了牧民虔诚信仰和崇拜长生天，从该谚语可见对于蒙古族人民来说，上天和草原都非常重要。同时，蒙古

---

① 左丹弘、王亚光：《中西方神话传说中的英雄形象及其文化精神》，《沈阳工业大学学报》（社会科学版）2015 年第 4 期。

② 张道升：《从神灵世界向现实世界的演变——从出土文献的盟誓文书中看神灵崇拜的式微与革新》，《学术界》2011 年第 3 期，第 183 页。

族人民还通过祭祀的方式来表达自己的信仰，祈求长生天能给他们赐福。祭敖包就是蒙古族人民非常古老的祭神方式，参加仪式的人们向天地祈福。如蒙古族谚语“向大海献滴水，向敖包献块石”，一方面描述了敖包的形成方式，即蒙古族人在山头上垒成的石堆；另一方面也体现了祭敖包的活动在蒙古族人民生活中的重要地位。

许多哈萨克族谚语来自《古兰经》，常以“胡大上帝”“神”等为题材，打下了伊斯兰教的烙印。[①] 比如“群众在哪里，胡大就在哪里”“袍子不好，恶狗来咬；思想不好，胡大来找”“对胡大做错事不要紧，千万别对群众做错事”等告诫人们在生活中要老实做人，也体现了人们对胡大的信仰与崇拜。相关的哈萨克族谚语还有很多，比如“生个儿子没骨气，是胡大罚你；生个儿子是好汉，是胡大赏你”“胡大把谁看中，财富会源源不断流到谁家中”“胡大若是给马儿好运，让它后面跟个公马驹；胡大若是给男儿好运，让他后面生个弟弟”都体现了人们相信胡大拥有至高无上的神力，即使遇到不幸的事情也认为这是胡大给予的考验，因而不为逆境所败，要迎难而上。“胡大把两亲家撮合在一起，笼头把不同群的马聚拢在一起”“铁匠打不出永远不坏的物件，胡大造不出永远不死的生灵”“要说话，就要把你的诺言兑现，言而无信的人胡大也讨厌”“胡大说：你要自己警惕，我才能保佑你”等也都通过许多生活具象体现出胡大在哈萨克族人民的日常生活中具有崇高的地位。

达斡尔族谚语“要想得到天神恩赐，先要忠于天神”“腾格日变化在一时，坏天气早晚会过去”都体现了天神崇拜的意识。“腾格日”及其相关词语真实地记录和反映了达斡尔族先民对“天”的认识比起对宇宙间其他事象的认识更为具体，更为深刻。在他们的宇宙观中，“腾格日”占有十分重要和突出的地位。一望无际的茫茫苍天，以其

---

① 张兴：《从哈萨克格言看其文化特征》，《新疆大学学报》2002 年第 7 期。

奇特景象激发达斡尔族、鄂温克族、鄂伦春族先民的幻想力与创造力。他们在“万物有灵”论的思想基础上，形成了天神观念、天神名称、天神形象、祭天仪式、天神传说等一系列天崇拜。

中华谚语中神话传说和对于神灵的崇拜体现出在远古时期人对自然的无限遐想，丰富的想象蕴含着无限的浪漫分子。在相关谚语流传的过程中，这些神话传说和敬神信仰仍然保留，并且从中延伸出更多的喻理和教化意义，总体上说，谚语中的神灵崇拜体现出人们对审美文化中奇人、奇事以及离奇幻想的浪漫性追求和天马行空的创造力，展现了谚语中审美文化的浪漫性和创造性，也展现了人们忠于信仰、不畏困难的悦己精神。

第四节　韵律和谐、结构紧凑的尚雅精神

中国美学有尚雅的传统，雅是中国古代重要的审美范畴之一，尚雅精神也是传统文化精神的一部分。关于“雅”字的释义，《说文解字》曰：“楚乌也。一名鸒，一名卑居，秦谓之雅。从隹牙声。”[①] 可见“雅”的本义是一种鸟。而近代学者章太炎先生则进一步指出：“‘疋’之为足迹，声近‘雅’，故为‘乌’，乌声近夏，故为夏声。”[②] 古代“雅”与“乌”是同声字，而“乌”也是周朝之声，即为夏声。梁启超也认为：“雅音即夏音，犹言中原正声云尔。”[③] 即“雅音”与“夏音”是相通的，也即中原正声，是当时的标准语，是周朝时期全国统一使用的官话。由此“雅”字获得了“正”的意义。后来“雅”作为美学、艺术学的概念，则直指正统、纯正、雅正的风格规范，经由儒家

① 许慎撰：《说文解字》，段玉裁注，中州古籍出版社 2006 年版，第 141 页。
② 章太炎：《大疋小疋说》，王小红选编：《章太炎儒学论集》，四川大学出版社 2011 年版，第 769 页。
③ 梁启超：《饮冰室合集》（饮冰室专集之七十四），中华书局 1936 年版，第 95 页。

哲人的推崇而形成了中国古代“雅者，正也”的审美观念。[①]

人既是审美主体，也是审美客体，在尚雅精神的指导下，语言的审美要彰显和遵循合乎规律性和目的性，按美的规律办事。谚语是语言的分支，谚语中的审美情趣既包含在语言的审美情趣之中，又脱离语言的审美情趣，分化出自己的风格特色。谚语的美感是多层面的，中华谚语从不同的角度体现出了谚语的尚雅精神，其中结构对称、语言和谐的形象美、包罗万象、抒情言理的内容美、披文入情、真情实意的情感美和清新平易、晓畅自然的风格美是最不容忽视的。

一、结构对称，语言和谐

谚语的形象美包含词语和句子的对称美与和谐美。谚语的对称美体现在字数相对，意义相反、相近和相关等几个方面。汉族谚语常以双句出现，两两相对的整齐的形式，给人们视觉和听觉以对称均匀的美感，而且在双句中容易使用对偶、排比、回环、对比、顶真、反复等修辞格。表现手法的灵活多样使得大部分汉族谚语形象生动地表达出完整的意思。同时，结构的错落有致、句式的整齐匀称、用词的准确、语音的朗朗上口等共同形成了语言的和谐美。

（一）修辞的对称美

陈望道在《修辞学发凡》中说：修辞不过是调整语辞使达意传情能够适切的一种努力。同样，张弓在《现代汉语修辞学》中说：修辞是为了有效地表达旨意，利用民族语言各因素以美化语言。谚语的词语是经过锤炼的，它们或同义相辅，或反义相衬，或多义关联，或同词相应，灵活而不枯燥，多变而富有情趣。修辞的对称体现了事物内部或事物与事物之间的对称性、均衡性、和谐性甚至统一性的内涵。谚语中语言的对称美就是指词语和句子的对称美。对称美也可理解为

① 侯令琳：《论梁实秋“尚雅”的思想与散文创作》，华中师范大学出版社 2018 年版，第 5 页。

整齐美，一般来说字数相等，两两对称，实词对实词，虚词对虚词，就可以构成结构的整齐平衡，可以给人以形式上的美感。

中华谚语中都不约而同地体现出修辞对称的魅力。如，汉族谚语“日中则移，月满则亏”，比喻事物盛极必衰，或发展到一定程度就会向相反方向转化。既有对称之美，又寓含着深刻的道理，闪耀着中华民族智慧的光芒；“关东出相，关西出将”，意思是函谷关以东的地区，民风好文，多出宰相；函谷关以西的地区，民风好武，多出将帅。用对称的句式体现不同的地域风情。

蒙古族谚语“路遥知马力，日久见人心”，其中“路遥”与“日久”、“马力”与“人心”的对应，总结了前人的生活识人经验；“恶狗仇恨拿长杆的人，坏蛋仇恨坚持真理的人”，“恶狗”“坏蛋”与“拿长杆的人”“坚持真理的人”形成对比，说明恶人惧怕真理；“好人的心肠像活佛，坏人的肺肝似毒蛇”，“好人”与“坏人”对比，“活佛”与“毒蛇”相对，说明好人心地善良，处处为人着想，而坏人心肠险恶，处处谋划害人；“骏马的蹄子硬，男儿的意志强”，“骏马”与“男儿”对应，“蹄子”与“意志”对应，表明男子汉大丈夫应具有坚强的意志。

维吾尔族谚语“牛羊养肥油肉高产，土地肥沃好建果园”，其中“牛羊”与“土地”相对应，不仅结构整齐，还包含了因果关系，在语言的对称美中留下前人的生产生活智慧。哈萨克族谚语“人的智慧高，树的躯干高”，将“人”与“树”进行对比，同为“高”，前者描述的是“智慧”，后者描述的是“躯干”，在巧妙的对称结构中道出朴实的道理；“人倒霉倒在嘴上，牛倒霉倒在角上”，警示人们祸从口出。回族谚语“文字能打开愚人的眼界，马匹能打开步行人的眼界”，“文字”与“马匹”相应，“愚人的眼界”与“步行人的眼界”相应，说明了“读万卷书，行万里路”对个人能力与素质提升的重要性。“鸡叫三遍，一遍比一遍亮；路走三遍，一遍比一遍熟”，同样运用对称的手法表达“熟能生巧”的含义。彝族谚语“坏话似北风，好话如春雨”，“坏话”与“好话”相对，“北风”与“春雨”相对，说明说好话能如春雨般滋润人们的心灵，而说坏话则会像北风般刺痛人们的心。“热菜热酒喷喷香，冷言冷语冰冰凉”，“热”与“冷”相对，“喷香”与“冰凉”相对，说明冷言冷语只会伤人，而温和的语言则能使人敞开心扉。

这些谚语都是通过经验解释来传递深刻的内涵，用对称的表达方式使人感受到语言的优美。人们对美好事物的追求都讲究均衡、稳健、圆满、和谐，所以在谚语的美学中，对称美是最常见也是最不可或缺的，体现出中华美学的尚雅精神。

（二）语言的和谐美

自古“谣谚”并称，这是由于谚语和歌谣一样，富有声韵美、旋律性、节奏感。语言的和谐具体表现在语音上。明代戏曲理论家王骥德在《曲律》中说“句子的长短平仄，须调停得好，令情意婉转，音调铿锵，虽不是曲，却要美听”。“美听”就是语音的音乐美。美学中把这种音乐美称为听觉美、时间美。即一定时间里听觉感到的和谐的节奏美。而且汉语的语音有着突出的特点，双声、叠韵、押韵、平仄、拟声、谐音等，使汉语具有回环往复、抑扬顿挫的音乐美。同时，语言的和谐美还包括声律平仄的搭配、整句与散句的搭配、长句与短句的搭配、节奏急缓的搭配、语序的安排、结构的协调等。

中华谚语中表现出追求语言和谐美的共性。例如，维吾尔族谚语“愚人无智慧，说话没趣味”，从“愚人”“说话”的内容反映出“智慧”与“趣味”之间的联系，“无、没”在两小句中相对应，整个句子在和谐的语言氛围中既运用了声律的搭配，也包含了扬抑之美。如“跟人民同道，你会成为英雄；跟人民分道，你会成为狗熊”，纵观整个句式是对称的，运用了正反对比的修辞手法，其中“同道”与“分道”，“英雄”与“狗熊”相对，而且语句也是押韵的，读起来和谐悦耳，充满教化意义。“博学之士名留人间，不学之辈默默无闻”，“看得见别人纽扣般大的缺点，看不见自己骆驼般大的错误”这两句谚语都是运用了前后对比，使整个句子在和谐美中表达了前后句子“因不同，果也不同”的意思。

中华民族体现和谐美的谚语有很多，其中，不少有关积累财富的谚语运用词与词的对应，在节奏、语句长短搭配上很好地展现了谚语的和谐之美，如汉族谚语“穷人的财富，是身体健康”“地不富，民不富”，回族谚语“细水长流，吃穿不愁”“手中的麻雀胜如天上的仙鹤”等，这些谚语在语句与结构的协调中给人以启发。

以上例子通过通俗简练、生动活泼的韵语或者短句表达人们在日常生活中的经验和感受，流露出谚语独具特色的审美情趣，可见中华谚语与生活息息相关，具有非常明显的和谐美的特征。

二、包罗万象，抒情言理

谚语既是教化人们的工具，又是解释人们行为的工具。它以高超的语言技巧、丰富的艺术想象力，真实地传达了劳动人民的心声，最大限度地表现出生活本身的美，它从内容到形式处处展现了劳动人民进步的美学观、艺术情趣和审美思想。

（一）知识的渊博美

渊博美来自谚语的“精练性”特征，它在最少的言辞里，包容最渊博的内容。言里言外，论虚论实，本意寓意，正面反面，无不显现出它“体小而思精”，学识“渊博”，为其他“现成话”所远难企及。谚语的“渊博美”体现在以下四个方面。

其一，从纵向看，它是最完整的民众智慧经验的通史。谚语伴随着语言的诞生，记录了从原始社会到现今的人类社会的基本智慧与经验。《诗经·小雅》有“上天同云，雨雪雰雰”“月离于毕，俾滂沱矣”两谚，分别以云和月占雨。它们已见书两三千年，形成的时间应该还要早得多。南宋诗人杨万里曾说："古有亡书，无亡言。"他说有些古"书"失传了，但口耳相传的古"言"论，却没有"亡"掉。此话不假。自古以来的各个历史时期，都有许多谚语一直流传到现在。

其二，从横向看，它是最广阔的民众智慧经验的海洋。谚语广集了东、西、南、北、中，各族各界，各行各业，长幼尊卑，俗雅智愚，所有社会成员的智慧与经验。整个社会生活、生产斗争、阶级斗争和科学实验，方方面面、里里外外，谚语无所不包，应有尽有。前文讲谚语类别，分了十个大类。其实，大类之下还可以分数十、上百个中类、小类。这些谚语遍布全社会三百六十行各个角落。换句话说，整个中国社会的智慧经验，都凝聚到中华谚语里来了。

其三，从质量看，它是最精粹的民众智慧经验的宝藏。数千年来，"谚海"不停地大浪淘沙，存优汰劣，是古今各族民众成熟智慧经验的结晶，拥有世间学识的"深"加"广"。例如，见于《汉书》的"前车覆，后车诫"。见于《道德经》七十三章的"天网恢恢，疏而不漏"，见于《论语·泰伯》的"不在其位，不谋其政"，见于《孟子·离娄上》的"顺天者存，逆天者亡"，见于《楚辞》的"尺有所短，寸有所长"，见于《战国策》的"前事之不忘，后事之师"等，经千百年检验洗礼，历久弥新，仍旧为人们心悦诚服，奉若准绳。这类民众学识的"渊博"，显现出无比旺盛的生命力。

其四，从数量看，它是最浩大的民众智慧经验的"全书"。在所有"现成话"中，谚语数量遥遥领先，位居第一。据20世纪80年代全国谚语大普查，全国56个民族至今流传在口头上的谚语，至少也有300万条（含异文、变体）。众所周知，广泛搜集词语的词典、字典，通常只收词数千上万；《简明不列颠百科全书》（汉译本）收7.1万余条；《中国大百科全书》收词目7.8万条；《辞海》收词语近13万条；迄今最大的汉语语文词典《汉语大词典》收词目37万。而谚语"300万"，使所有的"现成话"以及网罗学识的各种宝典都望尘莫及，真正无愧于“全书”称号。

以上文献资料和数据的整理表明谚语的内容确实博古通今抒情言理，教人受用不尽。如古谚“多难兴邦，殷忧启圣”中，多难兴邦，指多灾多难的局面，可以激发人民励精图治，转危为安，使国家复兴强盛起来。殷忧启圣指对人而言，凡事都要作深入思考、反复揣摩，并始终保持着这样一种忧患意识，则能不断激发人们的智慧与潜能，来成就一番事业，成为一名“圣人”。

再看今谚也总结了生活经验、实践知识和民间故事，同样发人深省。如汉族谚语“人不学落后，刀不磨生锈”，用“磨刀”象征人的“勤学”，“落后”与“生锈”搭配使人对不学习的后果一目了然。蒙古族谚语“路遥知马力，日久见人心”总结了前人的生活识人经验。其他有关渊博美的谚语还有很多，如：“积累知识，胜过积蓄金银”说明拥有渊博的知识远比众多的金银财宝更好；“若要求知识，须从苦中得”说明想要获取丰富的学识必须经过刻苦的学习与钻研；“劳动产生知识”说明知识产生于实践之中；“造烛求明，读书求理”，以制造蜡烛寻求光明象征阅读书籍寻求真理。

由以上谚语的论述表明“渊博”是谚语内容的第一美。从各民族谚语内容的表述中可以学习到各个民族的生产生活方式，总结日常生活学习的经验和心得。它用精练的话语表达了渊博浩瀚的内容，在幽默诙谐的同时，提升审美境界。

（二）民风的淳朴美

“乡俗美”是说谚语发源、发展、传承都涉及乡风民俗。许多谚语内容纯真，形式厚朴，不尚雕饰而自然纯粹，俗蕴雅，雅透俗，雅俗璧合，乡风袭人。不少谚语对这种淳朴美表现得淋漓尽致，如有对农作物的耕种、施肥、收割等过程的描写，表现农民因辛勤劳作而获得丰收的喜悦；有对庆祝一些重要传统节日的描写，体现各民族不同的风俗习惯；还有对各民族的衣食住行进行描写，展现他们独有的生活方式。

中华各民族的风俗各有千秋，而且都重视乡风的建设和传承，因此在谚语中也多有表述，谚语“耕地两手鞭，扬场两手锨”，扬场用木锨等农具播扬谷物、豆类等，借助风力以去掉壳、叶和尘土。这是以手工劳动为主的农业时代，陕西千阳人对富有生产经验农民的赞誉。“长江是挣子，淮河是败子”，寥寥数语，道出了千百年来，“饱享长江之惠、深受淮河之害”的千万百姓的共同心声，一褒一贬，一喜一悲，说“江”论“河”，言“挣”道“败”，多么情真意切。“东选西选，选个破油灯盏”，普遍流传于四川城乡。意思是过分挑选，要求太高，最后反而落得最糟的结果。此谚以传统的常见乡俗用品，借代最糟结果，最能激起乡间听者的共鸣，也易于让外乡听者领略川谚的乡土风格。

谚语“磨齿大了不压麸”采自河南信阳。全国大部分地区产小麦，而河南是最富特色的小麦之乡，种麦、磨面是当地农民的日常劳动。以“磨齿”大小影响磨面质量来言理，最能反映豫中农户的生活和心理。台湾民俗谚语也有“冬至小过年，晤返无祖宗”，意思是说，每年冬至是家人团聚的节日。蒙古族谚语“绵羊蹚过的河水，饿狼也要舔一舔”，此谚语表达牧民对“贪得无厌”的人的认识和申斥，具有典型性。

白族谚语“麦地坪有大二三公，走马坪抬黑公公”是指在每年的农历七月二十一是黑神爷（黑公公）雷万春的生日，这天走马坪白族人有抬黑公公游神的习俗。雷万春是唐朝著名的将军，“安史之乱”时守睢阳城，身中六箭，跌下城池，虽被大火烧得面目全非，但仍做站着杀敌姿势，故被人们称为黑神爷。赫哲族谚语“鱼叉不摸没准头，扎枪不投要生锈”反映了其独特的生产生活方式。

以上谚语表明，民风淳朴是谚语内容的第二美。人们经常向往陶渊明“采菊东篱下，悠然见南山”质朴的田园生活，渴望“衣沾不足惜，但使愿无违”的返璞归真之乐。从各民族的民风民俗中，亦可以感受到这样淳朴的乡风。

（三）思想的哲理美

“哲理美”是指谚语的语言在用词、成句、生义上充满了浓厚的哲理启示意味。谚语与文化的关系密不可分，通过一个民族的谚语可以了解到这个民族的文化底蕴，通过对这个民族谚语的研究可以了解其民族的文化积淀。文化的积淀离不开知识的积累，而哲理就是在知识量变的基础上发生质的飞跃，进而从表面义中探讨隐藏的深刻内涵，这具有深刻的训诫和教化意义，散发着理性的光辉，闪耀着哲思的光芒。

中华民族自古以来特别重视文化教育，因此反映哲理的谚语非常多。如，汉族谚语“边学边问，才有学问”，旨在说明学习要勤于思考，正如“学而不思则罔，思而不学则殆”。“量大福大，心宽屋宽”意在表明做人应宽宏大量，不计眼前得失，这样前路才能实现“天高任鸟飞，海阔凭鱼跃”。蒙古族谚语“不跋涉不知路远，不学习不明真理”说明只有愿意下真功夫，才能获取真理；“木不凿不通，人不学不懂”说明实践的重要性，实践出真知；“没有爬不上的高山，没有过不去的河流”喻指没有克服不了的困难。藏族谚语“雨水普降村庄，庄稼有好有坏”“若想有好收获，必须勤施肥”都运用藏民熟悉的事物做比喻来阐释哲理，而这些谚语与藏族劳动人民积累的生产经验是分不开的。维吾尔族谚语“没有不吃苦的手艺”，指出人只有踏踏实实工作，严谨认真地学习，才能掌握一门吃饭的手艺，独立生活。“只要想办法，柳筐也能打水”体现了维吾尔族人民相信自己的智慧，并擅长运用智慧完成看似不可能的事情；“三分天才，七分勤劳”“三分靠教，七分靠学”都说明只有亲自动手实践，努力学习，才能获得真理，取得成就。

总的来说，中华谚语对哲理美做了详尽的体现，也表现出中华民族注重哲理的优良传统。谚语所传达的哲理贴近人们的生活，指导人们的实践，对人生道路的方向具有导航作用，因此它值得被人喜闻乐见并广泛运用。

三、披文入情，真情实意

中华谚语中关于情感的记录和描写在其中占据着很大一部分。这些谚语利用最生动、最通俗的语言道出了人与人之间的无限温情，不论是血浓于水的亲情、肝胆相照的友情还是相濡以沫的爱情，都在各民族谚语中得到了充分的展现，让人们看到中华民族性格里的温馨和善良。

（一）血浓于水的亲情

中国社会往往以家庭为中心，家族血缘关系在中国社会关系中扮演着重要角色，“家”的概念对于中国人而言有极特殊的含义，培育了中国人的仁爱情感文化和家庭责任取向，所以谚语中对亲情的推崇也体现了中华民族对他人和对国家、民族、社会的责任感，这是一种由内心自然而然散发出来的感情美。汉族谚语“亲之欲其贵，爱之欲其富”阐述了亲情的无私与真诚。

中国人对于亲情的重视最先体现在父母子女之间的无私感情上，如汉族谚语“儿是娘心一块肉，儿行千里母担忧”“天地宽大，父母恩大”“知子莫若父，知女莫若母”。其他民族也有许多展现父母之爱的谚语，如蒙古族谚语“父恩比山高，母爱比海深”“父亲赏赐的食品，吃起来甜；母亲熬出的奶茶，喝起来香”“金银可以获得，父母不能重得”，藏族谚语“母鸡翅下小鸡暖”“父母生身恩情深，抚育成人恩更重”“阿妈，太阳和食量，三者恩情永不忘”“过河不能忘了桥，长大不能忘父母”，维吾尔族谚语“母亲就是高山般的依靠”“父亲是浩渺的湖泊，母亲是温暖的窝”“宁可饥寒身亡，不可抛弃父母”，哈萨克族谚语“父母的智慧好比光明的大道，坦坦荡荡，贤者的智慧好比浩渺的湖水，永不涸竭”“父母的智慧好比燃着的灯烛，贤者的智慧好比不尽的清泉”“父母的祝福保佑子女不落水火中”“父母对子女是一样的心疼，不管断了哪根手指，都是一样钻心地疼”，达斡尔族谚语“天下父母的恩情，比天高、比地深”。

中国人经常把兄弟比作自己的手足，交到知心朋友也要用情同手足来形容关系的亲密，除了父母子女之间的感情，最能体现中国人亲情之美的便是兄弟姐妹之间的手足之情。如汉族谚语“兄弟同心金不换，妯娌齐心家不散”，哈萨克族谚语“兄弟之间打断骨头连着筋”，彝族谚语“长兄如父，长兄如母”，达斡尔族谚语“心与肺为好邻居，兄与弟为相帮者”。

而由父母子女的小家庭向外延伸，跟自己家庭有婚姻关系或血缘关系的家庭或它的成员也常在谚语中出现，体现中国作为人情社会对于其他亲戚的照拂。如汉族谚语“姑侄亲上亲，砸断骨头连着筋”“姑舅亲，辈辈亲，打断骨头连着筋”“公婆爱长孙，爸妈疼小儿”，藏族谚语“叔伯是半个父亲，姨妈是半个母亲”。

长久以来，严父慈母、兄仁弟悌、相亲相爱的美好感情正是中华民族所推崇的，中华谚语中亲情的出现正表达了家人对于中国人的独特意义，也显示了不同民族间相同的文化底蕴，表现出满满的人情味。

（二）肝胆相照的友情

人们除了和家人交往以外，还和朋友们往来。中国自古就将友情视作一种重要的伦常。在谚语中，对友情的赞扬表现出民众心灵世界不同于爱情的另一维度，展现出更广阔的人生历程，如谚语“一日朋友，百日相忧”，体现了朋友之间的相互记挂，情谊深厚，体现出友情友爱之美。

有些谚语直接歌颂了友情的珍贵，挚友之间的深情厚谊，如蒙古族谚语“深情厚谊比金子更可贵”“鸟的力量在翅膀，人的力量在友谊”，藏族谚语“花开百日不曾有，友情深厚实可贵”“对朋友要真情实意，对坐骑要倍加爱护”，维吾尔族谚语“交朋友，你会心花怒放；与坏人打交道，你会心肝破碎”，哈萨克族谚语“同阶级，荣辱与共，真朋友，生死与共”“朋友给的白水，喝来蜜样甜”“朋友给的水胜过敌人给的蜜”，朝鲜族谚语“患难之交，永远忘不了”。

与人相遇相知、结交朋友是人类社会生活必不可少的一部分，谚语中对友情的赞扬还表现在朋友间的互相帮扶，这一举动看似平常，实则生动表现出友情的珍贵。汉族谚语“一个朋友一条路，一个冤家一堵墙”，蒙古族谚语“旅行要有伴，处世靠互助”“人靠朋友照料，鱼靠河水生息”“有友走遍草原，无朋寸步难行”，藏族谚语“患难识朋友，泥泞知马力”，哈萨克族谚语“蠢货为自己辩护，好汉为朋友辩护”“朋友多的人，走到哪儿都有家”，彝族谚语“平时不交友，到时无人助”，这些谚语都体现出中华民族对友情的歌颂，对朋友的重视。

友情是伴随一生的美妙音符。谚语中出现的友情之美正是各族人民珍惜友谊，赞美友谊的文化记载。人们不仅要发现这种美，更应传承这种美。

（三）相濡以沫的爱情

古往今来，众多诗人和哲人对爱情作了不同的理解和阐释，在费尔巴哈眼中，“爱就是成为一个人”，在他看来，只有懂得爱的人，才是一个真正的完整的人；瓦西列夫也曾说“爱情是人类精神的一种最深沉的冲动”，这种深沉的感情，“直教人生死相许”。不同于文人的浪漫幻想，平民百姓从现实生活的实践中总结出对爱情的认识和看法，并在谚语中表现出了对爱情的向往和追求。贴近生活的谚语里自然不会缺少赞美爱情的谚语。

爱情之美首先表现在男女双方的感情萌芽和恋爱的阶段，谚语中，生动描绘了男女之间的慕悦之情，突出了爱情的美好。

如汉族谚语“一日不见如隔三秋”“银河隔不断，自有鹊桥通”“情人眼里出西施”，维吾尔族谚语“爱情的火焰吹不灭”“爱情是看不见的火焰”，傣族谚语“白天纺线为织布，晚上纺线等情人”“有心留情郎，棉线纺得长”。

谚语也描写出爱情的最终阶段——婚姻，通过描写夫妻在平凡生活中表现出的亲密无间、相互依存，表达对爱情美好的赞颂。如汉族谚语“夫妻恩爱苦也甜”“夫妻相恩爱，久别如新婚”，蒙古族谚语“爱情应该海枯石烂不变，夫妻要白头偕老不离”，藏族谚语“夫妻和睦一致，清水可当饭食”，哈萨克族谚语“好妻子为丈夫隐恶扬善”，傣族谚语“夫妻一条心，日子赛黄金”。

情感之所以是美的，是因为它们是人与生俱来的天性，是人与人之间保持关系的无形纽带，也是人们心理特征的重要组成部分。亲情、友情、爱情是情感美的重要组成部分，它们在不同的方面完成了人际关系的和谐，所以亲情美、友情美、爱情美是人的审美情趣中不可缺失的情感之美。中华谚语详细地记录了各有特色的情感之美，也表现出中华民族注重感情的高尚品质。

四、清新平易，晓畅自然

谚语有自己的风格基调，这个基调就是清新平易，晓畅自然。谚语产生于广大民众的口头语言之中，没有纷繁复杂、古奥难懂的结构内容，也没有华丽雕琢、辞藻复杂的语言，而是充满了生气，显得生机勃勃，具有一种独特的情调美，总结一下，就是文字的凝练厚重显示出一种简洁之美，语言的不事雕琢显示出一种朴实美。

（一）文字凝练厚重

谚语能以最少的文字表达最丰富的内容，可谓文字凝练，意味厚重，给人一种简洁之美。刘勰曾言：“句有句削，足见其疏；字不得减，乃知其密。”[①] 文字简洁，就显得凝练、厚重，言简意赅。在时代的发展中，谚语需要借助精练的文字载体，向世人传播先人的智慧，简洁的风格是谚语流传的必然趋势。

谚语的语式高度简约，多为单、复句，三句格较少，四句格及五句以上谚语，多在少数民族中见到。单句谚，从两三字到七八字不等，其中以五字至八字最多，正是这种极为简练的结构让谚语读之十分凝练，简短几个字就说明了一个道理，可谓词约义丰、言近旨远。如汉族有两字谚“宰熟”“欺生”，这两个两字谚直接利用动宾结构的词独立构成了一条谚语，并且可谓是精练到家，不可再简。三字谚“灯下黑”，这是一个简单的物理现象，却蕴含着深意：人们对发生在身边很近的事物和事件反而不易察觉。这条谚语告诫人们不要忽视自己身边的人、事和物，因为这些地方往往容易因疏忽而出现问题，短短三个字就讲述了如此重要的事理，可见谚语的凝练厚重。五字谚到八字谚在汉族和少数民族谚语中数量都很多，如汉族五字谚“人熟理不熟”，指不徇私情，公事公办；藏族五字谚“炉小火力旺”，炉子虽小火力却旺盛，与汉族谚语“麻雀虽小，五脏俱全”意思相似，用字却更为凝练；藏族五字谚“石上钉橛子”，指人刚愎自用，思想顽固，不听言教，像在石头上钉橛子；哈萨克族六字谚“诚意胜过酒宴”，比喻真诚的心胜过浮华的宴席。以上单句谚语皆使用简短凝练的字词表达深刻的道理，体现出文字的凝练之美。

复句谚结构整齐、句式匀称、形式对仗，读之简练清新，有一种生活中的诗作之意。如汉族谚语“明枪易躲，暗箭难防”，喻公开的攻击容易对付，而暗中的攻击比较难以提防，句式整齐，字数相对，简练中不失韵味。

蒙古族谚语“菜没盐无味，话没理无劲”，喻说话要有条有理，

① 刘勰：《文心雕龙注 · 熔裁》，人民文学出版社 2008 年版，第 13 页。

否则就像煮了菜不放盐；“好酒不怕酿造，好人不畏非议”喻好人心宽不怕别人的议论；“生在蒙古包，死在山巅上”通过生与死的对比，喻蒙古族英雄生在家里，死在沙场上，为国捐躯；“花美在外观，人美在内心”以对仗的形式说明内心美才是真正的美。藏族谚语“直如柱子，稳似基石”，柱子和石头都给人以稳重大气的感觉，喻心地要正直，处世要稳重，两个比喻相对，精练简洁；“白者易污，长者易断”“过曲则折，过张则断”以匀称的句式说明适度的重要性。哈萨克族谚语“读书能上进，弃学事无成”，通过读书和弃学的对比强调读书学习对人的重要性，结构上整洁，一正一反，使喻理更为深刻；“人美在心，话美在真”“人美在智慧，话美在格言”都以匀称的句式说明人的美在于内心和智慧，而话语则美在真实与格言。彝族谚语“木桶有箍莫抽箍，人类有规莫破规”，用木桶上的箍来比喻规矩对人的约束，强调规矩的重要性，句式结构简练，对称工整；“水坝的靠山是石头，个人的靠山是集体”，喻指个人的力量总是弱小的，要团结集体；“一人难挑千斤担，众人能移万座山”通过“一人”与“众人”的对比，说明人多力量大的道理。

不管是单句谚语的简洁还是复句谚语的凝练，都体现出中华谚语的简洁之美，精简的语句表达深刻的道理，让人体会到简练清新的情调美。

（二）语言不事雕琢

朴实是一种美德，它不仅体现在人的身上，也可表露在语言、文字等表达形式中。谚语中的朴实美主要在于将人民日积月累下的生产、生活经验，用朴实的文字进行传递。谚语中的朴实美包含的种类很多，如：

汉族谚语“有晴就有雨，有利就有弊”，用常见的生活现象喻理，使抽象的道理变得简单易懂；“宁拆十座庙，不破一桩婚”，用一和十对举、庙和婚对举，说明了拆散一对夫妻罪过深重；“宁愿站着死，不愿跪着生”，体现出一种宁死不屈的气节，语言使用较为朴素，和与其意思相同的“宁为玉碎，不为瓦全”都体现出一种朴实无华的美感。

蒙古族谚语“是狐狸，它肯定就要狡猾；是敌人，他必然就要凶恶”直截了当地告诫人们不能对敌人掉以轻心。藏族谚语“太阳时无时有，细雨时落时停”用朴素的语言说明了青藏高原地区的天象多变；“英雄格萨尔也有落马时，美人森姜卓玛也有老年日”，英雄总有失误的时候，美人总有青春逝去的时候，说明世间万物不断运转的，没有永恒不变的事物。维吾尔族谚语“哭着修渠，笑着浇地”，通过民族劳作的经验揭示生活道理，告诉后人只有勤奋才能使生活更美好。哈萨克族谚语“心虚者先动拳头”，用简单朴实的语言通过人的动作表明人的心理活动。彝族谚语“言语能穿透九层，武力只能穿透一层”，言语的力量比武力大，这条谚语通俗地使用数字来作对比，使得对比更加直观，便于理解，展示出一种不雕琢的朴实美。白族谚语“不懂二十四节气，白把种子抛下地”，体现出二十四节气对于耕种的重要性，用朴实的语言提醒人要遵守农时。

这类谚语用原汁原味、不事雕琢、通俗易懂、朴实无华的语言反映出深刻的道理，这种情调让人体会到谚语清新晓畅，平淡自然的美感。

主要参考文献

一、著作

宝力格:《草原文化研究资料选编》第 7 辑，内蒙古教育出版社 2012 年版。

毕宝魁:《细读论语》，研究出版社 2017 年版。

蔡元培:《中国人的修养》，台湾出版社 2016 年版。

曹红:《维吾尔族生活方式由传统到现代的转型》，中央民族大学出版社 1999 年版。

曾运乾注，黄曙辉校点:《尚书·皋陶谟》，上海古籍出版社 2015 年版。

陈勤建:《中国民俗学》，上海人民出版社 2017 年版。

陈锡喜主编:《平易近人：习近平的语言力量》，上海交通大学出版社 2014 年版。

陈旉:《农书》，中华书局 1985 年版。

陈瑛:《中国伦理思想史》，湖南教育出版社 2004 年版。

范建华、郑宇、杜星梅:《中国节庆文化与节庆文化产业》，云南大学出版社 2018 年版。

费孝通:《中华民族多元一体格局》，中央民族大学出版社 1999 年版。

冯天瑜:《中华元典精神》，上海人民出版社 2014 年版。

高亨注译:《商君书注译》第二册，中华书局 1974 年版。

高建平等:《中华美学精神》，中国社会科学出版社 2018 年版。

管仲:《管子》，上海古籍出版社 2015 年版。

郭绍虞:《语文通论续编》，开明书店 1949 年版。

侯令琳:《论梁实秋“尚雅”的思想与散文创作》，华中师范大学出版社 2018 年版。

黄波:《周易经传新解》，华龄出版社 2020 年版。

江枫、王慈:《民间谚语集》，浙江文艺出版社 1985 年版。

姜正成:《重义守信立根本——家信篇》，中国财富出版社 2015 年版。

金耀基:《中国民本思想史》，台湾商务印书馆 1993 年版。

匡亚明:《孔子评传》，南京大学出版社 1990 年版。

李梦生:《左传译注》，上海古籍出版社 1998 年版。

李树新:《达斡尔族、鄂温克族、鄂伦春族谚语文化研究》，商务印书馆 2019 年版。

李泽厚:《历史本体论 · 己卯五说》，生活 · 读书 · 新知三联书店 2006 年版。

李泽厚:《中国古代思想史论》，生活 · 读书 · 新知三联书店 2009 年版。

林建初:《现代家庭伦理》，安徽人民出版社 1992 年版。

林志钧编:《梁启超：饮冰室合集》第 7 册，中华书局 1989 年版。

刘君祖:《忧患：刘君祖讲易经忧患九卦》，中信出版社 2016 年版。

刘勰著，黄叔琳注，李详补注，杨明照校注拾遗:《增订文心雕龙校注》卷一，中华书局 2012 年版。

《马克思恩格斯全集》第 42 卷，人民出版社 1999 年版。

《毛泽东选集》第4卷，人民出版社1991年版。

茅盾：《神话研究》，百花文艺出版社1981年版。

门岿：《二十六史精粹今译》，人民日报出版社1991年版。

潘倩菲：《实用中国风俗辞典》，上海辞书出版社2013年版。

庞朴：《儒家精神：听庞朴讲传统文化》，中国华侨出版社2014年版。

彭兆荣：《饮食人类学》，北京大学出版社2013年版。

齐如山：《谚语录》，辽宁教育出版社2007年版。

商聚德、刘荣兴、李振刚：《中国传统文化导论》，河北大学出版社1996年版。

邵长婕：《墨子研究论丛》，齐鲁书社2016年版。

圣辉：《佛说四十二章经集讲》，宗教文化出版社2016年版。

唐明燕：《先秦儒学视域下的中华民族精神研究》，人民出版社2010年版。

汪裕雄：《审美意象学》，人民出版社2013年版。

王夫之著，李一忻点校：《周易内传》，九州出版社2004年版。

王恒生：《家庭伦理道德》，中国财政经济出版社2001年版。

王守仁、吴光、钱明等编校：《王阳明全集》，中央民族大学出版社2018年版。

王书利：《中华成语典故》（第5册）（图文珍藏版），线装书局2016年版。

王雪军：《道家伦理哲学略论》，吉林大学出版社2019年版。

温洪玉：《百姓谚语说核心价值观》，中国言实出版社2016年版。

吴楚材等：《古文观止》，崇文书局2010年版。

吴鲁平等：《大学生政治社会化的结果研究：以“社会互构论”为理论视角》，社会科学文献出版社2013年版。

吴毅、朱世广、刘治立：《中华人文精神论纲》，人民出版社2011

年版。

吴毓江:《墨子校注》，中华书局 1993 年版。

武占坤:《汉语熟语通论》，河北大学出版社 2007 年版。

武占坤:《中华谣谚研究》，河北大学出版社 2007 年版。

夏征农主编:《辞海》(下)，上海辞书出版社 1999 年版。

徐复观:《中国人性论史》，华东师范大学出版社 2005 年版。

许慎撰，段玉裁注:《说文解字》，中州古籍出版社 2006 年版。

许慎撰，徐铉著:《说文解字》，中华书局 2013 年版。

严华等:《坚持人与自然和谐共生》，湖南教育出版社 2017 年版。

严可均:《全上古三代秦汉三国六朝文》第 2 册，人民出版社 1999 年版。

杨伯峻:《论语译注·学而》，中华书局 1980 年版。

杨伯峻译注:《论语译注》，中华书局 2009 年版。

杨伯峻译注:《孟子译注》，中华书局 2010 年版。

杨树喆:《多民族文学与民俗文化研究》，中国社会科学出版社 2014 年版。

杨威:《以德齐家：新时代家训家风研究》，人民日报出版社 2020 年版。

张葆全选释，韩旭译:《周易选译汉印对照》，广西师范大学出版社 2019 年版。

张岱年、方克力:《中国文化概论》，北京师范大学出版社 2004 年版。

张岱年、程宜山:《中国文化精神》，北京大学出版社 2015 年版。

张觉:《荀子译注》，上海古籍出版社 2019 年版。

张岂之:《中华人文精神》，人民出版社 2011 年版。

章海山、张建如:《伦理学引论》，文艺出版社 1999 年版。

赵杰:《中华民族共有精神家园论》，人民出版社 2012 年版。

赵志远、刘华明:《中华辞海》第 2 册，印刷工业出版社 2001 年版。

周建标:《中华民族精神演化》，厦门大学出版社 2011 年版。

周振甫:《周易译注》，中华书局 2013 年版。

朱熹:《四书章句集注》，中华书局 1988 年版。

朱祖延:《引用语大辞典》(增订本)，武汉出版社 2010 年版。

[美]威廉·丁·古德:《家庭》，魏章玲译，社会科学文献出版社 1986 年版。

[美]兹纽比格·布热津斯基:《大棋局》，中国国际问题研究所译，上海人民出版社 1998 年版。

国家民族事务委员会编:《中央民族工作会议精神学习辅导读本》，民族出版社 2015 年版。

中共中央文献研究室编:《习近平关于社会主义政治建设论述摘编》，中央文献出版社 2017 年版。

二、期刊论文

白默岩:《克勤于邦克俭于家——学习习近平总书记关于“勤俭节约”重要论述的感悟》,《内蒙古统战理论研究》2021 年第 2 期。

曹孟勤:《人对自然的身份认定与责任担当》,《中国科学报》2019 年第 3 期。

陈郭华:《以社会主义核心价值观为引领的大中小德育顶层内容体系研究》,《社会主义核心价值观研究》2017 年第 2 期。

陈丽梅:《浅谈迪庆藏族谚语蕴含的道德观》,《楚雄师范学院学报》2016 年第 4 期。

陈珊、法帅:《“忧乐圆融”的中华人文精神及对新时代中国文化建设的启示——以庞朴的文化理念为中心的探讨》,《东岳论丛》2020 年第 5 期。

陈世明:《维吾尔谚语中的汉语借词考》,《民族语文》2004 年第 3 期。

陈心林、伍永辉:《中华民族伟大复兴视阈下中华民族共同体建设探析》,《新疆大学学报》(哲学社会科学版)2022 年第 4 期。

成世勋:《哈萨克谚语浅析》,《伊犁师范学院学报》(社会科学版)1994 年第 1 期。

春燕著:《藏族谚语的文化心理解读》,《西昌学院学报》(社会科学版)2010 年第 3 期。

党秀云:《公民社会的精神与时代意义》,《中国人民大学学报》2008 年第 2 期。

杜敦科:《习近平关于实干精神的六个比喻》,《理论与当代》2017 年第 10 期。

杜晓红、韩金明、周志勇:《邹议武术谚语的中国传统文化价值》,《中国学校体育》(高等教育)2014 年第 12 期。

高明泉:《中国传统人文精神略论》,《中共银川市委党校学报》2008 年第 5 期。

顾红亮:《责任与他者——列维纳斯的责任观》,《社会科学研究》2006 年第 1 期。

何超男:《中华优秀传统文化对大学生挫折教育创新的启示》,《文化学刊》2021 年第 7 期。

贺灵:《满族谚语概谈》,《满族研究》1988 年第 4 期。

胡虹:《文化自信背景下探寻儒家义利观的传承与发展》,《汉字文化》2022 年第 14 期。

胡钰:《中华人文精神的内涵与传播》,《当代传播》2022 年第 2 期。

江畅、宋进斗:《中国传统“五福”幸福观考论》,《湖北大学学报》(哲学社会科学版)2018 年第 2 期。

郎樱:《论维吾尔英雄史诗〈乌古斯传〉》,《民族文学研究》1984年第3期。

雷芳、何云庵:《抗震救灾精神内涵及育人价值》,《人民教育》2021年第21期。

冷月:《克勤克俭——中华谚语承载的艰苦奋斗精神》,《内蒙古教育》2019年第17期。

李明泉、向荣、肖云:《中国精神:历史内涵与主体性建构》,《中华文化论坛》2012年第3期。

李石:《职业操守与社会公正》,《贵州大学学报》(社会科学版)2020年第6期。

李树新:《中华多民族谚语的文化特性和文化价值研究》,《民族学刊》2021年第2期。

李艳丽:《蒙古贞谚语流失的原因及传承保护对策》,《赤峰学院学报》(汉文哲学社会科学版)2018年第1期。

林秀琴:《谚语和汉民族价值观》,《求是学刊》1995年第4期。

刘春呈:《铸牢中华民族共同体意识的饮食文化认同进路》,《广西民族研究》2021年第2期。

潘立勇:《中华人文精神之现代视界》,《社会科学》1994年第2期。

潘立勇:《中华人文精神的美育品格》,《浙江社会科学》1999年第3期。

潘立勇:《中华人文精神之元典内涵试探》,《孔子研究》2000年第2期。

秦琳:《广松涉的共同体视域及其对马克思的解读》,《广西大学学报》(哲学社会科学版)2020年第2期。

邱绍雄:《论中国古代商贾小说中的诚信》,《湖南社会科学》2004年第1期。

任洪舜:《关于集体主义的中华民族优秀传统文化研究》,《牡丹江大学学报》2009 年第 1 期。

邵龙宝:《儒家人格理论的特性》,《道德与文明》2007 年第 2 期。

沈杰、周颖:《中华传统“和合”文化及其价值意蕴》,《汉字文化》2022 年第 12 期。

石辰芳:《中华民族共同体意识下各民族谚语中的知行观认同》,《民族学刊》2021 年第 8 期。

陶水平:《深化文艺美学研究弘扬中华美学精神》,《江西师范大学学报》(哲学社会科学版)2015 年第 3 期。

陶晓莺著:《文化自信视域下工匠精神的当代价值》,《对外经贸》2021 年第 10 期。

田振江、阿木古郎:《蒙古族谚语的生态文化内涵解析》,《呼伦贝尔学院学报》2020 年第 2 期。

王冲:《中华多民族谚语义类体系构建研究》,《内蒙古社会科学》(汉文版)2018 年第 4 期。

王冲:《中华多民族谚语与构建人类命运共同体的碰撞及耦合》,《民族学刊》2021 年第 2 期。

王德怀、谭婧霞:《从维吾尔民间谚语看维吾尔人民的和谐思想观》,《民族文学研究》2008 年第 3 期。

王德胜、杨国龙:《现代中国美学发生问题考略》,《东岳论丛》2021 年第 3 期。

王枫、陶真:《蒙汉谚语中的品德观》,《内蒙古师范大学学报》(哲学社会科学版)2018 年第 2 期。

王建莉:《中华多民族谚语史研究的回顾与前瞻》,《内蒙古大学学报》(哲学社会科学版)2020 年第 4 期。

王雪:《从中华谚语看中华民族共同体意识之文化认同》,《内蒙古社会科学》2022 年第 2 期。

吴光:《中华人文精神研究:现状与展望》,《学习与思考》1998年第10期。

吴毅:《中华人文精神论纲》,《内蒙古大学学报》(人文社会科学版)2003年第6期。

徐月高:《儒家视域下的担当及其当代意蕴》,《中共中央党校(国家行政学院)学报》2022年第1期。

薛栋:《论中国古代工匠精神的价值意蕴》,《职教论坛》2013年第34期。

杨志彬、王鹏:《中华多民族谚语中的社会伦理研究》,《散文百家》(理论)2022年第3期。

叶水涛、袁广浩:《人文精神与现代教育》,《江苏教育学院学报》1996年第2期。

臧乐源:《弘扬仁爱思想促进社会发展》,《文史哲》1999年第2期。

张道升:《从神灵世界向现实世界的演变——从出土文献的盟誓文书中看神灵崇拜的式微与革新》,《学术界》2011年第3期。

张立文:《儒学人文精神与现代社会》,《南昌大学学报》(人文社会科学版)2002年第2期。

张利群:《论中华美学精神的内涵构成及现代意义》,《学习与探索》2017年第11期。

张兴:《从哈萨克格言看其文化特征》,《新疆大学学报》2002年第7期。

赵静:《论"四个伟大"精神的历史内涵与实践价值》,《思想理论教育导刊》2019年第3期。

赵文焕、杨凤娇:《概念隐喻视角下的壮族家庭伦理谚语研究》,《玉林师范学院学报》2022年第1期。

郑丽清、林大洋:《危难救助的仁爱思想基础》,《湖北第二师范学院学报》2012 年第 7 期。

钟华：《中西方神话比较》，《考试周刊》2010 年第 55 期。

朱志荣：《论中华美学的尚象精神》，《文学评论》2016 年第 3 期。

左丹弘、王亚光：《中西方神话传说中的英雄形象及其文化精神》，《沈阳工业大学学报》（社会科学版）2015 年第 4 期。

白默岩：《婚恋文化谚语研究》，内蒙古大学硕士学位论文，2021 年。

高志忠：《唐人小说商业文化探析》，内蒙古师范大学硕士学位论文，2006 年。

古拉米巴尔・阿布杜外力：《从民间谚语看维吾尔族的待客习俗及其变迁研究》，西北民族大学硕士学位论文，2020 年。

坎吉古丽・阿西木：《新疆多民族谚语中的友善思想研究》，新疆师范大学硕士学位论文，2020 年。

刘嵚：《现代汉语常用谚语研究》，山东大学博士学位论文，2019 年。

潘图力古拉：《蒙古族谚语中的生态意识研究》，内蒙古大学硕士学位论文，2021 年。

庞娟：《汉语传统工匠类谚语研究》，内蒙古大学硕士学位论文，2017 年。

萨茹拉：《蒙古族谚语中的和谐思想研究》，中国石油大学（华东）博士学位论文，2016 年。

孙欢欢：《汉族家庭伦理谚语及其文化研究》，内蒙古大学硕士学位论文，2019 年。

张勇：《维吾尔谚语研究》，新疆大学硕士学位论文，2005 年。

郑立博：《自我及其道德欲求学》，苏州大学硕士学位论文，2014 年。

三、其他

曾枣庄:《博观而约取 厚积而薄发》,《光明日报》2016 年 12 月 6 日第 6 版。

空军党的创新理论学习研究中心:《始终保持迎难而上的政治品格》,《人民日报》2013 年 2 月 27 日。

梅景辉:《彰显自信自强的精神力量》,《新华日报》2022 年 7 月 26 日。

人民日报评论部:《迎难而上，为了胜利勇往直前——大力弘扬北京冬奥精神》,《人民日报》2022 年 4 月 18 日第 5 版。

田建国:《职业精神：为实现中国梦汇聚正能量》,《大众日报》2014 年 1 月 5 日。

王守学:《砥砺不畏强暴、反抗强权的民族风骨——弘扬抗美援朝精神提高备战打仗能力》,《解放军报》2020 年 10 月 28 日。

王永智:《中国传统道德价值观的核心理念》,《光明日报》2015 年 5 月 23 日第 7 版。